아시아태평양전쟁에 동원된 조선의 아이들
태평양에서 남사할린까지 침략전쟁에 희생된 조선의 작은 사람들

일러두기

위원회(국무총리 소속 대일항쟁기 강제동원피해조사 및 국외강제동원 희생자 등 지원위원회) 2004년 2월, 피해자와 시민들의 노력으로 국회에서 '일제강점하 강제동원피해진상규명에 관한 특별법'이 제정되어 '일제강점하 강제동원피해진상규명위원회'라는 이름으로 2004년 11월 10일에 문을 연 한국의 정부 기관(국무총리 소속). 2010년 3월 22일, '대일항쟁기 강제동원피해조사 및 국외강제동원 희생자 등 지원에 관한 특별법'이 제정되면서 '대일항쟁기 강제동원피해조사 및 국외강제동원 희생자 등 지원위원회'로 명칭 변경. 특별법 규정에 따라 일본 강제동원 관련 업무를 전담. 강제동원 자료 수집과 분석, 일제 강제동원 피해 진상조사, 국외강제동원 희생자의 위로금과 지원금 지급, 해외 유해의 조사·발굴·봉환, 사료관·추도공간 만들기 등 진행. 2015년 12월 31일, 정부 결정으로 해산하고 남은 업무는 행정자치부로 이관. 이 책의 본문에서는 줄여서 '위원회'로 지칭함.

《조각난 그날의 기억》 위원회에서 발간한 자료집(2012). 본문에 수록한 이미지 가운데 출처를 '위원회 소장'으로 밝힌 것들은 모두 이 책자에서 재수록했음을 밝힌다.

朝鮮女子勤勞挺身隊
海峡を渡った少女たち

태평양에서 남사할린까지 침략전쟁에 희생된 조선의 작은 사람들

아시아태평양전쟁에 동원된 조선의 아이들

정혜경

차례

프롤로그 · 6

제1장. 천국의 섬으로 떠난 아이들

- 남양섬은 유토피아라더니 · 17
- 가족과 함께 떠난 천국의 섬 · 32
- 사탕수수 농장의 어린이 일꾼 · 38
- 군부대에서, 비행장 공사장에서 · 46
- 전투 중에 목숨을 잃고 폭격 속에 가족을 잃고 · 53
- 천국의 섬은 없었다 · 58

　　이민인가 강제동원인가 · 29
　　남양농업이민을 주관한 국책기업들 · 30

제2장. 군수공장의 아이들

- 소년이라도 벗어날 수 없는 군수공장 · 65
- 소년 항공병 대신 비행기 공장에 간 소년 · 95
- 군수 공장의 소녀들 · 105
- 봄날에 집 떠난 아이들은 어떻게 되었을까 · 122
- 죽거나 미쳐야 벗어나는 방적공장 · 130

　　군수회사 지정 · 94
　　히로시마에 떨어진 원자폭탄 · 119
　　피폭자 건강수첩 · 120
　　실 만들기에서 군복 만들기까지 · 128

제3장. 특공정신으로 응모하라

- 소녀들이여! 특공정신으로 제로센을 만들라! · 151
- 그곳은 학교가 아니라 군수공장이었다 · 166
- 세상을 향한 외침 · 185

>   여성을 동원하기 위한 법령과 결정, 지시 · 156

제4장. 나이는 어려도 엄연한 소년 채탄부

- 아이도 여성도 모두 탄광부로 만드는 법 · 225
- 우리가 바로 일본의 소년광부요! · 245
- 화태의 소년광부 · 269
- 조선의 어린이 광부 · 284

>   탄광과 광산은 무슨 일을 하는 곳인가 · 241
>   하시마 탄광 · 265

제5장. 공사판의 어린아이들

- 어린이가 가야 했던 토건공사장 · 303
- 조선 방방곡곡 공사장에 동원된 아이들 · 314

제6장. 징용을 거부한 아이들

- 소년형무소의 탄생 · 337
- 나도 모르게 소년수가 되었다 · 342
- 방공호를 만들고, 멀리 흥남비료공장까지 · 351

에필로그 : 살아남았기에 · 358
부록·참고문헌 · 364

프롤로그

어린이.

몇 살까지가 어린이일까. 어린이날 선물 준비할 때 잠깐 했던 생각. '도대체 몇 살까지 어린이 대접을 해야 하는 거야?' 말이 나온 김에 사전을 찾아보니 어린이, 즉 아동은 '보통 만 6세 이상 13세 미만'이다. 그렇다면 13세, 초등학교 6학년까지 어린이라는 이야기이이다.

그러나 다른 내용도 있다. 소년·소녀의 사회적 기준은 '18세까지'라는 문장이다. 법적 규정을 찾아보면 더욱 혼란스럽다. 아동권리에 관한 협약에서 아동은 18세 미만의 모든 사람이다. 정보통신망 이용촉진 및 정보보호 등에 관한 법률에서 아동은 '만 14세 미만'이다. 형사미성년자의 연령은 만 14세 미만이고, 청소년보호법이 규정한 보호연령은 19세 미만(정확히 만 19세가 되는 해의 1월 1일이 지나지 아니한 자, 세는 나이로 20세 미만)이다.

사전의 내용과 법적 규정을 종합해보면, 최저연령은 14세 미만이고 사회적 통념은 18세까지이다. 그렇다면 18세까지는 어린이날 선물을 받을 자격이 있는 것일까.

그런데 누군가 "몇 살이 어린이 연령 기준이건 그게 그렇게 중요한 가요?"라고 묻는다면, "음. 그렇군요. 그렇게 중요한 것 같지 않네요."라고 답할 것 같다. 그렇다. 평소에 어린이 연령 기준에 관심을 가질 일은 드물다. 나도 마찬가지였다. 탄광이나 철도공사장 사진 속의 앳된 소년 모습을 보고도 그냥 특이하다고 생각했다. 그러다가 다양한 십대 소년소녀 강제동원피해자의 사례를 접하면서 주목하게 되었다.

정부(국무총리 소속 대일항쟁기강제동원 피해조사 및 국외강제동원희생자 등 지원위원회, 2015년 말 해산)에서 11년간 강제동원 피해 진상규명 업무를 담당했다. 이 과정에서 동료들과 함께 가장 고민한 부분은 피해기준이었다. 226,583건의 피해신고 건은 대부분 학계에서 연구한 적도 없고, 심지어 파악하지도 못한 내용이었으나 신고를 한 이상 정부는 조사결과를 내놓아야 했다. 특별법에 명시된 업무 범위였다. 연구가 활성화하지 못한 상황에서 연구 성과의 도움도 없이 정부가 선구적 기준을 제시해야 했다. 사안별로 주제별로 사례를 정리하고 기준을 세운 후 위원회에 상정해 확정하는 방식으로 정부 입장을 만들어나갔다. 그 가운데 하나가 아동노동 문제였다.

어느 날, 일본에서 발표할 논문을 작성하기 위해 통계를 확인하다가 놀라서 한동안 먹먹한 적이 있었다. 위원회가 강제동원피해자로 판정한 218,639건 가운데 최저연령의 사망자가 만 아홉 살 소녀였기 때문이다. 일본 홋카이도北海道 미쓰이三井 광산㈜ 소속 신비바이新美唄광업소에서 일했다. 믿을 수 없었다. 실제로 아홉 살 소녀인지 확인해볼 필요가 있었다. 당시에는 아동의 출생신고를 뒤늦게 하는 경우가 많았기 때문이다. 그런데 이 소녀는 확인이 어려웠다.

그 다음으로 어린 사망자는 열한 살 소녀였다. 이번에는 호적 나이가 아니라 가족에게 확인한 실제 연령이었다. 1933년생으로 1945년 6월, 부산에 있는 조선방직(주) 부산공장에서 사망한 소녀. 기숙사 사감이 병원의 사망증명서를 근거로 사망신고를 했다. 열 살에 노무자가 된 소녀였다. 사망원인을 알아보려 했지만 알 수 없었다. 이 소녀의 일을 기억하는 가족은 아무도 없었다.

가족들도 기억하지 못하는 어린 아동의 강제동원은 한두 건이 아니었다. 많았다. 열네 살 미만도 많았고, 열여덟 살 미만은 엄청나게 많았다. 사연도 놀라웠다. 수족이 절단되고 눈이 먼 소녀도 있었다. 그리고 아이들의 사망률은 너무 높았다. 너무 어렸기에 스스로 지키지 못한 목숨이었다. 전쟁에 동원된 어린이는 소녀만이 아니었다. 조선의 한 탄광에서 사고로 사망한 소년은 고작 열네 살이었다. 일본 군수공장에서 일하던 열두 살 소년은 헌병대에 끌려가지 않으려 스스로 손가락을 물어뜯었다. 목숨을 건진 것으로 만족하고 사는 어린이 경험자는 적지 않았다. 지금 세상에 자신의 경험을 이야기할 수 있는 생존자는 모두 어린 시절에 동원된 이들이다.

다들 다행이라 한다. 엄혹한 시절을 견디고 살아났으니 얼마나 다행이냐고. 그러나 정말 다행일 수 있을까. 산 목숨이 죽은 목숨보다 행복하다고, 살아서 다행이라고 여길 여유도 없이 살았던 이들이 있다. 해방 후 이들에게는 엄혹했던 어린 시절보다 더 힘든 세상이 기다리고 있었다.

근로정신대 피해자들은 열두 살에 비행기 공장에 일하러 갔다는 이유로 평생을 죄인처럼 살아야 했다. 정부에 피해사실을 신고한 후 가족들에게 알려져 낭패를 당한 할머니도 있다. 팔순을 바라보는 나이였지만, 남편은 '가증스럽게 평생을 속이고 살았다'며 일생을 함께 한 아내를 내쫓았다. 공부를 하고 기술을 배울 시기에 공사장을 떠돌다보니 지금도 남의 집 일이나 하며 산다는 부안의 노인은, 'TV에서 돈 잘 쓰는 사람을 보면 죽여 버리고 싶다'고 할 정도로 세상에 대한 원망이 가득했다. 그저 어른들이 시키는 대로 했을 뿐이다. 노동현장에서 겪은 무시무시한 성폭력 후유증으로 고통 받던 소녀에게 삶은 의미가 없었다. 소녀는 결국 자살로 생을 마감했다. 이들은 무슨 잘못을 저질렀는가.

물론 모두가 불행하지는 않았다. 한국전쟁 시절, LST$^{landing\ ship\ tank}$(상륙작전용 함정)를 타고 무사히 흥남부두를 탈출한 소녀는 일제 때 일본 공장에서 일한 경험이 있어 침착하게 대처할 수 있었다고 했다. 소년광부의 아픔을 넘어 학생들을 가르치고 자신의 경험을 책으로 남긴 이도 있다. 어쩌면, 살아남은 것이 불행이라고 여기는 분들은 일부일 수도 있다. 그러나 일부라고 해서 외면할 수는 없다. 그 일부의 아픔은 전쟁을 경험하지 않은 우리가 새겨야 할 평화의 푯대이다.

이제 노인이 된 '어린이 강제동원 경험자'들은 말한다. 그 시절에는 다 그렇게 살았다고. 나이고 뭐고 없이 관에서 가라고 하면 가야 했던 시절이었다고. 그러나 일본정부와 우익들은 주장한다. 우리는 엄격히 법을 준수했다고. 그렇다면 당국이 정한 강제동원의 연령 기준은 어떠했는가.

1941년 근로보국대 동원 연령은 남녀 14세 이상, 1941년 노무조정령에서는 만 14세 이상, 1944년 국민근로보국협력령 규정에서도 만 14세 이상이었다. 그러다가 점차 낮아져서 1945년 4월 패전에 임박해 마련한 국민근로동원령 시행규칙 규정은 남녀 12세 이상이다. 1944년 11월 여자정신근로령 규정은 12세 이상이지만 여성만 해당했다.

그렇다면 열 살 소녀는 일본이 만든 법 어디에 해당했을까. 어디에도 해당하지 않았다. 법대로 했다더니 당국 스스로 법을 어긴 것이다. 물론 일본이 제정한 법을 지켰다고 해서 책임이 없어지는 것은 아니다. 미성년 노동은 국제 기준을 어기는 일이었다. 당시 일본은 국제노동기구(ILO)에 가입해 있었고, 1919년부터 1945년까지 ILO협약에 비준했다. 일본이 비준한 협약 가운데 ILO가 정한 미성년 노동 제한 규정은 1937년에도 15세 미만이었고, 이후에 노동제한 연령은 더욱 높아졌다.

2011년 5월, 일본 고베神戸에서 열린 '강제동원진상규명전국연구집회'에서 발표한 강제동원 사망자 현황 논문에 대해 일본 연구자들은 '놀라운 일'이라고 표현했다. '일본은 공장법이 있어서 어린애들은 동원하지 않았는데, 이런 사례는 처음 접한다'고 했다. 그렇다. 일본은 공장법을 지킨 나라였다. 1802년 영국에서 제정해 여러 나라에 확산한 공장법은 여성과 아동의 노동시간 규제를 핵심내용으로 했다. 일본의 공장법은 1911년에 제정해 1916년에 시행했으나 조선에는 적용하지 않았다. 1923년 개정한 공장법에는 14세 미만 아동 노동금지조항이 들어 있었다. 일본 본토에서 일본인 유소녀 동원 사례를 찾을 수 없는 이유다. 그러나 공장법을 지켰던 일본 본토에서도 조선 소녀들은 강제동원 현장을 벗어날 수 없었다. 모순이다.

이 책 《아시아태평양전쟁에 동원된 조선의 아이들》은 여섯 개의 주제를 담았다. 순서대로 읽거나 마음 내키는 주제를 골라 읽어도 된다. 어린이 기준이 애매한 상태에서 어린이 강제동원 경험자 이야기를 하려니 쓰는 입장에서도 부담스러웠다. 더구나 남녀불문하고 10대 중반에 혼인하던 70여 년 전과 지금은 어린이 기준 자체가 다르지 않겠는가. 그럼에도 용기를 낸 이유는 두 가지이다.

첫째, 2017년 여름, 영화 《군함도》가 개봉했다. 개인적으로는 실망스러웠다. 재미와 의미, 두 가지 모두 미흡했고, 영화의 흥미를 높이려고 사실과 다른 이야기를 집어넣은 것도 마음에 들지 않았다. 그러나 그 정도의 실망감이었다. 강제동원의 틀은 크게 벗어나지 않았고 탄광노동 현장의 중요한 문제도 담고 있었다. 기대치가 높았을 뿐이다.

영화 개봉 전부터 일본 우익은 '강제동원 부정론'으로 들썩거렸다. 대표적인 우익 언론 산케이産經 신문은 '소년 광부 허구설'을 1면에 실었다. 소년 광부는 없었다며 한국 사회가 거짓말을 한다고 했다. 한국의 유수대학을 나온 경제학자의 제보에 힘입어 나온 기사라고 했다. 제보자로 알려진 한국 학자는 2015년에 국내 언론사에 보도자료를 보내 강제동원 허구설을 주장했고, 2019년에는 국제사회를 상대로 군함도 강제동원은 거짓이라고 호소하는 인물이다. '강제동원 허구설'이 무엇인가. 강제동원은 없었다는 주장이다. 어이없으면서 씁쓸했다. 소년 광부의 존재를 입증하는 자료가 있고 경험자가 있건만, 무슨 근거로 거짓말이라고 하는가. 무책임한 주장에 상처받을 이들이 떠올랐다. 이 책을 쓰게 된 이유이다.

둘째, 2017년 여름에 작고한 일본 다큐멘터리 기록가가 있다. 하야시 에이다이林えいだい. 한국에서 발표되거나 제작한 다큐멘터리는 관

객들에게 깊은 감동을 주었다. 그가 남긴 수많은 책 가운데 하나인 사진집(청산되지 않은 쇼와-조선인강제연행의 기록)에는 '소년 갱부'라는 소제목이 있다. 사진에는 '위험이 적지 않은 노천굴에서 일하는 소년 갱부' '다카마쓰탄광 훈련소의 소년갱부들' 등 설명문이 달려 있다. 사진만이 아니다. 그가 직접 찾아가 만난 당시 경험자들의 이야기도 실려 있다. 사진 속 소년들은 늘 맨 앞줄에 앉아 있었다. 헐렁한 국민복 속에 앳되고 조막만한 얼굴을 한 아이들. 소년갱부의 이름을 새긴 석불 대좌의 사진도 있다. 사망한 아이들을 기리는 석불이다. 이들을 세상이 기억하게 하고 싶었다.

이 책은 일본이 저지른 아시아태평양전쟁이 조선의 어린이가 동원된 전쟁이기도 했다는 점을 독자들과 나누려는 책이다. 그간 만났던 이들과 자료가 이 이야기의 기둥이다.

만약 강제동원 진상규명 업무를 직접 하지 않았다면, 아시아태평양전쟁의 피해자는 장정뿐이었다고 생각했을지도 모른다. 보호받아야 할 여성과 어린이의 피해가 컸다는 사실은 생각지도 못했을 것이다. 일본정부는 다양한 명부와 통계를 남겼다. 일본이 동원주체였기에 가능한 자료들이다. 새로운 자료는 지금도 계속 발굴 중이다. 이 자료 가운데 위원회가 전산화한 DB에는 180만 명의 이름이 담겨 있다. 이 방대한 자료에서 여성과 어린이 피해자를 파악하기란 쉽지 않다. 그러다보니 누구도 관심을 갖기 어려운 주제였다.

이 책에서 다룬 사례도 일부에 지나지 않는다. 세상의 먼지로 사라질 뻔했던 이야기 가운데 하나이다. 왜 일부의 이야기일까. 많은 경험자들이 세상에 나설 수 없었기 때문이다. 정부에 피해신고를 하지 않았던 까닭이다. 남양군도에서 함께 비행장을 닦던 소년들, 소년탄광부대에 같이 갔던 친구들은 확인할 길이 없다. 많은 미성년 강제노동 경험자들은 세상에 나서지 않았다. 아니, 나설 수 없었다.

왜 그랬을까. 자신이나 가족이 당한 일이기는 하지만, 너무 사소한 일이라고 생각해서, 또는 굳이 마음 아픈 이야기를 들추고 싶지 않았다는 이들이 대부분이기 때문이다. 피해자 사망 후, 신고할 사람이 없거나 내용을 알지 못해 신고하지 못한 이들도 있다. 그나마 피해신고라도 한 이들의 경험은 역사의 기록으로 남아 세상이 알고 누군가가 기억해줄 수 있다. 그러나 신고조차 못한 이들의 이야기는 기억해주고 싶어도 기억할 수가 없다. 역사의 기록으로 남지 않는다. 그저 세상의 먼지로 사라질 뿐이다. 그렇다고 없었던 일이 되는 것은 아니다.

인간은 한번 흘러간 강물에 같은 발을 담글 수는 없다. 지나간 세월은 돌아오지 않는다. 우리의 기억과 관심이 어린이 강제동원 경험자들의 삶을 돌이킬 수는 없다. 그럼에도 그저 사람이 꽃보다 아름답다고 생각하는 보통의 시민이라면, 한번쯤 귀기울이면 좋겠다. 현재를 살아가는 아이들이 아픔을 겪지 않는 방법 가운데 하나가 될 터이니.

제1장

천국의 섬으로 떠난 아이들

남양섬은 유토피아라더니

그림에나 나올 듯한 멋진 양옥 앞에서 양복을 입은 남성들이 활짝 웃고 있다. 그 옆에 고운 레이스가 달린 앞치마를 입은 여성들의 표정도 밝다. 집도, 양복도, 앞치마도 모두 하얀 색이다. 풍족하고 근심이 하나도 없는 듯 보이는 얼굴. 조선 사람들이다. 1930년대 평양에서 공짜로 보여준 영화 장면이다.

멀기는 하지만 일 년 내내 겨울이 없는 따뜻한 섬이라 했다. 섬이지만 농사지을 수 있고 마실 물도 많다고 했다. 사시사철 산해진미를 먹을 수 있는 낙원이고 일을 안 해도 배곯을 염려가 없다고 했다. 넓은 해변과 야자수 사진은 천국과 다를 바 없어 보였다.

고향 먼서기가 말했다. 그곳에 가면 다 쓰러져가는 이 좁은 산골 초가집을 벗어나 저런 양옥에 살게 된다고. 가고 싶어 하는 사람은 많지만 다 갈 수 없다고 했다. 자격을 갖춘 사람만 뽑아서 보낸다고 했다. 오랫동안 가뭄 피해에 시달리던 이재민을 우선적으로 보내준다고 했다. 이재민이 하도 많아 특별히 생각해서 우리 가족을 보내주는 것이라 했다. 그래서 감지덕지하고 부푼 마음을 안고 떠났다.

누구나 갈 수 없는 아름다운 곳, 그곳은 남양이다

남양! 남양?

당시 남양은 여러 곳에 있었다. 경기도 화성시의 옛 이름이 남양^{南陽}이며, 또 다른 남양^{南陽}은 조선 세종 때 사라진 전남 고흥군에 있던 옛 지명이다. 그러나 안타깝게도 이 남양^{南陽}은 천국의 섬이 아니다. 한자도 다르다. 천국의 섬은 '남양^{南陽}'이 아닌 '남양^{南洋}'이다

그렇다면 천국의 섬 남양^{南洋}은 어디에 있나? 1914년부터 1944년까지 일본의 통치를 받은 중서태평양 지역이다. 동서 약 4,900km, 남북 약 2,400km에 이르는 광활한 해역을 아우른다. '남양군도' '남양제도' '내남양'이라는 이름으로도 불렸는데 당시 공식 명칭은 남양군도였다. 제1차 세계대전으로 중서부 태평양지역(마샬, 캐롤린, 마리아나 군도)을 차지한 일본정부가 점령지를 '남양군도'라 정했기 때문이다.

남양. 일본은 언제부터 남양에 관심을 가졌을까. 19세기 말부터다. 1880년대 후반 일본 사상가와 정책가들은 동남아와 태평양 지역으로 진출해야 한다고 제안했다. 일명 '남양경영론'이다. 원래 남양^{South Sea}이란 서구에서 태평양을 가리키는 용어였다. 그래서 일본에서도 처음에는 태평양을 지칭하다가 19세기에 '일본을 중심으로 남쪽바다'로 넓어졌다. 남방이라고도 불렀다. 1880년대 후반에 일본 지식층이 부르던 남양도 동남아와 태평양을 아우르는 곳이었다. 이들은 남양을 '꿈의 땅'이라 생각했다. 무궁무진한 천연자원을 개발하고, 경제적 이득을 취할 수 있는 곳, 미 대륙으로 연결되는 통로라 생각했다. 이런 생각은 남양 열풍으로 이어졌다.

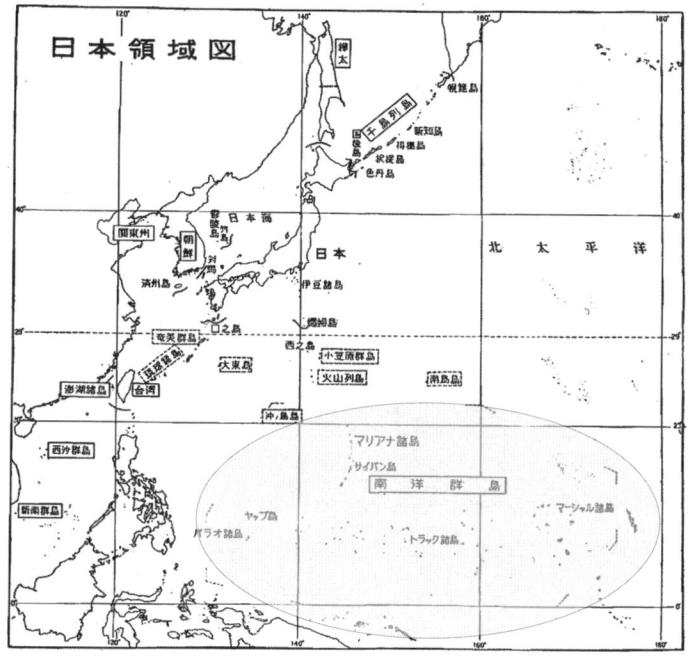

남양군도 지도

　열풍에 부채질을 한 주인공은 에노모토 다케야키^{榎本武揚}(1836~1908)이다. 그가 생각한 남양은 태평양 지역이었다. 에노모토는 막부 정권에 끝까지 충성하며 홋카이도^{北海道}에서 신정부군에 맞서다 항복했다. 1872년 사면된 후 해군성 장관을 역임했다. 그는 남양섬을 사들여 죄수들의 유형지로 사용하자고 주장하며 마리아나 군도와 팔라우 섬을 콕 찍었다. 태평양을 해군의 훈련 순항코스에 포함하고, 널리 알렸다. 이 과정에서 탐험가와 정치가, 문필가 등이 모였고, 이들의 탐험과

매일신보 1914년 10월 10일자 '남양야도의 진귀한 풍속'

견문 소식이 알려지면서 일본 사회는 열대 태평양 환상에 휩싸였다.

1895년, 일본이 타이완을 식민지로 삼으면서 태평양 열풍은 실현될 듯 보였다. 1890년대에는 태평양 섬에 교역 회사를 열어 성공한 이들도 있었다. 그러나 시기상조였다. 당시에는 남양보다 대륙을 차지하는 길이 더 빨라보였다. 20세기 초 일본이 남사할린을 차지하고 조선을 식민지로 삼으면서 중국과 러시아로 진출할 기회를 잡았기 때문이다. 남양을 차지하는 길은 현실적인 어려움도 있었다. 독일 등 서구 열강이 지배하고 있었고, 항로도 개척해야 했다. 쉽게 일본 손아귀에 들어올 것 같지 않았다. 이런 이유로 남양 열풍은 수그러들었다.

그러던 어느 날, 뜻밖에도 일본은 남양군도를 얻었다. 1914년 제1차 세계대전에 참전한 덕분이었다. 비록 국제연맹 위임통치지역이기는

조선일보 1933년 8월 6일자 '남양의 야자수원'

하지만 남양은 일본인이 통치하고 일본어가 통용되는 땅이 되었다.

일본은 팔라우에 남양청을 설치하고, 사이판^{Saipan}·팔라우^{Palau}·축^{Chuuk}·포나페^{Ponape}·잘루잇^{Jaluit}·얍^{Yap}에 지청을 설치한 후 원주민을 몰아내고 살금살금 알짜배기 땅을 차지해 자원을 수탈했다. 항로를 개설해 요코하마^{橫浜}와 고베^{神戶}에서 정기운항선이 출항했다. 사탕수수와 인광석$^{燐鑛石, Phosphate\ rock*}$을 일본으로 실어 날랐다. 덕분에 일본 본토 사람들은 설탕을 풍족하게 즐길 수 있게 되었다. 카사바에서 추출한 전분은 오사카로 보내 무수주정^{無水酒精}**원료로 가공했다. 623개에 달하

---

* 알바트로스 등 새들의 배설물이 쌓여서 형성된 광물. 비료의 원료도 되지만, 인산과 의약품, 반도체, 세라믹, 실크, 섬유, 방충제를 만드는 원료. 사탕수수를 설탕으로 정련하거나 폭약을 만들 때도 필요한 중요한 광물

** 화학물을 함유하지 않은 에탄올

는 섬의 추장들을 남양청의 하급직원으로 부렸다. 농장에서 재배한 채소는 해군 부대의 먹을거리로 사용했다.

남양은 이제 열병의 대상이 아니라 일본이 제국의 영역을 확장하는 데 필요한 교두보였다. 석유와 고무, 주석이 풍부한 동남아와 미국으로 가는 길목이기 때문이다. 그러나 조선에 알려진 남양은 그저 열대 토인의 땅일 뿐이었다. 1914년 점령 당시 신문은 '벌거벗고 사는 미개한 토인이 우글거리는 야만의 땅(남양야도)'을 보여주었다. 1930년대 초반 '야자수 낙원'이라는 기사도 있었으나 야만의 땅이라는 인식은 변함없었다.

1917년, 조선에서 '별천지 섬, 남양'을 알리던 사람이 있었다. 전라남도 광주의 감옥 간수였던 기노시타^{木下}였다. 일본인인지 조선인인지 모른다. 제당사업을 하던 니시무라^{西村} 척식주식회사의 의뢰를 받아 남양군도로 갈 노동자를 모집했다. 그는 전국에 광고지를 뿌렸다. "남양 사이판, 로다, 데니안 섬은 지상낙원으로 추움을 모르는 상하^{常夏}의 섬, 별천지에서 사탕을 만드는 수수재배는 돈벌이도 좋고 먹는 것도 천하일품"이라는 광고였다. 그러나 사람은 별로 모이지 않았다. 한 달이 지나 간신히 200명 목표 인원을 채울 수 있었다. "노동일이란 모르고 잘 사는 어리숙한 젊은 청년들"이었다. 심지어 면서기도 있었다. 별천지라는 광고에 속은 이들이었다.

10여 일간 항해 끝에 사이판 차란 카노아 해변에 도착한 청년들은 분통을 터트렸다. 이들이 맞닥트린 현실은 별천지가 아니라 황무지였다. 청년들은 "견딜 수 없는 무더위에 소와 파리·모기떼 속에서 등불도 없고 식수도 부족해 소변으로 충당해야 하는" 고약한 상황에

사이판 차란 카노아 해변. 1917년 조선의 청년들이 처음 도착할 당시에는 해변과 숲 뿐이었다.

분노하고 항의했다. 그러나 달라지지 않았다. 오히려 조선 사람을 심하게 차별했다. 니시무라척식이 작성한 시찰보고서를 보면, 제초작업이나 자잘한 일은 오키나와인들이 하고, 거칠고 힘든 일은 조선 사람 차지였다. 결국 대부분의 청년들은 1920년 고향으로 돌아왔다.

쿠사이^{Kusaie}(또는 코스라에^{Kosrae})에 있는 남양척식공업회사 소속 농장에도 지상 낙원이라는 말에 속은 조선 청년들이 있었다. 60명의 청년들은 1919년 11월 '임금 인상을 요구'하며 들고 일어섰다. 투쟁은 격렬했다. 일본 해군이 나서 진압할 정도였다. 여러 명의 사상자도 발생했다.

이렇게 속고 속이는 와중에도 남양군도로 간 조선 사람들은 끊이지 않았다. 1922년 남양군도의 조선인은 147명이었다가 1925년 86명으로 줄었으나 1933년에는 다시 313명으로 늘었다.

1930년대에는 조선인친목회도 출현했다. 친목회라 하지만 기실은 '동포를 단속하고 벌금을 뜯어내는 일본 앞잡이 단체'였다. 당시 티니안에 살았던 전경운全慶運의 말이다. 국책회사에 노동자를 알선하는 일이 조선인친목회 임원들의 큰 수입원이었기에, 이들은 1930년대 남양열풍을 일으켰다. 언론을 통해, 그리고 평양에서 '남양영화대회'를 열어 '산해진미 가득한 남양군도'를 열심히 알렸으나 반응은 냉담했다.

조선 사람들에게 남양은 여전히 낯설었다. 일자리를 찾아 떠난다면 차라리 일본이 나았다. 일본은 동포들끼리 모여 사는 마을이 많아서 일자리 구하기도 쉬웠고, 아이들을 가르칠 조선학교도 있었다. 가까운 일본을 두고 굳이 멀리 태평양까지 갈 필요가 없었다.

그러다가 1930년대 후반, '야자수는 부른다!'는 류의 신문기사가 갑자기 사회면을 메웠다. 느닷없이 조선에 남양열풍이라도 분 것인가. 조선인친목회가 열심히 홍보할 적에도 불지 않던 바람이다. 무슨 일일까. 바람을 일으킨 풀무질의 주인공은 조선총독부였다.

조선의 노동력이 필요했기 때문이다. 원래 일본은 국제연맹규약인 C식 위임통치조항 규정에 따라 남양군도에 육해군 근거지를 건설할 수 없었다. 그러나 아시아태평양전쟁을 일으키면서 상황은 변하기 시작했다. 1931년 만주사변을 일으키고 만주국을 세운 일본은 1933년 3월 국제연맹을 탈퇴했으나 남양군도 위임통치국 지위는 유지했다. 이 시기 남양에서 조선인 노동력 확보는 시급한 문제가 아니었다. 만주를 차지하고 만주국을 세워 간접통치하고 있었으므로 더 이상 전쟁터로 보낼 장정을 늘릴 필요도 없었다.

그러나 1937년 중일전쟁을 일으키면서 상황이 달라졌다. 일본은

동아일보 1939년 1월 18일 '야자수는 부른다!'

국제연맹의 위임통치규약을 어기고 남양군도에 본격적인 비행장과 항만 건설에 착수했다. 그런데 전선은 더 많은 일본인 장정을 원했다. 사탕수수농장과 광산, 비행장에서 일하던 일본인 장정들이 남양군도의 일터를 비우고 전선과 일본 본토 군수공장으로 떠났다. 이들을 대신할 노동력이 필요했다. 누가 있을까. 누구를 데려와야 할까. 아! 맞다. 조선 사람들이 있지. 이들을 데려오면 되겠구나!

"우리 회사(남양흥발)는 사업지인 남양군도 각지에서 사업을 확장하고 있으며, 필요한 인력은 종래 오키나와현을 비롯해 일본 동북 각 현으로부터 수시로 입식^{入植}(이주)시켰습니다. 그런데 이번 사변

(중일전쟁)의 확대와 전시체제 정비로 인해 응소자^{應召者}(군대 입대자)가 늘어나고 군수산업으로 전출하는 이들이 많습니다. 〈중략〉 그러한 이유로 남양군도에 필요한 노동력 보충이 불가능하게 되어 남진국책^{南進國策}인 남방 산업의 개발에 공헌하고 있는 우리 회사 사업도 경영상 상당한 곤란에 봉착했습니다."

당시 사람들이 설탕왕이라고 부르던 남양흥발(주) 사장 마쓰에 하루지^{松江春次}가 1939년 7월, 미나미 지로^{南次郎} 조선총독에게 보낸 문서의 일부이다. 1937년 중일 전쟁 후 아시아태평양전쟁이 확대되면서 남양군도의 노동력 부족이 심각하니 조선의 농민을 보내 주십사 하는 편지이다. 마쓰에 사장의 호소는 엄살이 아니었다. 실제로 로타제당소의 일본인 노동자 2천 명이 해군공사장으로 동원되면서 남양흥발은 4개월이나 가동을 중지한 상황이었다. 이러한 어려움은 남양흥발만의 일이 아니었다. 국책기업들과 남양청의 공통적인 어려움이었다.

　　일본정부는 어려움을 해결할 방법으로 조선을 주목했다. 1939년 1월부터 조선총독부와 남양청이 나서서 조선인을 토건노동자와 농업노동자로 보내기 시작했다. 1939년 1월부터 3월까지 토건노동자를, 1939년 8월부터 1940년 1월까지 농업노동자를 보냈다. 총 553호 1,463명이 남양군도로 떠났다. 이 가운데 다수는 농장행 농민들이었다. 토건노동자는 남양청의 공사 하청을 맡은 기무라구미^{木村組*}가, 농업노동자는 풍남^{豊南}산업(주)과 남양흥발(주), 남양척식(주) 등 남양군도 국책기업이 담당했다.

* 일본 도치키현에 본사를 둔 토목건축청부업체

로타 제당소 유적지. 당시 사용하던 운반용 밀차와 수조 등이 보인다(2007년 6월 27일 촬영).

그런데 참 이상한 일이다. 남양은 그동안 멋진 영화를 보여주며 낙원이라 속여도 사람들이 외면하던 곳이다. 그런데 무슨 사정이 있었기에 천 오백 명이나 되는 사람들이 남양에 갔을까.

사정이 있었다. 가뭄 피해를 입은 이재민들이었다. 조선인을 보내 달라는 남양청의 요청을 받은 조선총독부는 가뭄 피해지역 도지사에게 '한발(가뭄) 이재민을 보내라'고 지시했다. 대상지역인 경남과 경북, 전북은 1935년과 1938년에 가뭄 피해를 입었고, 충남은 1932년과 1938년에 가뭄을 당했다.

그렇다면 당국은 왜 한발 피해지역 농민들을 동원 대상으로 삼았을까. 이유는 세 가지이다.

첫째, 당국이 이재민을 구휼할 생각이나 능력이 없었기 때문이다.

일본이 전시체제가 되면서 조선의 물자와 인력, 자금을 총동원해야 하는 상황에서 조선총독부가 이재민을 건사할 여력은 없었다.

둘째, 노동력의 효율적 배치를 위해서이다. 가뭄 피해지역은 식량 공출 목표치를 달성하기 어려운 지역이다. 가뭄 상황에서 소작이나 품팔이 농사꾼들이 경작할 농토는 더욱 부족하다. 그렇다면 이 지역의 농민을 노동력이 필요한 다른 지역으로 보내는 것이 효율적이다.

셋째, 이재민들이 거부하기 어려웠다는 점이다. 이미 일본으로 가는 길은 '무시무시한 탄광' 뿐이던 시절이다. 가고 싶지 않았다. 그렇다고 고향에서 굶을 수도 없었다. 가뭄피해를 당한 농민들은 오도 가도 못할 상황이 되었다. 당국은 '고향을 떠나고 싶지는 않지만 생존을 위해서는 무엇이든 해야 하는' 이재민들의 절박한 상황을 이용했다.

1939년에 토목공사장과 농장으로 떠난 조선 사람은 나중에 어떻게 되었을까. 도로와 항만을 닦던 토목노동자들은 공사가 끝난 후 농장으로 또는 군공사장으로 옮겨 다녔다. 1941년 진주만 공격 후 태평양지역이 전쟁의 소용돌이에 말려든 후 농업노동자들은 여러 집단농장을 떠돌거나 비행장 등 군공사장에 동원되었다. 일부는 군무원으로 징발되기도 했다. 군무원은 군에 속한 노무자였다. 1944년 4월 남양흥발은 사이판에서 현지 주둔군과 협정(야노矢野-오하라小原 협정)을 체결했다. 회사 소속 노동자를 언제든지 군무원으로 제공하겠다는 협정이다. 1944년 6월 로타에서는 협정도 필요 없었다. 육군이 16세 이상 남성을 징발해서 부대에 편입해 일을 시킬 수 있도록 했다.

조선 사람은 1939년을 시작으로 1944년 일본이 패전할 때까지 계속 남양으로 떠났으나 몇 명이 갔는지는 알 수가 없다. 위원회 보고서에 따르면, 1939년부터 1941년 12월 일본의 미국 진주만 공격이 일어나기까지 남양군도에 동원된 조선인 노무자는 5천 명 이상이라 한다. 군인이나 군무원으로 남양에 간 사람은 제외한 숫자다. 1941년 12월 이후에도 남양군도로 떠났으므로 5천명은 최소 숫자다. 중요한 사실은 5천명 속에 노인과 여성, 그리고 어린이가 있었다는 점이다. 지금보다 체격이 작고 영양상태가 열악했던 시절의 일이다.

이민인가 강제동원인가?

남양군도 강제동원을 이야기할 때 가장 혼란스러워하는 부분이다. 일본은 남양군도의 농장으로 동원한 조선인을 '남양농업이민자'라고 표현했다. 조선총독부와 남양청이 남긴 문서 제목도 '이민'이다.

이민! 이민은 자발적인 이주가 아닌가. 평상시의 이민이라면 그렇다. 그러나 1938년 4월 일본이 국가총동원법이라는 법을 공포한 후는 다르다.

남양농업이민은 일본의 국책사업이자 점령지를 대상으로 한 척식拓殖사업이다. 척식사업이란 미간지를 개척해 농사를 짓게 하는 것이다. 남양청은 '남양청 주관 남양개발 제1차 관유지개간이민계획'을 세우고 남양농업이민을 실시했다.

1937년 중일전쟁 후 일본의 점령지역이 확대되고, 군수물자 보급이 시급해지면서 조선인 노동력 필요성이 높아지자 조선총독부는 중국 관내지역과 만주 등 기존의 집단이주사업을 체계화하고 확대하기 위해 제도적인 조치를 마련했다. 이민 제도이다.

조선총독부는 '이민'이라는 미명 아래 농업노무자들을 활용하기 위해 제도를 마련하고 실행에 들어갔다. 1939년 2월 22일 이민위원회 규정[조선총독부훈령 제9조]을 마련해, 정무총감이 직접 주관하도록 했다. 이러한 정책 아래 조선 농민들은 만주로, 남양군도로 동원되어 집단농장에서 군용식량과 군수품 원료[카사바, 사탕수수]를 재배했다.

남양농업이민은 풍남산업(주)과 남양흥발(주), 남양척식(주) 등 농업이민을 담당한 회사가 남양청에 필요한 인력을 요청하는 것에서 시작했다. 인력요청부터 조선에서 농민들을 선발해서 수송하고 남양군도 현지에서 조선인을 인수하는 모든 과정(계획 수립 및 요청 → 동원 → 수송)은 조선총독부 내무국 사회과와 남양청 내무부가 총괄했다. 대상자 선정과 신원조사, 수송 등 모든 업무는 각도의 내무부 사회과와 군청, 면사무소가 수행했다. 부산까지 도의 직원이 직접 인솔하고, 부산에서는 남양에서 온 회사 직원이 인솔했다. 인솔하는 도 직원은 기차역마다 인원수를 확인한 후 곧바로 조선총독부에 보고했다. 거미줄같이 촘촘한 감시 속에서 이루어진 철저한 계획 수송이었다.

이 같이 '남양농업이민'이라는 이름 아래 남양으로 송출된 조선인들은 일본이라는 국가권력이 마련한 법적 근거 및 공식적인 행정 행위로 동원된 농업노무자이다. 남양청의 공문서에서도 이 '노무자'라는 용어를 확인할 수 있다.남양청의 공문서에서도 이 '노무자'라는 용어를 확인할 수 있다.

남양농업이민을 주관한 국책기업들

남양흥발(주)

1920년, 일본 해군과 외무성이 남양군도 척식사업 전체에 대해 재검토를 한 후 필요하다고 판단해 니시무라척식 등 기존 회사들을 흡수해 설립했다. 조선의 동양척식주식회사가 자금과 기술력을 제공하고 타이완에 있던 마쓰에 하루지를 최고경영자로 앉혔다.

남양청은 제당업을 기간산업으로 육성하고자 자금과 토지, 노동력의 확보나 노동문제 등 남양흥발(주)의 사업을 대대적으로 지원하고, 보호했다. 특히 1922년에 제당규칙을 만든 후 남양흥발(주)이 실질적으로 남양군도 제당업을 독점하도록 했다. 남양흥발(주)은 남양청이 무상으로 제공해준 사이판이나 티니안의 경작지에서 사업을 펼쳤다. 사탕수수농장을 운영하고, 설탕을 가공한 제당업製糖業과 주정업酒精業·전분·수산·제빙 등이 주요 사업 품목이었다. 1936년 11월, 일본정부가 남양南洋척식(주)을 설립할 때 자본을 투자한 후 자회사가 되었다.

풍남산업(주)

1938년 11월에 설립한 남양척식(주)의 자회사이다. 카사바 등 농업작물을 재배하고 가공해서 판매했다.

어떤 조건으로 농민을 데려갔을까

1939년 7월 25일 조선총독부 내무국장이 경북도지사에게 보낸 문서(남양농업이민 알선방법에 관한 건)에 따르면, '개간 경작에 경험이 있으며, 영주 의지가 있고 가족과 같이 떠날 수 있는 20~40세 농민'을 선발하도록 했다. 또한 가동稼動 능력자가 많은 가족을 선호했다. 가동능력자란 현지에서 노동을 할 수 있는 사람을 말한다. 하루 노동시간은 오전 5시 30분부터 오후 5시 30분까지 10시간이지만 필요에 따라 연장할 수 있다고 했다.

떠나는 가족에게는 전대금前貸金으로 1호당 20원씩 지급했다. 전대금이란 빚이다. 빚이 있으면 농민들을 부리기 쉬우니 일종의 족쇄인 셈이다. 1939년과 1940년에 떠나는 농민들에게는 고용기간 2년이 정해져 있었으나 이후에 동원하는 조선인들에게는 '영주'라고 못을 박았다.

2년이라는 고용기간도 언제든 연장할 수 있었으므로 의미는 없었다. 섬에서 자유롭게 이동할 수 없었던 조선인들은 건강 쇠약자나 범법자가 아니면 그곳을 쉽사리 벗어날 수 없었다.

가족과 함께 떠난 천국의 섬

1939년, 연이은 가뭄으로 마을의 산천초목이 다 말라비틀어지고 씨 뿌릴 땅 한 평 구하지 못하고 맞은 봄. 면서기가 이재민을 불러 남양에 가라고 했다. 고향을 떠나는 것은 아쉽지만 가뭄으로 농사지을 땅도 없어 가족과 같이 굶어죽을 판에 좋은 곳으로 보내준다니 고마울 뿐이었다. 아이들을 데리고 온 가족이 남양으로 떠났다. 유토피아인줄 알고 갔다. 그런데 그곳은 정말 낙원이었을까!

열 살에 고향 떠난 봉선

봉선할머니는 1928년 경북 포항에서 태어나 지금까지 그 마을의 토박이로 살고 있다. 남편도 한동네 사람이라 고향 떠날 일이 없다. 하루 종일 마을회관에서 주는 밥 먹고, 동네 노인들과 소일한다. 2005년에 정부에서 위원회라는 것을 만들어 징용 갔다 온 사람들 피해신고하라고 해서 부부가 같이 신고했다.

사실 어려서 겪은 일인데다가 부모님을 따라 나선 일이라 대부분 기억나지 않는다. 언제 떠났는지, 며칠이나 걸려서 갔는지 그런 건 전혀 몰랐다. 그냥 열 살 되던 해 가을에 갔다는 것만 어렴풋이 기억할 뿐이었다. 뽀나페에 간 것만 정확히 기억한다.

얼마 전, 위원회에서 왔다는 사람이 일본이 만들었다는 책(남양농업이민관계철)을 가져왔다. 할머니 가족의 이름이 있다고 했다. 반가웠다. 그러나 사실 할머니는 무엇이 적혀 있는지 모른다. 온통 한자와 일본 글뿐이어서 알 수 없지만 가족의 내력이 적혀 있다고 하니 귀하다고 여겼다. 뽀나페는 포나페이고 지금은 폼페이라는 것도, 데이앙도가 아니고 티니안^{Tinian*}이라는 것도 알았다. 고향으로 돌아온 해가 1946년이라는 사실도 그때 알았다. 미국 자료에 나온다고 했다. 봉선 할머니가 직접 겪은 일이지만 다른 사람의 설명을 들어서 간신히 남양군도 시절의 앞뒤 아귀를 제대로 맞추었다.

징용!

징용인지 이민인지 구분도 못한다. 만 열살 때 남양군도에 갔으니 구분할 리가 없다. 요즈음 사람들이 관광하러 많이 가는 그곳을 가족들과 같이 살러 갔다. 봉선 혼자 간다는 것은 상상도 할 수 없는 멀고 낯선 곳이었다.

가족은 부모님과 동생 넷, 봉선 이렇게 일곱 명이었다. 만으로 봉선 아버지 나이가 서른여덟 살, 어머니가 서른다섯 살, 큰 딸인 봉선(열 살)과 여덟 살, 다섯 살, 세 살 동생, 그리고 막내는 갓난쟁이.

봉선네만 아니라 다른 집도 모두 가족이 같이 갔다. 식구가 많은

---

* 미국 자치령인 북마리아나 제도의 섬으로 괌 북쪽 160km에, 사이판에서 약 8km 떨어진 곳에 위치, 한자로 천인안^{天仁安} 혹은 천인앙^{天仁央}이라 표기했으므로 당시 조선 사람들은 덴앙이나 데니안, 천안도 등으로 불렀다. 섬 전체가 남양흥발회사 소속 사탕수수 농장. 1945년 8월 히로시마와 나가사키에 원폭을 투하한 슈퍼포트리스 폭격기가 발진한 곳

집을 우선적으로 보냈다. 그곳은 인구가 적어 일할 사람이 귀해서 조선 사람을 데려가는 것인데, 식구가 많아야 일할 사람이 많을 거 아닌가! 그래서 가족들이 같이 떠났다.

봉선네가 남양군도까지 간 것은 동네에 산이 많아 농토가 적었기 때문이다. 게다가 해마다 가뭄이 심해 농사짓기가 어려웠다. 남의 땅을 빌려서 농사를 짓는데 가뭄으로 그나마도 지을 수가 없었다. 쌀 공출을 못 내게 되니 몸이라도 공출해야 한다고 했다. 봉선네 동네가 남양군도에 가는 것으로 정해져 지시가 내려왔다고 했다. 그래서 면에서 가라고 했다.

봉선의 부모님들은 따뜻하고 먹을 것이 많은 곳에 간다고 했다. 천국과 같다고 했다. 면에서 남양군도에 가라고 했을 때, 봉선 아버지는 마다하지 않았다. 가뭄 때문에 농사지을 땅도 없이 일곱 식구가 끼니 때우기도 어려운 시절에 입에 풀칠이라도 할 수 있다면 멀든 가깝든 어디든 가야 했다. 남양군도에 가서 하는 일이 농사를 짓는 일이라고 하니 어려울 것도 없어 보였다. 늘 하던 일 아닌가. 배운 것은 없었지만 농사라면 자신 있었다. 더구나 십 년만 고생하면 개간한 땅의 소유권을 인정해준다고 했다. 땅문서가 생긴다는 말이다. 봉선네 처지에 조선에서는 평생 일해도 땅문서 한 장 갖기 힘든데, 비록 타지이기는 하지만 땅문서를 손에 쥘 수 있다니 솔깃했다. 뿐만 아니다. 매달 일한 만큼 품삯도 준다고 했다. 열심히 모은다면 나중에 고향에 밭이라도 한 뙈기 마련할 수 있지 않을까. 가슴 벅차는 일이었다.

봉선네 가족은 1939년 10월 고향을 떠났다. 처음으로 기차도 타고 배도 탔다. 영일군에 가서 기차를 타고 부산까지 가서 하룻밤 묵

1930년대 사탕수수농장 모습. 장정 키보다 훨씬 큰 사탕수수대(남양협회 남양군도지부, 《남양군도 사진첩》, 1938, 150쪽)

었다가 다음날 아침에 배를 타고 일본에 갔다. 시모노세키^{下關}라는 곳이었다. 그곳에서 다시 기차를 타고 요코하마에 가서 배를 바꾸어 타고 하염없이 갔다. 더위에 배 멀미에 죽을 고생을 하면서 간신히 포나페^{Ponape*}에 도착했다. 한 달도 넘게 걸렸다. 원래 보름이면 간다고 했는데, 두 배도 넘게 걸렸다. 뱃길을 돌아가다 보니 그렇게 되었다고 했다. 왜 돌아갔을까. 알 수 없다.

포나페에 도착한 봉선네는 곧바로 카사바와 사탕수수 짓는 농장에서 일했다. '남양흥발'이라는 회사 소속 농장이었다. 카사바는 고구마 비슷하게 생겼는데, 거기 사람들은 주로 삶아먹었다. 삶아먹

---

* 미크로네시아 연방 폰페이^{Pohnpei}섬의 옛 지명. 섬 이름은 현지어로 '돌로 만든 제단^{pehi} 위^{pohn}'라는 뜻. 미크로네시아 연방에서 면적과 인구가 가장 크고 많은 섬

으면 고구마처럼 단 맛은 없지만 배 채우는 데는 더할 나위 없이 좋았다. 새벽부터 해질 때까지 뙤약볕에서 사탕수수 베는 일을 했다. 사탕수수는 봉선이 키보다 훨씬 크고 억셌다. 조선 사람들은 사탕수수를 단옥수수라고 불렀다. 옥수수 가지와 비슷하게 생겼다고 그렇게 불렀다.

덥기는 또 얼마나 더운지. 그곳은 일 년 내내 한 여름이었다. 꼼짝도 안 하고 그늘에 앉아만 있어도 금방 온 몸이 땀에 저는 곳에서 일을 해야 했다. 조선에서는 농사꾼들도 한 여름에는 그렇게 안 하고 살았다. 새벽에 나가서 일하고 해가 퍼지면 들어와서 조금 쉬었다가 다시 나가서 일하고 그런 식으로 했다. 그런데 거기서는 안 그랬다. 점심 먹을 때 조금 쉬고 하루 종일 일했다. 봉선이 열 살 때였다.

지금도 열 살이면 어린애지만 지금하고는 비교할 수도 없을 정도로 덩치가 작았다. 그 때는 먹는 것도 시원치 않았고, 시골에서 영양분 있는 걸 먹는 것도 아니고 하루 세끼 챙겨먹는 것도 쉬운 일이 아닌 시절이니 얼마나 꼬맹이였겠나. 그 작은 손으로 등짐지고 일했다.

2년 동안 농장 일을 하다가 티니안 설탕공장에서 일했다. 설탕공장도 남양흥발 소속이었다. 그러다가 얼마 안 돼 미군이 온다고 도망가라고 해서 식구들이 굴속에서 1주일이나 숨어 있었다. 1944년 여름이었다. 피난 생활은 길지 않았지만 무서웠다. 굴은 컸지만 물도 없고 배는 고픈데, 밖에서 미군의 함포 소리가 쿵쿵 울리니 금방이라도 죽을 것 같았다. 이러다가 정말 미군에게 잡혀 죽는 거 아닌가 하고 떨고 있다가 미군 포로가 되었다. 1944년 가을이었다. 티니안은 조선보다 1년 먼저 전쟁이 끝났다. 포로가 되었지만 걱정했던 일은 일어나지 않았다. 미군이 오면 강간당하고 아주 끔찍하게 죽인다는 일본 사람들 말은 다 거짓이었다. 오히려 배를 곯지 않아도 되는 세상이 되었다.

티니안이 미군 세상이 된 후 봉선네는 수용소 생활을 했다. 수용소 생활은 별로 불편하지 않았다. 아이들은 일 하지 않고 지낼 수 있었다. 미군들은 어른들에게도 잔일이라도 시키면 반드시 돈을 계산해서 주었다. 공짜가 없었다. 먹을 것도 풍족했다. 소금도 구할 수 있었다. 치약도 주고 수건도 주었다. 지금이야 치약 수건이 흔하지만 옛날에는 귀하디귀한 물건이었다. 한 2년 그렇게 지내다가 미군이 마련해준 배를 타고 고향에 돌아왔다. 1946년이었다. 열 살 꼬맹이 때 남양에 간 봉선은 열여덟 소녀가 되어 돌아왔다.

사탕수수 농장의 어린이 일꾼

1938년 7월 남양흥발 사장 마쓰에가 조선총독부에 보낸 문서에는 '작업부고용노역규칙'이 들어 있다. 회사가 정한 근무조건인 셈이다. 이 규칙 제1장에 작업부의 연령을 16~50세까지 남성과 16~40세 여성이라 적혀 있다. 만약 이 규정대로 했다면 16세가 되지 않은 어린이들은 일하지 않고 학교에 다녀야 했다.

1941년 5월 13일 남양흥발 티니안 농장 담당자가 쓴 보고서에는 조선인 가족을 가동자稼動者(남녀 포함)와 어린이로 구분했다. 가동자는 '16세 이상'이라는 설명도 달았다. 16세 이상이 작업자라는 의미다. 이 점은 '작업부고용노역규칙'과 일치한다. 규정과 보고서 내용을 종합하면, 16세 이상인 사람만 일을 했다는 결론이 나온다.

그러나 실제 상황은 어땠을까.

봉선(1928년 출생, 10세 부터 농장일)도, 덕순(1934년생, 6세부터 농장일)도 모두 어렸지만 어엿한 농장의 일꾼이었다. 금복(1936년생)이도 여섯 살 때부터 농장에서 일했다. 농장의 어린이 일꾼은 많이 만날 수 있다. 모두 남양흥발회사 소속 농장에서 일했고 위원회에서 피해자 판정도 받았다. 그렇다면 작업부고용노역규칙 내용은 무엇이란 말인가. 자신들이 만든 규정을 어기면서 일을 시켰다는 의미인가.

이런 궁금증은 가동능력자를 생각해보면, 조금 풀릴 수 있다. 1939년 7월 25일 조선총독부 내무국장이 경북도지사에게 보낸 문서(남양농업이민알선방법에 관한 건)를 살펴보자. 제1항과 제2항은 '개간 경작에 경험이 있으며, 영주 의지가 있고 가족과 같이 떠날 수 있는 20~40세 농민을 선정'한다고 규정했다. 그리고 제3항에는 가족 중에 '가동능력자가 많고 병약자나 노쇠자가 없는 가족'이라고 적혀 있다. 이 문서에서 명시한 가동능력자란 현지에서 노동을 시킬 수 있는 사람을 말한다. 가동자보다 넓은 범위다.

그렇다면 가동능력자는 몇 살을 의미하는가. 남양군도 강제동원과 관련한 문서에는 없다. 가동능력자를 데려간다고 하면서 명확한 기준이 없다는 것은 필요에 따라 상황에 따라 얼마든지 가능하다는 의미다. 가동능력자가 몇 살이었을지 조금 더 생각해보자.

조선총독부가 남긴 문서에는 가동능력자의 연령 기준은 없으나 대인과 소인의 구분은 있다. 12살이 구분 기준이다. 고향을 출발할 당시 작성한 문서(인도서)에도, 배를 태울 때 작성한 문서에서도 모두 12살 기준으로 어른과 아이를 나누었다. 그뿐 아니었다. 아이는 다시 12세 미만과 6세 미만으로 다시 구분했다. 12세 미만과 4세 미만으로 구분한 문서도 있다. 12세. 왜 조선총독부는 열두 살을 중요하게 생각했을까. 가동능력자를 의미하는 것은 아닐까.

2010년 12월, 위원회는 제8차 위원회에서 유소년 강제동원 인정 범위라는 안건을 의결했다. 12세 미만 유소년이라도 강제동원 피해자로 판정할 수 있다는 내용이었다. 위원회는 '당시 가족동원이 특정

지역의 개간이나 농장 경작을 위해 격리된 지역에서 생활하며 유소년들이 교육받을 여건이 충분하지 않았다는 점'과 '지역에 따라 전시 상황 대비 및 공출량을 맞추기 위한 강제적 조치가 있었을 개연성'을 감안해 결정했다. 그렇다고 무작정 나이만 적용한 것은 아니다. 신고한 피해내용을 면밀히 조사한 후 12세 미만의 유소년이라 해도 강제동원 정황이 확인되면 피해자로 판정할 수 있다는 의미다.

여전히 가동능력자가 몇 살인가 하는 의문은 풀리지 않는다. 다만 분명한 것은, 농장에서 일하는 사람들 가운데에는 12살 미만의 아이들이 있었다는 점이다. 이들은 어떤 사정이 있어 어린 나이에 농장에서 일해야 했을까.

여섯 살 일꾼 금복

1936년 전북 김제에서 태어난 금복은 부모님과 여동생과 함께 남양군도로 떠났다. 1939년이었다. 몇 월인지는 모른다. 고향을 떠나 일본에서 한두 달 머물렀다가 간 것만 기억난다. 남양흥발 회사가 운영하는 티니안 제당소 아기간^{Aguiguan} 농장에서 일했다. 남양회사 직영 농장이라고 했다. 아기깡이라 불렀다. 티니안에 살 때 농장 숙소에서 여동생이 두 명 태어났다.

부모님은 모두 젊었다. 남양군도로 갈 때 아버지는 갓 서른을 넘겼다. 금복은 만 세 살이었다. 금복 아버지는 아기간 사탕수수 농장에서 감독관 같은 일을 했다. 정식 이름은 노무관리원이라 했다. 회

1942년 포나페에 동원된 박희동이 가족에게 보낸 사진(위원회 소장)

사에서는 1939년에 남양군도 들어간 사람들과 1941년에 들어온 사람들을 구분했다. 1939년에 들어간 사람들은 구반도이민자, 1941년도에 들어온 사람들은 신반도이민자로 불렀다. 1939년에 들어간 사람들은 일본어도 알아듣고, 농장일도 익숙한데, 1941년에 온 사람들은 말도 모르고 일도 몰랐다. 그래서 구반도이민자 가운데 몇 사람을 뽑아 신반도이민자 관리하는 일을 맡겼는데, 금복 아버지가 그 일을 한 것이다. 신반도이민자들에게 통역을 해주고, 일도 가르쳤다. 그렇다고 농장 일을 하지 않은 것은 아니었다. 개인마다 할당량이 정해져 있어 안 할 수 없었다.

금복 아버지는 농장 사람들에게 배급을 나눠주는 일도 했다. 전쟁이 일어난 후로는 일본에서도 조선에서도 배급제도였다. 살 수 있는 물품의 양을 제한하는 것이다. 집집마다 배급통장을 지급하고, 매달 식구 수대로 살 수 있는 품목과 양을 정해 주었다. 간장 반병, 쌀 두되, 양말 1개, 뭐 이런 식이다. 사고 싶다고 마음대로 살 수 없었다. 아무리 돈이 많아도 쌀이든 간장이든 다 식구 머리수대로 매달 배급통장에 정해주는 양 만큼만 살 수 있었다.

남양군도도 마찬가지였다. 물자부족은 더 심했다. 식구 수대로 할당해주는 양은 적었고, 품목도 몇 가지 없었다. 섬이어서 물자가 더 부족했기 때문이다. 섬에서 생산되지 않는 물건은 육지에서 가져와야 하는데, 미군이 바다를 지키고 있으니 배가 들어올 수 없었다. 그런 상황에서 부족한 물자를 조금씩 나눠서 써야 했는데, 아버지가 그걸 정해주는 일을 했다. 굉장히 중요한 일이었다.

금복은 어려서부터 농장에서 일했다. 미국하고 전쟁이 난 해부터 일을 시작했으니 여섯 살 때부터인가. 농장에서 카사바도 심고, 심부름도 하고 옥수수도 타오고 그랬다. 농장에서 어른들은 하루에 꼬박 10시간씩 일했다. 회사 사람이 와서 매일 일한 시간과 양을 적어서 한 달에 한 번씩 회사 사무실 바로 옆에 있는 주재소에 보고했다. 주재소가 어떤 곳인가. 순사가 있는 곳이고, 붙잡혀 가면 무슨 일을 당할지도 모르는 무서운 곳이다. 게다가 매달 보고를 하니 일을 게을리 할 수가 없었다.

대부분의 여자들이 애를 데리고 농장에 나왔다. 홀몸으로 나오는 여자들이 있기는 해도 숫자가 많지 않았다. 어린애들을 집에 두고 올 수 없으니 데리고 나와야 했다. 그렇다고 애들이 농장에서 마음 편히

남양흥발 티니안제당소 모습(남양협회 남양군도지부, 《남양군도사진첩》, 1938, 152쪽)

놀 수는 없다. 아주 어린애들은 모르지만 금복 정도의 애들은 어림도 없다. 애가 여럿인 집은 엄마가 갓난쟁이 젖 먹일 동안 조금 큰 애가 대신 일하는 식이다. 나이가 어리면 어린 만치, 많으면 많은 만치 자기 몫을 해야 했다. 어른들은 각자 매일 정해진 할당량이 있었는데, 애 딸린 엄마들이 채우기는 쉽지 않다. 그러니 조금이라도 큰 애가 있으면, 일을 거들어 엄마의 할당량을 채워야 했다. 금복네도 어머니가 동생을 둘 낳을 동안 일을 못했고, 해산한 후 농장에 나와도 동생들 돌보느라 할당량 채우기가 힘들었다. 농장 사람들은 다 그렇게 살았다. 그러니 덩치 큰 금복이 농장에서 놀고 있을 수는 없었다.

금복은 나이에 비해 키가 크고 무척 똑똑했다. 눈치도 빠르고 몸도 빠르니 어른들이 좋아했다. 나중에 고향에 돌아오는 배 안에서도 미국 사람들한테 가서 물 달라고 해서 가족들 물 먹이고 그랬다. 더구나 농장은 금복의 어머니가 일하는 곳이니 안심하고 일 다녔다.

금복 아버지는, 아이들이 일한 것은 별도로 계산하는 것이 아니라 어머니 몫으로 합해 서류상으로는 어머니 혼자 일한 것으로 남는다고 했다. 서류에 이름이 올라가지 않지만 실제는 일하지 않으면 배겨나지 못하는 것이 농장 생활이었다.

금복은 농장에서 일하다가 배가 고파 사탕수수 좀 먹으려고 낫질 하다가 실수로 오른쪽 손가락 두 개가 날아갈 뻔했다. 병원에 가지도 못하고 덜렁거리는 것을 간신히 붙여서 지금껏 살고 있다. 농장에서 일 하지 않았다면 일어나지 않았을 사고였다.

사고 나고 얼마 안 돼 미군이 들어왔다. 미군이 티니안에 와서 총을 겨누며 손들라고 해서 얼른 손들었다. 티니안이 미군 세상이 되자 금복네는 모두 포로수용소에 들어갔다. 수용소 생활은 재미있었다. 미군들이 아이들을 모아놓고 영어책을 주면서 영어도 가르쳐줬다. 굿모닝 뭐 이런 걸 가르쳐줬다. 그렇게 한 일 년 지나서 겨울이 되자 미군이 배를 구해줄테니 한국에 가라고 했다. LST(상륙용 주정)라고 엄청나게 큰 배를 타고 왔다. 수천 명이 탔다. 갈 때는 한 달도 넘게 갔는데, 돌아올 때는 열흘도 안 걸렸다. 남양 갈 때는 바닷길을 돌아가느라 그랬다는데, 돌아올 때는 미군 배로 곧장 올 수 있어서 빨리 온 것 같다.

1942년 12월부터 매달 남양흥발 티니안 농장이 현지 주재소에 제출한 보고서에는 소속 농장별로 작업자들이 매일 사탕수수를 벤 작업 시간과 작업량, 출근상황이 적혀 있다. 작업자들을 남과 여, 그리고 아이를 데리고 나온 여성으로 구분했다. 이들의 나이는 알 수 없다. 아이를 데리고 나온 여성이 홀몸 여성보다 많았다.

티니안 농장에는 6개 농구農區가 있다. 이 가운데 가장 규모가 큰 송송 농구의 4일간 상황을 살펴보자.

티니안농장 송송농구 작업일지

	총인원		출근 인원수 / 비율		평균 시간	작업량(묶음)
12월 25일	남	35	34	97.2	10	2012
12월 25일	녀	15	13	86.7	10	576
12월 25일	자녀 동반 여성	17	15	88.2	10	556
12월 26일	남	35	34	97.2	10	1815
12월 26일	녀	15	13	86.7	10	550
12월 26일	자녀 동반 여성	17	13	76.5	10	423
12월 27일	남	35	34	97.2	10	3042
12월 27일	녀	15	14	93.3	10	932
12월 27일	자녀 동반 여성	17	15	88.2	10	900
12월 28일	남	35	34	97.2	10	4327
12월 28일	녀	15	14	93.3	10	1068
12월 28일	자녀 동반 여성	17	15	88.2	10	940

- 매일매일 작업량이 큰 차이를 보이는 것은 농장 일이 사탕수수 베는 작업 외에 여러 가지인데, 사탕수수 베는 작업만 적었기 때문이다.
- 농장에서 일하는 사람은 남자와 여자를 가리지 않고 모두 하루 10시간씩 일했다. 아이를 데리고 나온 여성도 마찬가지였다.
- 아이를 데리고 나온 여성의 작업량은 홀몸인 여성보다 약간 적다. 여성들이 농장에 데리고 나온 자녀의 수나 나이는 알 수 없다.

군부대에서, 비행장 공사장에서

조선 어린이는 농장에서만 일했을까. 아니다. 비행장을 닦는 공사장도 군부대도 조선 어린이의 일터 가운데 하나였다. 평상시라면 군부대나 비행장 공사장에 어린이들이 갈 일은 없다. 더구나 그곳에서 어린아이에게 일을 시킨다면 몰상식한 일이다. 그러나 상식적이지 않은 일이 일어나던 시절이 전쟁 때이고, 그곳이 바로 전쟁터였다.

당시 남양군도에는 비행장 공사장이 26곳 있었고, 티니안에도 세 곳이나 있었다. 비행장 공사장 말고도 군사시설 공사장이 7군데나 되었다. 이곳이 모두 조선 사람이 동원된 노역의 현장이었다. 또한 남양군도는 일본 육해군 부대가 주둔하던 곳이었다. 해군 제4함대 소속 부대와 육군 남방군 직할 팔라우지구집단 부대, 수비대 등 수만 명이 있었다. 군부대는 민간인이 출입할 수 없는 곳이다. 그런데 이곳에서도 식량을 나르고 허드렛일을 했던 조선 어린이들이 있었다.

토목건축공사장도 군부대와 마찬가지로 어린이를 동원하기에 적합한 곳이 아니다. 농장일도 힘들지만 토건은 농장보다 훨씬 힘이 많이 들고 위험했다. 그래서 주로 남자 어른들이 했다. 그러나 1944년 초 미군의 공격에 직면하면서 어른 아이 가릴 처지가 못 되자 비행장에서 일하는 어린아이도 생겼다. 주로 사탕수수농장에서 일하던 아이들이었다. 사이판과 티니안에 농장을 운영하던 남양흥발은 이미 1937년부터 해군의 요청으로 비행장이나 막사를 짓는 일에 회사 소속 노동자를 제공하고 있었다. 그러니 전쟁이 일어난 후 남양흥발이 농장의 조선 사람을 부대에 보낸 것은 어찌보면 당연했다.

이때는 일본 아이들도 비행장 공사장을 피하기 어려웠다. 당시 티니안에 거주했던 일본인 이토 히사오^{伊藤久夫}가 남긴 수기《통곡의 티니안섬》(2004년 일본에서 출간)을 보면, 1944년 4월 경에는 학교도 군부대 막사가 되어 국민학교 6년생 이상은 비행장 건설현장에 나가야 했다. 5년생 이하는 휴교가 되어 학교에 갈 수 없어 어린 히사오는 아버지의 방공호 만드는 일을 도우며 지냈다. 당시 취학연령은 만 6세 되는 날부터였으니 정상적으로 학교에 들어갔다면, 6학년은 12살이다. 일본 아이들도 12살 이상이면 비행장 공사장에 나가야 하는 마당인데, 조선 아이들에게는 당연한 일이었다.

비행장 활주로 닦던 덕순

비행장 공사장 일은 학교에 다니지 않는다고 면할 수 없었다. 덕칠의 누나인 덕순도 비행장 공사장에서 일했던 어린이였다. 1937년 전북 임실에서 태어나 지금까지 고향을 지키고 있는 덕칠이는 1940년에 남양군도에 갔다. 만 세살 때였다.

덕칠네도 처음에 포나페 섬에서 카사바 농장에서 일하다가 티니안 사탕수수농장으로 갔다. 농장 일은 온 가족이 다 해야 하는 일이었다. 아버지는 물론 덕칠의 어머니와 누나도 사탕수수농장에서 일했다. 농장에서는 사탕수수를 낫으로 베어 다발을 묶었다. 이 일을 하지 않으면 식량을 제대로 받지 못했다. 조선 사람은 하루에 쌀을 1홉 반 받았는데 일을 하지 않는 식구는 1홉밖에 받지 못했다. 배급통장에 할당을 못 받으면 어디 가서 몰래 사올 수도 없었다. 일본이나 조선에는 암시장이라도 있지만 남양은 섬이라 그런 것도 없었다. 그야말로 주는 대로 먹어야 하는데, 일을 나가지 않으면 식량 한 끼 몫이 사라졌다. 할 수 없이 덕순 누나까지 나가서 일을 했다.

전쟁이 심해진 후에는 사탕수수농사가 중단되었다. 사탕수수농사보다 비행장 닦는 일이 더 급하다고 했다. 하루가 멀다 하고 미군 비행기가 몰려오니 일본 비행기가 출격할 비행장이 있어야 했고, 물건을 실어오려 해도 비행기밖에는 의지할 데가 없었다. 미군이 해상을 봉쇄하고 접근하는 선박을 격침시켜서 섬은 완전 고립이었다. 비행기로 간신히 군부대에 필요한 물자만 실어오는 정도였다. 이런 판에 사탕수수를 재배해 일본에 보낸다는 것은 상상할 수도 없었다. 당연히 일본 본토나 조선에 사는 사람들은 설탕 구경도 못했다. 그래서 전쟁 말기에는 사탕수수농장 사람들이 비행장 닦는 일을 했다.

비행장 공사는 급하게 시작했지만 일은 만만치 않았다. 공사자재도 없었고 시멘트도 없어서 산호를 부숴서 바닥에 깔았다. 별 다른 장비도 없이 맨손으로 하다시피 했다. 폭격이라도 없으면 다행이련만 매일 미군이 바다에서 함포를 쏘아대는 통에 낮에는 마음 놓고 일을 할 수 없었다. 일하다가 다치거나 폭탄 파편이 튀어 다치는 사람이 늘었다. 애써 만든 비행장은 일본군이 제대로 사용도 못해보고 미군에게 넘어갔다. 미군은 티니안을 점령한 후 비행장을 이용해 일본 본토로 전투기를 띄웠다. 도쿄^{東京}나 오사카^{大阪} 같은 큰 도시는 물론, 북쪽 홋카이도의 무로란^{室蘭}이나 남쪽 후쿠오카^{福岡} 야하타^{八幡}까지 매일 티니안 비행장에서 미군 B-29가 출격했다. 군수공장이건 주택이건 가리지 않았다. 1945년 8월 히로시마와 나가사키에 떨어뜨린 원자폭탄을 실은 보잉 슈퍼포트리스 폭격기도 티니안에서 출격했다.

덕칠은 워낙 어렸으므로 농장 일도 공사장 일도 하지 않았다. 그러나 누나인 덕순은 고생을 많이 했다. 겨우 열 살 먹은 어린아이였지만 하고이^{Hagoi} 비행장 공사장에서 일하다가 파편을 맞아 크게 다쳤다. 전쟁 통이라 제대로 치료도 받지 못한 채 고향으로 돌아왔는데, 그리 오래 살지 못했다. 덕순과 같이 파편을 맞았던 덕칠 아버지도 장수하지 못했다. 그래서 2005년에 피해신고를 할 때 참 난감했다. 가족 중에 옛날 일을 제대로 아는 사람이 없었기 때문이다.

"누님이 조금만 더 오래 사셨어도 농장 이야기며 비행장 닦던 이야기도 자세히 들을 수 있었을 텐데. 난 너무 어려서 도통 모르지. 그러게 힘든 일 당한 사람은 오래 살아야 해. 그래야 겪은 이야기를 세상에 해줄 수 있지. 그렇지만 힘든 일 당한 사람은 오래 살기 어렵지. 고생을 많이 해서 그런가. 그런데 오래 살지 못하면 그 사람들이 당한 일은 없었던 일처럼 되는 거여. 그려. 다들 모르니까 없었던 일이 되어 버리는 거여."

식량과 군수물자를 운반한 순덕

비행장 터닦기에 비하면, 군부대에서 식량이나 군수물자를 날라주는 일은 쉬운 허드렛일이다. 그러나 소녀에게는 쉽지 않았다. 1941년 10월 순덕(1929년 경남 창녕 출생)은 가족과 같이 팔라우 앙가울^{Angaur}에 도착했다. 열한 살 때였다. 아버지는 남양척식회사 소속 노동자였다. 회사가 만든 '노무자명부각점소^{勞務者名簿各店所}'라는 자료에는 순덕네 가족 이름이 적혀 있다. 각점소는 남양척식이 운영하던 각종 사업소별 명부라는 의미다.

앙가울은 미군이 팔라우 전투에서 가장 집중적으로 공격한 곳이다. 앙가우르 광업소라고 남양척식이 운영하는 인광산이 있었기 때문이다. 노천광산이었다. 앙가울에서 학교를 다니던 순덕은 미군이 앙가울을 공격하자 다른 조선 사람들과 같이 바벨다옵^{Babeldaob}으로 들어갔다. 바벨다옵에 남양척식이 운영하는 농장이 있었기 때문이다. 남양척식은 이곳에 물건을 선적하는 선착장과 농장 세 군데를 가지고 있었다. 그러니까 전근을 간 셈이다. 전쟁이 일어나도 회사를 벗어나 마음대로 피난갈 수 없었던 시절이었다.

바벨다옵은 팔라우의 본섬이었는데, 팔라우에서 가장 큰 섬이다. 지금도 대통령궁이 있는 중심지다. 바벨다옵은 원주민들이 많고 주로 코코넛 농장을 하던 곳인데, 그나마 폭격이 덜했다. 팔라우에서 가장 폭격이 심한 곳은 앙가울과 펠렐리우^{Peleliu}였다. 특히 펠렐리우는 9월 15일 시작한 전투가 11월 27일에 끝났는데, 처참함 그 자체였다. 펠렐리우의 비행장을 차지하려고 미군은 집중 포화를 퍼부었다.

니시하고이 농장의 조선 사람들이 닦은 티니안 섬 하고이 비행장의 활주로

굴속으로 피난 간 사람들이 굴 안에서 전멸하기도 했다. 지금도 펠렐리우 곳곳에는 당시 폭격을 피해 들어갔던 굴과 비행기 기름저장소가 그대로 남아 있다. 그에 비해 고지대였던 바벨다옵은 거의 공격을 받지 않았다. 농장은 있었지만 비행장은 없었고, 전략적으로도 비행장을 지을 필요가 없는 곳이었다.

바벨다옵에 공습은 없었으나 순덕은 학교에 다닐 수 없었다. 미군이 팔라우를 공습하면서 학교 따위는 사라졌고, 피난 다니는 게 일상이었다. 바벨다옵에서 순덕은 폭격이 올까봐 굴속에 살면서, 군부대에 가서 군인들에게 식량을 날라주고 허드렛일을 했다. 먹을 게 없으니 산에 들어가 나무줄기를 따고 카사바를 삶아서 날랐다. 군부대에서 잔일도 했다. 군수물자를 나르는 일이었다.

  그 와중에 결혼했다. 열다섯 순덕이보다 열 살이나 나이 많은 사람과 결혼했다. 어른들이 시키는 일이었다. 어른들은 한 고향 사람인 데다 바벨다옵에서 같이 고생을 하는 처지인 것도 인연이라고 했다. 이 지긋지긋한 전쟁이 끝나 언제 조선으로 돌아갈지 모른다며 혼인을 서둘렀다. 열다섯, 여섯 살이면 시집을 가던 다른 아이들처럼 순덕도 어린 신부가 되었다. 남편은 바벨다옵의 풍남산업 소속 제1농장인 시미즈무라淸水村에서 농사를 짓다가 전쟁이 일어나자 순덕처럼 군부대에서 군수물자를 날랐다. 팔라우의 전쟁이 끝나면서 이들의 군부대 노동도 막을 내렸다.

전투 중에 목숨을 잃고 폭격 속에 가족을 잃고

낫질하다가 다친 금복처럼 어머니를 따라 다녀도 농장은 아이들에게 안전한 곳이 아니었다. 어린아이들에게는 낫질 자체가 위험한 일이다. 낫질을 하지 않아도 농장은 안전하지 않았다. 1944년 1월부터 미군이 본격적으로 남양군도 상륙작전을 시작하면서, 사탕수수농장이 가득한 티니안은 폭탄이 작렬하는 위험한 전쟁터가 되었다.

1941년 12월 일본이 미국 진주만을 공격하면서 전쟁은 일본의 패전으로 가는 과정이었다. 학자들은 이미 1937년 중일전쟁이 일본의 가장 큰 실책이었다고 한다. 중일전쟁을 일으키지 않았다면, 넓디넓은 만주에서 일본의 국력을 키울 수 있었을 텐데 과도한 욕심이 가져온 결과라고 한다. 일본이 하와이의 진주만을 공격하자 미국은 기다렸다는 듯이 참전했고, 1942년 4월에 B-25 듀리틀 폭격대가 도쿄東京, 나고야名古屋, 고베神戶 등 일본 주요 도시에 폭탄을 퍼부었다. 물론 미국은 처음에 괌과 필리핀을 빼앗겼으나 곧바로 미드웨이 해전에서 승리하면서 이후 줄곧 승전의 역사를 남겼다. 1942년 6월의 일이다.

이제 일본에게 남은 것은 패전이었다. 일본은 진주만을 공격한 지 불과 6개월 만에 패전을 경험했다. 미드웨이 해전 패배로 일본의 남태평양진공작전은 끝났다. 그리고 미국은 남태평양과 동남아지역의 제해권을 장악한 후 하나씩 탈환하기 시작했다. 1943년 11월 1일, 미군이 솔로몬군도 부겐빌$^{Bougainville\ Island}$에 상륙한 후, 길버트 제도 타라와^{Tarawa}까지 탈환했다. 11월 21일의 일이다. 이후 그야말로 파죽지세였다. 미군은 1944년 1월 남양군도 공격에 들어선 지 얼마 되지 않아 2월 1일 마샬제도 콰절린^{kwajalein}에 상륙했다. 미군이 태평양을 얻는다면, 일본 본토 공습이 가능해진다. 그 때문에 미군은 집중적으로 화력을 투입해 남양군도를 공격했다. 예상대로 남양군도 점령 후 미군은 1944년 8월부터 하루가 멀다 하고 일본 본토를 폭격했다. 도쿄나 오사카 같은 도시에서 하룻밤 사이에 십만 명씩 죽어나갔다.

전투는 치열했다. 그리고 참담한 일본의 패배였다. 2월, 축* 섬 공습으로 무려 13만 명이 사망했다. '전멸', '전멸', '전멸' 일본수비대가 맞은 운명이다. 폭격의 피해는 남양군도에 있던 조선 사람들에게 닥친 운명이기도 했다.

전쟁터가 된 남양군도에서 가장 위험한 상황에 처한 이들은 민간인들, 스스로를 지킬 수 없었던 농민들이었다. 이 가운데 여자와 어린이는 가장 열악한 상태에 놓여 있었다. 전쟁의 포화 속에서 죽고 다치는 아이들이 생겼다. 간신히 목숨은 건졌으나 다친 가족을 살리려고 고군분투했던 아이, 부모를 잃고 슬퍼할 사이도 없이 다친 몸을 추스릴 사이도 없이 동생들을 데리고 슬픈 귀국길에 올라야 했던 소녀도 있었다. 어린아이가 할 수 있는 일이 아니었다. 그러나 해야만 했다. 무사히 고향으로 돌아오려면 어린이라는 사실을 잊어야 했다.

* 독일시대에는 트럭, 일본시대에는 도라쿠섬으로 부름

농장에서 일 하다가 가족 5명이 목숨을 잃은 경우도 있었다. 1940년 여섯 가족이 사이판으로 가서 아기간 직영농장에서 일하던 백씨 가족은 1944년 6월 3일, 폭격으로 농장에서 일하다가 아버지와 어머니, 아들 둘, 딸 하나가 그 자리에서 즉사했다. 남은 가족은 사이판에서 낳은 갓난쟁이와 세 살짜리 형이었다. 한 순간에 고아가 된 어린 형제는 이웃의 도움으로 간신히 고향으로 돌아왔지만, 이후 고아로 살아낸 인생은 더 할 나위 없이 기구했다.

순임이 아버지가 당한 일

사탕수수 농장에서 일하다가 하고이 비행장에 동원되었던 순임이 아버지도 비행장에서 터 닦고 폭탄 나르다가 사고를 당해 미군수용소에서 사망했다.

순임은 1931년 순창에서 태어났다. 9살 때인 1941년에 가족이 같이 갔다. 순창에서 출발해 티니안의 니시하고이라는 사탕수수 농장에 도착했다. 도착해보니 조선 사람들이 많았다. 작년과 재작년에 온 사람들이라고 했다. 그 사람들은 일본말도 잘 알아듣고, 농장일도 잘했다. 순임은 어머니가 일하는 사탕수수 농장에 따라다녔다. 학교 갈 나이가 되었으나 학교 대신 농장에 갔다. 아홉 살부터 농장의 일꾼이 되었다.

아버지는 사탕수수농장에서 일하다가 하고이 비행장에서 일했다. 회사에서는 농장에서 일하던 사람들을 비행장으로 보내 일하도록 했다. 아버지는 비행장에서 활주로 터 닦고 폭탄 나르다가 사고를 당해 크게 다쳤으나 치료를 제대로 받지 못했다. 군인이 아니라는 이유였다. 약도 없지만, 군인들도 죽어가는 마당에 민간인을 챙길 여유는 없다고 했다. 전쟁이 끝나 미군 수용소에 갔을 때 치료를 좀 받았으나 시기를 놓쳐 결국 사망했다. 1945년 10월 30일이었다. 아버지 유해는 나중에 작은 아버지가 유골상자를 받아 모셨다.

포나페에서 눈을 잃은 복순

1928년생인 복순은 포나페에서 한쪽 눈을 잃었다. 1939년 아버지, 어머니와 삼촌, 이렇게 넷이서 떠난 고향(전북 임실)이었다. 가난하게 살았지만 부모님이 서른 넘어 간신히 얻은 귀한 외동딸이었다. 포나페에서 가족들은 모두 제당공장에서 일했다. 복순도 학교 대신 제당공장에 다녔다. 그러다가 1944년 미군이 남양군도를 공격하자 회사에서 복순에게 군인들 간호를 하라고 했다. 제당공장 기계는 이미 멈추었고, 공장 소속 노무자들은 비행장이나 군대 공사장으로 가서 일해야 했다.

    복순도 군부대에 가서 환자 간호를 하면서 군대 훈련도 받았다. 다친 환자도 있었지만 폐병환자도 있었다. 전쟁 통에 먹을 것이 부족하니 폐병환자가 많았다. 그보다 더 많은 환자는 전염병 환자였다. 군부대에 전염병이 창궐했다. 습한데다 깨끗한 물이 부족하고 외부와 차단된 상태에서 전염병은 쉽게 번졌다. 간호라고는 하지만 약이 없으니 그저 물이나 떠 주고, 닦아주고 하는 정도였다. 그러다가 복순은 폭탄 파편을 맞아 눈을 다쳤다. 군 병원에서 일을 했지만 치료는 받을 수 없었다. 치료해줄 약이 없었다. 그저 전쟁이 끝나기만을 기다릴 뿐이었다. 미군이 들어왔을 때는 이미 한쪽 눈은 보이지 않았다.

종석 소년과 경순 누나

종석(1933년생, 전북 남원 출신)은 온 가족이 남양에 갔지만 언제인지 모른다. 너무 어려서 갔고, 전쟁 말기에 가족들이 폭탄을 맞아 경황이 없었기 때문이다. 부모님과 누나, 형, 남동생 이렇게 여섯 식구가 갔다. 한 8~9년 정도 있었지 싶다. 가족들은 남양흥발이 운영하던 사이판의 소채원에서 일했다. 남양 현지말로 짜랑가라는 동네였다. 소채원은 군인들 먹을 야채를 재배하는 곳이었다.

종석은 너무 어려 농장에서 일하지 않았다. 그러다보니 남양섬 생활도 거의 기억나지 않는다. 그저 늘 배 고팠다는 것과 무서운 폭격 소리만 기억할 뿐이다. 계속 미군이 저 멀리 배에서 포를 쏘아 올리는 소리가 들렸다. 시내에 사는 사람들은 방공호에 들어가 있었다지만 종석네 동네에는 방공호도 없었고, 넓은 소채원은 피할 곳도 없었다. 사탕수수농장은 문을 닫았다는데, 소채원은 군인들에게 먹을 것을 갖다 주어야 하니 문을 닫지도 못했다.

몇 월인지 모른다. 어느 날 아버지와 경순 누나가 폭탄을 맞았는데, 아버지는 간신히 살아났지만 누나는 세상을 떠나고 말았다. 폭탄 맞은 환자였지만 민간인은 병원은커녕 붕대 하나 구경할 수도 없었다. 아마 기억은 나지 않지만 피를 많이 흘려서 죽었을 것이다.

천국의 섬은 없었다

속았다. 낙원은 없었다. 사진 속의 멋진 양옥집은 우리 집이 아니었다. 간신히 바람과 햇빛만 가린 원두막이 우리 차지였다. 남양에서도 하루 종일 일해야 간신히 입에 풀칠할 수 있었다. 그 점에서는 조선과 차이가 없었다. 사실은 조선보다 더 힘들었다. 남양은 열대였다. 매일 40도가 넘는 땡볕에서 14시간씩 일해야 했다. 아이들이라고 봐주지 않았다. 여자들만 10시간 일할 수 있었다. 회사에서 나온 관리인이 매일 매일 일한 양을 확인해가며 닦달했다.

그래도 임금 받을 생각에 참았다. 매달 주는 돈은 얼마 안 되지만 나머지는 모두 저금하고 고향으로 송금도 하고 있다고 했다. 통장은 본 적이 없지만 저축액만으로도 고향에 밭이라도 살 수 있을 것 같았다. 섬에서 돈 쓸 일도 없는데, 열심히 모아 목돈을 가져갈 생각을 하니 덥고 힘들어도 기운이 났다.

티니안이든 사이판이든 농장에서는 현금을 사용하지 않았다. 돈으로 물건을 사는 것이 아니라 금권金券이나 전표 같은 것을 받아서 매점(주보酒保, PX)에 가서 물건으로 바꾸는 것이다. 금권은 1전, 2전, 5전, 10전, 50전, 1원 권으로 되어 있는데, 전용 매점에서만 사용할 수 있었다. 매점에는 과자도 있고, 예쁜 앞치마도 있었고, 양말도 있었다. 한 30가지 물건을 살 수 있었다. 바지는 4원 10전이었고 부엌에서 쓰는 칼이 75전이었다.

남양에서 조선 사람은 양말 신을 일이 없었다. 과자를 사먹는 조선 사람도 없었다. 조선 사람이 매달 손에 쥐는 금권이나 전표는 과자를 살 정도로 풍족하지 않았다. 조선 사람이 제일 많이 사는 것은 약이었다. 매달 받는 돈(금권, 전표)으로는 약값을 당해낼 수 없었다. 방법은 빚이었다. 1942년 8월 남양흥발회사가 주재소에 보고한 보고서에 보면, 농장의 조선 사람 39명 가운데 12명이 회사에 빚을 냈는데, 이들이 빚을 내서 사용한 돈의 34%는 약값이었고, 나머지 64%는 매점의 물건 값이었다.

결국 매점은 일본인을 위해 만든 상점이었다. 이런 매점도 미국하고 전쟁이 일어나기 전에 가능했다. 일본이 미국을 공격해서 전쟁이 일어난 후에는 배급제도로 바뀌어 매점에서 저런 물건은 구경할 수도 없게 되었다.

미국과 전쟁이 시작되자 먹을 것이 제일 부족했다. 육지에서 물건을 수송하던 배는 구경도 할 수 없었다. 일본 배만 떴다 하면 미군 비행기나 잠수함이 귀신같이 알고 격침시켰다. 오도 가도 못하고 섬에 갇혔다. 비행장 공사장 일손 부족하다고 농장 사람도 데려갔다. 학교에 다니던 아이들도 공사장에 내보냈다. 사탕수수농사는 작파한 지 오래다. 사탕수수 대신 카사바나 호박 등을 심었지만, 대부분 부대에서 가져갔다. 군인들 식량이 가장 중요하다고 했다. 조선 사람은 굶어 죽을 판이었다. 이건 낙원이 아니라 지옥이었다.

사이판에 진주한 미군과 주민들. 주민들 사이에 일본인이나 조선인으로 보이는 아이들이 있다.

 고향으로 가겠다고 했으나 10년 동안은 돌아갈 수 없다고 했다. 미군이 바다를 막아버려 갈 수도 없다고 했다. 그나마 전쟁 끝날 즈음에는 배급도 없어 매일 굶다시피 했다. 속았다. 면서기도, 높은 사람들도 모두 이들을 속였다.
 그래도 살아남은 이들은 다행이었다. 1944년 4월 미군이 함포를 쏘며 선박을 격침하는 와중에 남양청 교통부에서 팔라우로 토목건축일 시킨다고 직접 데려간 조선 사람 334명의 45%인 151명이 죽었다. 27명은 가면서 죽고 나머지는 군부대 공사장에서 일하다가 죽거나 폭격으로 죽었다. 오사카호^{大阪丸}라는 배가 격침되었는데, 바다에서 허우적거리는 사람을 건져서 일을 시키다가 그 지경을 만든 것이다. 그 대목에서는 정말 할 말이 없다. 일본정부에게 조선 사람은 무슨

사이판 해변에 남아 있는 태평양전쟁의 흔적들

의미였을까. 사람으로 생각했다면, 어뢰가 작렬하는 바다에 실어가지도 않았을 것이다. 더구나 전쟁이 끝난 후 살아남은 이들은 고향으로 돌아갈 길이 막연했다. 끌고 간 남양청은 나 몰라라 했다. 배에 헌병까지 태워서 데려올 때와는 딴 판이었다. 일본에게 전쟁은 무엇이며 조선 사람은 무엇이었을까!

1944년, 남양의 전쟁이 끝났다. 섬에 갇혀 주린 배를 움켜쥐던 생활도 끝났다. 무시무시한 폭격도 사라졌다. 1945년 9월 2일, 아이라이^{Airai} 앞바다에 정박한 미 구축함에서 미일 정전문서 조인식을 가진 후, 미군은 남양청 본청이 있던 팔라우에 미군정청을 설치했다. 전쟁은 끝났다. 아시아태평양전쟁도, 제2차 세계대전도 모두 끝났다.

미군 포로가 되어 수용소 생활을 하던 동포들은 1946년 귀국길에 올랐다. 고향으로 돌아온 이들은 6~7년 전의 삶으로 돌아갔다. 땅 한뙈기 없는 가난한 농민의 삶, 고향에서 다시 가난과 싸움이 시작되었다. 빈손으로 돌아온 탓이다. 몇 년 동안이나 남양에 갔다 왔지만, 그런 일이 있었나 싶었다. 1950년 한국전쟁을 겪은 후 세상은 변하고 인심도 달라졌지만, 고단한 농민의 삶은 달라지지 않았다. 남양에서 학교를 다닌 것도 아니고, 돈을 모은 것도 아니었다. 오히려 조선에 있었으면 나았겠다 싶었다. 조선에는 공습이 없었다고 하니, 굴속에서 고생하지도 않았을 테고 가족의 목숨을 잃는 일도 없었을 것이다. 떠날 때 약속과 달리 땅문서 한 장, 돈 한푼 못 쥔 채 돌아왔다. '10년 후에 준다는 땅문서'는 1941년 12월 일본이 미국을 공격하면서 연기처럼 사라졌다. 고향으로 송금했다는 돈은 어디에도 없다. 그야말로 빈손이었다.

군이 따지자면 남은 것은 귀하디 귀한 사람이다. 가족이 모두 남양에 간 덕에 일본 탄광에 가지 않았으니 다행이라고, 다치거나 죽은 사람 없이 무탈하게 돌아왔으니 또한 고마운 일이라고, 가슴을 쓸어내린다. 그나마 무사히 돌아온 사람들 이야기이다. 공습으로 온 가족이 몰살당한 사람들에게는 해당하지 않는다.

제2장

군수공장의 아이들

소년이라도 벗어날 수 없는 군수공장

1931년, 중국에서 전쟁이 일어났다. 일본이 만주와 중국 본토로 쳐들어갔단다. 전쟁터에서는 날마다 승전보가 울렸다. 길거리마다 황군^{皇軍}(천황의 군대)이 새로운 땅으로 진격해 들어갔다는 방송과 군가가 끊이지 않는다. 전시체제기라고 했다. 공출이 시작됐다. 쌀도 내가고 소금도 내가고 배도 내가고 소와 말도 내갔다. 사람 공출도 시작됐다. 물자만이 아니라 사람 나가는 것도 공출이라고 했다.

1938년 4월 국가총동원법을 만들더니 마을마다 직장마다 근로보국대라는 것을 만들어 일하러 나오라 했다. 1939년부터는 남양군도로, 남사할린으로, 일본으로, 만주로 사람들을 데려갔다. 노동자라는 말도 사라졌다. 나라를 위해 당연히 한 몸을 바쳐야 하건만 노동자 권리니 뭐니 하는 것은 있을 수도 없고, 천황폐하께 누를 끼치는 일이라며 노무자^{勞務者}라 불렀다. 일 할 의무만 있다고 했다.

조선총독부에서 매년 마을마다 사람 공출 할당을 내려 보냈다. 봄이 되면 어김없이 새해 할당이 내려왔다. 조선과 일본의 공장으로 간다고 했다. 머릿수를 채우다보니 부족하다고 아이도 데려갔다. 그러나 면사무소 사람들에게 법보다 중요한 것은 할당 인원수였다. 법은 어길 수 있지만 조선총독부에서 내려온 할당은 어길 수 없었다. 조선의 아이들이 군수공장에 가게 된 사연이다.

전쟁을 위해 후방에서 조달해주어야 하는 필수 물품은 군수품이다. 후방에서 보급을 해주어야 전방의 군대가 전투를 할 수 있다. 그러므로 일본 본토와 일본이 식민지로 삼고 점령한 모든 지역에는 군수공장이 있었다. 일본 본토에는 군수공장이 없는 곳이 없을 정도였다. 조선인이 끌려간 군수공장은 1,176곳이다. 군이 운영하는 군수기지창과 민간이 운영하는 군수공장을 포함한 숫자다. 무기와 항공기·화학·제철·기계기기·조선소·정유·인조석유 등 무기 생산에 필요한 공장이다. 군인이 먹을 간이 식량과 음료를 만드는 공장도 있었다.

군수공장을 운영한 기업은 일본의 3대 재벌로 알려진 미쓰비시三菱·미쓰이三井·스미토모住友를 비롯해 지금도 일본에서 운영하고 있는 중견기업까지 빠지지 않았다.

조선에도 군수공장의 수와 종류는 만만치 않았다. 조선의 군수공장은 820곳이었다. 인구나 영토 규모로 볼 때 일본보다 결코 적지 않은 숫자이다. 무기를 만드는 조병창과 항공창을 비롯해 화학·제철·기계기기·조선소·정유·시멘트·제지 등 총 18개 직종의 군수공장이 있었다. 군수품 종류도 링거 주사약부터 잠수함까지 없는 것이 없었다.

수송이 편리한 철도와 항구와 가까운 지역에 군수공장만 모아놓은 군수기지를 만들고 군수품을 일본과 전선으로 실어날았다. 남선南鮮에서는 부평이, 북선北鮮에서는 흥남이 가장 큰 군수기지였다. 그 외 경성과 부산, 인천, 청진 등 항구와 인접한 대도시도 군수공장 밀집지였다. 군수공장을 운영한 기업은 일본과 마찬가지로 미쓰비시·미쓰이·스미토모가 있었고, 동양척식회사와 조선총독부가 설립한 각종 국책기업, 일본 중견기업이 조선에서 조선 사람을 동원해 군수품을 생산했다.

열두 살 징용공 소년 덕종

덕종 할아버지는 건강하고 다부졌다. 오이타^{大分}현의 일본광업회사에 다녀온 다른 할아버지들에 비해 훨씬 젊어보였다. 실제로도 젊었다. 열두 살, 너무 어린 나이에 공장에 동원되었기 때문이다. 아직도 손은 조그맣다. 열두 살에 멈춘 듯 작은 손과 체구.

1942년 초봄, 면서기가 와서 덕종에게 쪽지를 주면서 "여기서 고생하지 말고 일본 공장에 가서 일하면서 편히 있다 오라"고 했다. 동네에서는 옆집 김씨 아저씨하고 두 명이 쪽지를 받았다. 징용장이라 했다. 두 집 모두 동네에서 제일 가난한 집이었다. 호적상 1932년생이었으니 덕종은 아홉 살 꼬마였다. 아무리 할당이 중요해도 절대 데려갈 수 없는 나이였다. 실제로는 1929년 5월 충북 옥천군에서 태어났으니 제 나이는 열두 살이다. 그래도 어린 나이였다.

덕종의 호적나이는 왜 달랐을까. 호적에 이름을 못 올리고 살다가 나중에 큰 아버지가 출생신고를 했기 때문이다. 덕종에게는 호적에 이름을 올릴 부모가 없었다. 덕종이 태어난 지 얼마 되지 않아 아버지가 군무원이 되어 고향을 떠나 얼굴도 모르고 자랐다. 군무원은 군에서 일하는 민간인이다. 운전수나 전화교환수가 있고, 포로감시원이 있으며 짐 나르고 굴 파는 사람도 있다. 아버지가 고향을 떠날 당시에는 일본이 전쟁을 일으키기 전이어서, 조

부관연락선이 오가던 부산항에서 배를 기다리는 사람들

선 사람을 강제로 데려 가던 시절이 아니었으니 아버지는 군무원을 직업으로 삼은 것이다. 남편이 떠난 후 오랫동안 소식이 없자 어머니는 다른 집으로 시집을 가버렸고, 한 명 남은 누나도 먹고 살 길이 막연해 어린 나이에 시집을 갔다. 덕종은 고아처럼 할머니와 단 둘이 살았다.

면서기가 쥐어준 징용장을 들고 면사무소에 갔더니 웬 일본 사람이 앉아서 쳐다보더니 손을 보자고 했다. 남의 풀도 베다 주고 나무도 해주고 살았으니 손이 엉망이었지만 그래도 어린애 손이었다. 손을 만져보더니 옆 사람에게 말했다. "이런 아이까지 데려가야 하나!" 그러면서도 집에 가라는 말은 하지 않았다. 면에 모인 사람은 한 30명 정도였다. 수동에서 온 박 아무개라는 아이도 덕종 또래였다. 나중에 다카야마라고 불렀다. 30명이 옥천 군청으로 가니, 다른 면에서 온 사람들이 모여 모두 200명 가량 됐다. 200명 가운데에도 덕종 또래는 세 사람밖에 없었다. 난생 처음 기차를 타고 부산으로 갔다.

부산에서 인솔자는 일행을 바라크^{baraque*} 같은 집에 몰아넣었다. 다른 군에서 온 인원을 합하니 300명으로 늘어났다. 국

부산 부관연락선 출항지. 현 수미르 공원(2018년 10월 7일 촬영)

민복이라는 옷을 입혀주었는데 덕종의 윗도리가 무릎 밑으로 내려왔다. 신발도 농구화 같은 것을 주었는데, 엄청나게 커서 걷기도 힘들었다. 인솔하는 일본 사람이 딱한 듯 보더니 몇 살이냐고 물어본다. 열두 살이라고 하니 잠시 생각한 후 "일만 잘하면 되니까 우선 옷이나 해 입자"며 아이 셋을 부산 시내로 데려갔다. 어느 옷가게에 가서, 아이들에게 맞는 옷을 달라고 해서 입혔다. 발에 맞는 운동화가 없다며 고무신을 한 켤레씩 사주었다.

그렇게 부산에서 하룻밤을 자고 덕종은 부관연락선을 타고 현해탄을 건넜다. 부관연락선은 부산에서 시모노세키를 오가는 여객선이다. 시모노세키^{下關}의 한자 표기에서 '관^關'과 부산의 '부^釜'를

---

* 막사와 같은 임시 가옥

따서 지은 이름이다. 조선 사람들은 부관연락선이라 부르고 일본 사람들은 관부연락선이라 불렀다. 연락선은 여러 종류가 있었는데, 대개 길고 넓은 갑판 위로 원통형 기둥이 높이 솟아 검은 석탄 연기를 뿜어내는 증기선이었다. 인솔자들이 배 안에서, 데려가는 조선 사람들 중에 일본말 잘 하는 사람에게 소대장, 중대장이라고 완장을 채워주었다. 배 안에서 주먹밥도 하나씩 줬다. 부산을 출발한 이튿날 오후 3시 경 시모노세키에 내렸다. 역 앞에서 다시 주먹밥 하나씩 먹고 기다렸다가 밤기차를 타고 오이타역에 가서 트럭을 타고 사가노세키佐賀關제련소로 들어갔다. 구리 제련 공장인데 당시에는 일본광업(주)이었지만, 지금은 일광日鑛금속(주)이라는 이름으로 남아 있다.

트럭에서 내려 산에 올라가자 바라크가 쭉 있었다. 조선 사람들 숙소라고 했다. 무슨 수용소 같았다. 아침에 도착했건만, 공장장의 훈시를 듣고 조사를 받고 숙소를 정하고 하니 어느 새 저녁때가 되었다. 방 한 칸에 다섯 사람씩 집어넣었는데, 소년 셋은 한 방에 들어갔다. 땡땡 울리는 소리에 어른들을 따라 식당으로 가니 시커먼 밥을 주었다. 밥이 아니었다. 도시락에 콩깻묵을 조금씩 올려서 무게를 달고 단무지 세 쪽과 소금 국물 한 컵을 주었다. 기가 막혔다. 조선에서도 저렇게 먹고 살지는 않았다. 그래도 배가 고프니 먹기는 해야 하는데 냄새가 역해서 도저히 먹을 수가 없었다. 먼저 왔다는 어른이 말했다. 억지로라도 먹으라고, 나중에 바닷가에 나가 생선이라도 사다 끓여먹고 소 잡는 데 가서 내장도 사다 먹을 수 있다고.

하룻밤 자고 다음날부터 공장 일을 시작했다. 새벽 다섯 시에 일어나 준비하고, 여섯 시에 아침을 먹고 일하러 나갔다. 공장에 일하러 온 일본 사람은 거의 없었다. 처음에는 몇 명 있었지만, 나중에는 다들 군대에 가서 볼 수 없었다. 기계 다루는 사람과 관리자인 노무계만 몇 명 남았다.

감독은 소년 세 명에게 돌을 주워 광차鑛車에 싣고 나르라고 했다. 공장에서는 돌을 기계(분쇄기crusher)로 빻아 고운 가루로 만들어 쇳물 녹이는 데로 보내고, 끓여서 쇠를 만들었다. 돌가루를 끓여서 기계에 부으면 찌꺼기는 빠져나가고 쇠가 남는다. 소년들은 광석을 광차에 담아 분쇄기 옆에 실어다주는 일을 했다. 아침 일곱 시부터 일을 시작해서 저녁 다섯 시가 되면 주야간 교대를 했다. 그래도 여기는 쇠를 다루는 군수공장이라 일하는 시간이 짧은 편이라고 했다. 탄광이나 방적공장은 열두 시간씩 일한다고 했다.

어른들 중에는 간혹 탈출하는 사람들도 있었다. 앞문으로 가려면 사무실을 지나야 하는데 지키고 있으니 못 나가지만 뒤로 산을 넘으면 나갈 수 있었다. 낭떠러지 언덕이 쭉 이어져 위험하기는 하지만 길로 나갈 수는 있었다. 그런데 길을 찾아가봐야 시내로 가기는 어려웠다. 그저 인근에 소 내장 파는 데 갔다 오는 정도였다. 섬이어서 딱 외길이다. 시내까지 80리 길이라고 하는데, 멀리 가다가는 붙잡히기 십상이었다. 탈출했다 붙잡힌 사람들은 죽을 정도로 맞았다. 그런데도 탈출에 성공한 이들이 있었다. 참 용한 사람들이다.

공장에는 서양 포로들이 있었다. 바다 옆 산에다가 포로수용소를 만들어 놓고 일본 군인들이 지키며 일을 시켰다. 포로들도 광석을 실어 날랐다. 포로들이 광석이 많은 산에서 싣고 와서 쌓아두면, 덕종과 소년들이 실어서 크러셔 앞에 옮겼다. 덕종은 포로수용소로 포로를 데리러 간 적도 있었다. 말을 못 알아들어도 손짓을 해가며 포로들과 같이 일을 했다. 가끔 학도근로대로 일하러 오는 일본 여학생 누나가 고구마를 쪄서 가져올 때가 있었다. 이것을 조금 주면 포로들은 반드시 동료들과 나누어 먹었다.

그러다가 일 년이 지나 덕종은 크러셔 돌리는 기술을 배웠다. 그랬더니 감독이 덕종에게 반장 완장을 채워주고 학도근로대 일하러 온 일본 학생들을 인솔하라고 했다. 덕종과 소년들은 일본 학생 열두 명을 인솔했다. 다들 덕종보다 큰 형들이었다. 어린애가 형들을 데리고 일을 한 것이다. 학생들은 아침마다 하얀 밥에 구운 생선이 들어 있는 도시락을 싸가지고 왔다. 참 맛있어 보였다.

어느 날, 일본 학생들이 수동 소년 다카야마를 폭행하는 일이 일어났다. 아침에 다카야마가 도구방에 도구를 가지러 갔는데 오지 않았다. 이상한 생각이 들어 가보니 일본 학생들이 다카야마를 조센징이라 욕하면서 때리고 있었다. 여러 놈에게 맞아 다카야마의 머리가 깨지고 피가 줄줄 흘렀다. 일본 학생들이 조선 소년들보다 덩치도 훨씬 크고 나이도 많으니 맞을 수밖에 없었다.

덕종은 소리를 질렀지만 좀처럼 폭력이 멈추지 않았다. 할 수 없이 쇠스랑을 집어 휘두르다가 다쳐서 새끼손가락 끝에서 피가 흘렀다. 그때 갑자기 덕종은 상처가 난 새끼손가락 끝을 물어뜯었다. 잠시 후 노무계와 헌병대가 몰려오고 난리가 났다. 덕종과 다

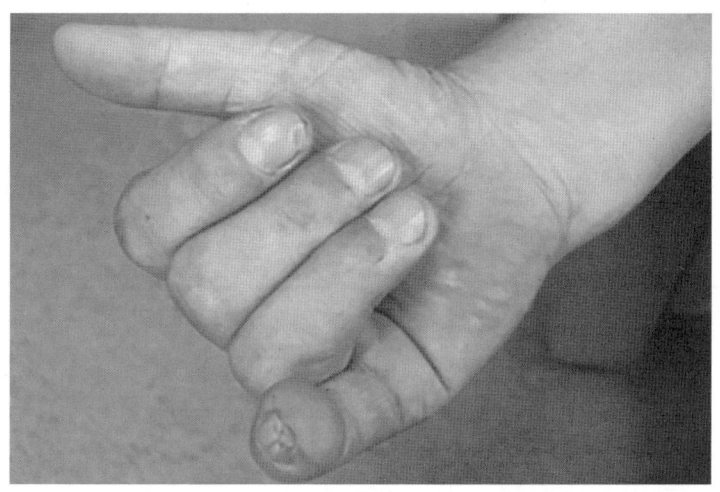

뭉개진 손가락 끝(일제강제동원피해진상규명위원회,《『똑딱선 타고 오다가 바다 귀신될 뻔했네』, 2006, 257쪽)

카야마는 처벌받지 않고 병원으로 가서 치료를 받았지만, 대여섯 명이나 되는 일본 학생들은 유치장에 갇혔다. 조선 소년들이 처벌받지 않은 것은 덕종이 새끼손가락 끝을 스스로 물어뜯어 부상을 키운 덕분이었다. 새끼손가락 상처가 크지 않았다면 조선 소년들이 죄를 뒤집어 쓸 수도 있었다. 지금도 덕종의 새끼손가락 끝은 뭉그러진 상태이다. 어린 소년이 헌병에게 끌려가지 않으려는 절박한 마음에 스스로 새끼손가락 끝을 물어뜯어야 했던 시절. 참혹한 시절이었다.

공장이 있는 동네는 주변이 바다이고 기차도 들어오지 못할 정도의 외진 곳이었다. 바다에는 군함만 잔뜩 있었고, 산에는 군인들이 버글버글했다. 한 달에 한두 번 오는 쉬는 날에 하는 일이라고는 고작 산에 고구마 캐러 가거나 소 내장 사러 가는 정도였다.

몰래 고구마 캐다가 군인들에게 들켜서 매도 참 많이 맞았다. 그렇지만 고구마라도 캐 먹지 않으면 배가 고파서 견딜 수가 없었다.

월급은 받았지만 저금이다 뭐다 해서 이것저것 다 떼이고 고향의 할머니에게 조금 보내고 나면 10원 정도밖에 없었다. 매달 월급날이 지나면 고향에 편지를 보내 할머니가 돈을 받았는지 확인했다. 이 돈이 없으면 할머니는 굶어죽을 판이었다. 다행히 공장에서는 떼먹지 않고 꼬박꼬박 송금해주었다. 남들은 월급을 타면 나가서 소 내장도 사먹고 그랬지만 덕종은 할머니 생각에 배가 고파도 고구마나 캐 먹고 어른들이 사온 소 내장이나 좀 얻어먹으며 견뎠다. 그렇게 모은 돈은 얼마 되지 않았지만 전쟁 끝나서 고향으로 돌아올 때 하카타博多(현재 후쿠오카 시 하카타 구)에서 배 기다리면서 다 썼다.

공장의 일본 사람들은 덕종이 크러셔 운전도 배우고 착실하게 일을 잘 한다고 좋아했다. 공장에 간 지 2년이 지난 어느 날, 덕종은 공장 사람에게 얼굴도 모르지만 아버지가 보고 싶다고 부탁했다. 고향에 계신 할머니가 아버지 소식을 간절히 기다린다고 사정했다. 아버지가 어디 계신지도 모르고, 그저 아는 것이라고는 이름과 사진 한 장뿐이었다. 공장 사람이 듣더니 "참 안됐다. 내가 한번 알아봐주마"하며 사진을 가져갔다. 그리고 5~6개월 만에 사무실에서 오라고 전화가 왔다. 감독의 허락을 받고 산기슭에 바라크 같이 지어놓은 사무실에 갔더니, 공장 사람이 저 사람에게 인사하라고 한다. 한 켠에 구렛나루가 까무스름한 사람이 앉아 있었다. 자세히 보니 할아버지와 닮았다.

아! 그래서 아버지인가보다 싶어 인사하니 "네가 덕종이냐"고 묻는다. 그렇다고 하니까, "내가 네 애비다"라고 한다. 덕종은 너무 가슴이 막혀 아뭇소리도 못하고 멍하게 쳐다만 보고 있었다. 아버지 눈에서 눈물이 떨어졌다. 그리고 아들의 손을 잡았다. 서로 손 붙잡고 한 시간 가량을 같이 울었다. 아버지는 오키나와에서 근무하는데, 공장에서 헌병대에 연락해줘서 휴가 받아 왔다고 했다. 군부대에 있다 보니 여의치 않아 연락도 못하고 살았노라 했다.

공장 소장의 특별 휴가를 받아 일주일간 아버지와 보냈다. 그 일주일은 덕종이 태어나서 처음이자 마지막으로 아버지와 함께 보낸 시간이었다. 일주일이 지나고 아버지는 다시 전쟁터로 돌아갔다. 그때가 1944년, 전쟁 말기라서 전선은 위험한 시기였다. 이후 아버지에게서 딱 한번 편지가 온 후 소식은 끊어졌다. 아버지가 돌아간 오키나와는 무지막지하게 폭탄을 퍼붓고 싸우는 곳이라고 했다. 아마도 살아나지 못했을 듯싶다.

드디어 해방이 되었다. 공장에서 라디오로 천황의 목소리를 들었다. 방송이 끝난 후, 일본 사람들은 아무 말이 없었다. 덕종도 그대로 일하며 지내는데, 10월쯤 되니 밥이 달라졌다. 쌀도 조금 섞이고 보리도 섞이면서 콩깻묵은 줄었다. 그러던 어느 날 공장에서 조선 사람들을 하카타로 데려갔다. 배가 오면 연락해줄 테니 고향으로 돌아가라고 했다. 거기에서 미군 헌병을 보았다. 미군은 항구로 들어오는 일본 사람들을 조사해 무기나 물건을 빼앗아 항구에 쌓아두었다.

항구에 있던 조선 사람들 중 한 사람이 덕종을 불러 친구들과 같이 물건을 지키고 심부름을 하라고 했다. 소년들은 심부름을 하며 밥을 얻어먹었다. 소년들은 항구에서 한참 동안 지내며 배를 기다렸다. 그 다음해 여름까지 항구에서 생활하다보니 가지고 온 돈은 다 떨어졌다. 회사에서는 저금했던 돈이나 퇴직금도 주지 않았고 숙소에서 재워주기만 했다.

1946년 7월, 배가 왔다고 연락이 왔다. 소년 셋이서 귤을 한 상자 사서 나눠 짊어지고 연락선을 탔다. 고향에 가는데 무슨 선물이라도 가지고 가야 할 것 같아 산 귤이었다. 별다른 짐은 없었다. 부산에 내려 기차를 타고 한밤중에 옥천에 왔다. 옥천역에 내린 소년 셋은 40리 산길을 걸어 고향에 도착했다. 밤 11시가 넘어 집에 들어가니 할머니가 계셨다. 몇 년 사이 몰라볼 정도로 백발 노인이 되어 있었다. 그래도 손자가 보내준 돈 덕분에 죽지 않고 살았다고 했다. 일본에서 굶으며 견딘 보람이 있었다.

몇 년 지나지 않아 다시 전쟁이 일어났다. 한국전쟁이 터진 것이다. 덕종은 다시 고향을 떠나 군대에 갔다. 비록 오른쪽 새끼손가락 한 마디가 없고, 성인이라 해도 덩치는 초등학생 수준이지만 가릴 때가 아니었다. 전투 중 입은 부상으로 상이군인이 되었다. 덕종이 부상을 입어 병원에 있다가 휴가를 받아 집으로 가보니 할머니는 쓸쓸히 돌아가신 후였다. 하나밖에 없는 손자가 임종도 못하고, 장례도 치러드리지 못했다. 그 놈의 전쟁 때문이다. 일본의 전쟁이든 한국의 전쟁이든 전쟁은 덕종의 가슴에 한恨을 남겼다.

야하타 제철소의 조선 소년 탈출기

2015년 7월, 일본 열도가 축제분위기에 휩싸였다. 규슈^{九州}와 야마구치^{山口}에 있는 스물세 군데 유적이 유네스코 세계근대산업유산군으로 지정된 것이다. 일본제철(주) 소속 야하타 제철소도 포함되었다. 유네스코 세계유산위원회는 일본에게 근대산업유산 지정 지역 가운데 강제동원과 관련된 일곱 군데 장소에 조선인과 중국·연합군 포로를 강제 동원했다는 사실을 인정하고 공개하라고 했다. 그러나 일본은 현장에 있는 게시판에는 적지 않고 도쿄에 있는 종합정보센터에 적어놓는다고 한다. 야하타 제철소도 강제동원과 관련된 일곱 군데 가운데 하나이자 조선 소년이 동원된 곳이다.

야하타 제철소는 당시 일본제철(주)이 운영한 여덟 곳의 제철소 가운데 하나로 일본 최초의 근대 제철소이다. 1901년에는 제철소라고만 부르다가 여러 번의 확장과 합병을 거쳐 일본제철(주) 야하타 제철소로 부르게 되었다. 1941년부터는 항공기용 강재를 증산하는 등 군수물자 생산에 박차를 가했다. 해방 후, 1950년에는 여러 제철소로 나뉘었다가 1970년에 다시 후지^{富士}제철(주)과 합병해 신일본제철(주)이 되었고, 2012년 스미토모^{住友}금속공업을 흡수 합병해 신일철주금^{新日鐵住金}(주)이 되었다가 2019년 4월에 다시 일본제철로 돌아왔다.

이곳은 1919년 1월 광석을 운반하던 조선인 노동자 82명이 이틀간 파업을 일으킨 후, 여러 차례 조선인 파업이 일어난 곳이다. 파업이 그치지 않고, 규모도 컸다는 것은 제철소 노동환경이 그

만큼 열악했다는 의미일 것이다. 특히 1920년 2월 4일, 김영문이 파업을 알리는 기적을 울리면서 시작한 파업은 일본인 노동자 2만 3천 명이 참가한 어마어마한 투쟁이었다. 파업에 참가한 노동자들은 용광로의 불을 끄고 투쟁의지를 불태웠다. 파업을 진압한 것은 군대였다.

충남 서천 출신의 친구는 1942년 가을 야하타 제철소로 끌려갔다. 만 열네 살 때였다. 호적으로는 1929년 생인데 실제 나이는 1927년 생이다. 호적상 1929년 생이니 호적으로만 보면 열두 살, 결코 징용 갈 나이가 아니었다.

1942년 9월 어느 날, 한산면 연봉리 마을에 면사무소의 호적계 직원(면서기)이 이장을 앞세우고 나타나 징용 갈 집을 정하러 다녔다. 당시 이장은 구장이라고도 불렀다. 면서기는 지역 사정을 잘 아는 이장을 앞세워 징용 갈 집을 정하게 했다. 이장이 어느 집에 들어서면, 면서기가 나서서 설명했다. "너 이제 징발되었으니까 며칠까지 면사무소로 오라"는 통보였다. 어디로 간다고 알려주지도 않았다. 남양이나 홋카이도 탄광은 아니고 안전지대로 가는 것이라고만 했다. 도망이고 뭐고 없다. 달아나봤자 부모들이 고통을 당하니까 시키는 대로 해야 했다.

이틀인가 사흘인가 있다가 면사무소로 가서 머리카락을 바짝 자르고 집에서 만들어 준 물들인 무명옷을 입었다. 머리카락이 짧으니 더 어려 보였다. 이 옷을 입고 나중에 일본에 가서 사진도 한 장 박았다. 면사무소에는 한 열몇 명 있었다. 명부 같은 거 내놓고 이름 쓰라고 해서 이름만 썼다. 친구는 간이학교를 1년 다니다 말아 다른 글은 읽지 못하지만 이름 정도는 쓸 줄 알았다. 면서기는 한산면 18개 마을에서 모은 사람을 군청으로 데려갔다. 그리고 기차를 타고 충남 도청이 있는 대전으로 갔다. 대전에 가 보니 수백 명 이상의 사람들이 있었다. 다시 기차를 타고 부산에 가니 삼천 명도 넘는 사람들이 모여 있었다.

군복을 입은 일본인들이 인솔했다. 인솔자는 견습사관*인데 계급이 하사관이었다. 어깨에 금줄이 네 개나 달려 있었다. 군인 앞에서 소년은 일본 군인을 보고 겁이 나서 벌벌 떨었다. 조금만 잘못하다가는 따귀를 맞을 판이었다. 인솔자 가운데에는 회사 사람들도 있었다고 했는데, 하도 겁이 나서 구분도 못했다.

인솔자들은 여관에서 삼천 명이나 되는 사람들을 방 한 칸에 일곱 명씩 집어넣고 주먹밥을 주었다. 다음날 아침이 되자 1소대, 2소대, 3소대 이런 식으로 정렬해 인원 점검을 한 후 계단으로 올라가라고 했다. 양쪽으로 일본 헌병이 죽 늘어서 있었다. 연락선은 5~6층 정도 되는데, 배 양쪽에 포와 기관총을 단 전함이 있었다. 전함의 호위를 받으며 출발했다. 하늘에서는 비행기가 호위하고 있었다. 나중에 들으니 미군 공격을 피하기 위해 그런 것이라고 했다. 남해 바다에서 미군의 비행기 공격을 받거나 잠수함에 격침된 배도 여럿이라고 했다. 군인이 인솔한 이유가 있었다.

공장에 도착해 료*라고 하는 기숙사에 들어갔다. 료는 2층집인데 담장 밖에 철조망이 빙 둘러 있고, 조선 사람을 지키는 일본

---

* 육군에서 사관후보생이나 간부후보생이 소위로 임관하기 직전 일정 기간 복무할 때의 관명

인 초소가 여기저기 있었다. 거기서 인원 파악을 한 후 방을 정해주더니 방문 앞에 이름과 번호를 써서 붙였다. 방 하나에 일곱 명씩 들어갔다. 다락처럼 달려 있어서 밑에서 둘이 자고 위에서 둘이 자는 식이다. 나머지는 대충 끼어 자야 하니, 좁아터질 지경이었다. 아침저녁 식사는 식당에서 먹었는데, 콩깻묵과 안남미라는 양쌀을 섞어 스팀으로 찐 밥을 저울로 달아서 딱 100그램씩 담아주었다. 거기에 된장국 반공기와 단무지 두 쪽, 조린 콩 한두 알이 전부였다.

매일 아침마다 식사 후 모여서 인원 파악을 하고는 바로 옆의 공장으로 갔다. 도시락은 없고 현장에서 끓여주는 잡탕죽을 먹었다. 드럼통 반 자른 것 같은 통에다가 먹다 남은 양쌀, 콩깻묵, 호박 같은 걸 섞어서 죽을 쑨 다음 커다란 양은 도시락 같은 그릇에 국자로 하나씩 담아주었다. 그것을 받아 땅바닥에 앉아서 먹었는데 한 국자 이상은 주지 않았다. 그런데 담배는 하루에 여섯 가치씩 주었다.

공장 안은 엄청나게 컸다. 지름이 40리나 된다고 했다. 비행기도 들어오고 군함도 들어와 있었다. 천구 소년은 암모니아 비료인지 화약인지 그런 걸 생산하는 곳에 배치 받았다. 큰 드럼통에 구멍이 수십 개 뚫려 있는데, 솜방망이 같이 긴 것으로 구멍을 쑤시는 일이었다. 기계가 막히지 않고 돌아가게 하는 것이라 했다. 공장 청소도 했다. 기술자들은 용접도 하고 폭탄이나 총탄도 만들고 그랬지만 천구는 기술이 없으니 막일을 했다. 트럭에 짐을 싣고 내리고, 이리 옮기고 저리 옮기고. 어린 나이에도 힘쓰는 일은 다 했다.

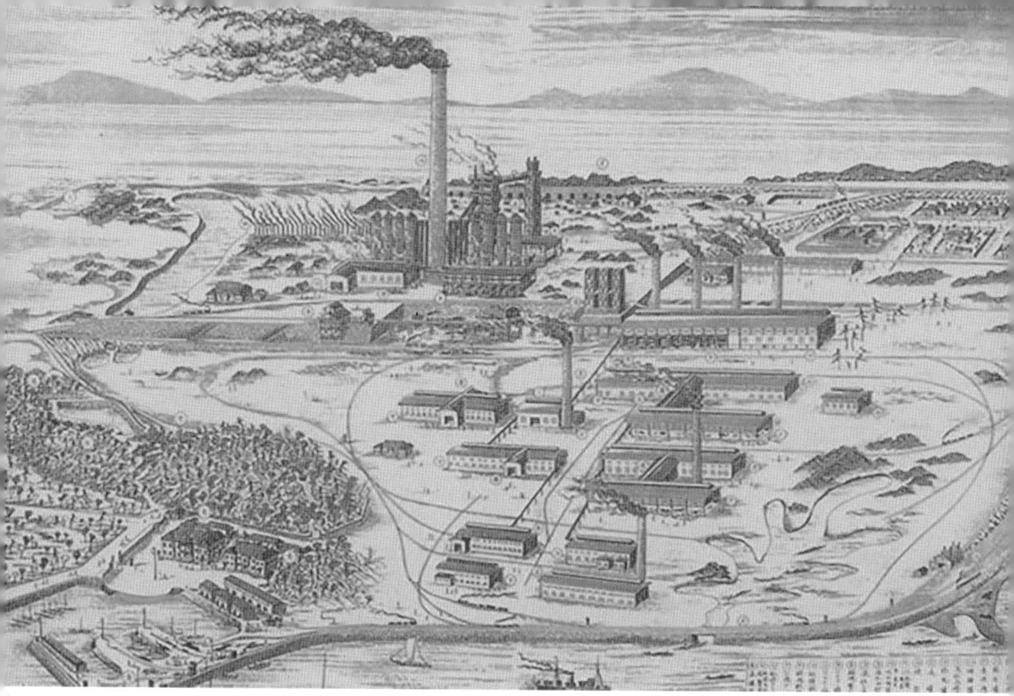

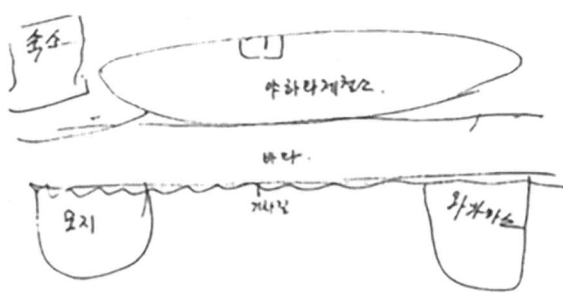

1901년 야하타 제철소 건립 시기의 조감도(위)와 징용을 갔던 천구 노인이 기억을 되살려 그린 야하타제철소 주변 약도(아래) (일제강제동원피해진상규명위원회, 《똑딱선 타고 오다가 바다 귀신될 뻔했네》, 2006, 216쪽)

공장에는 외국인 포로들이 몇백 명이나 있었다. 포로들은 공장 안까지 열차를 타고 들어왔다. 공장에서 제일 힘든 일은 백회白灰 40킬로, 시멘트 40킬로, 석탄 나르는 일이었다. 포로들은 주로 그런 일을 했다. 조선 사람들은 포로들과 같이 일했다. 조선 사람들은 감독관이 있나 없나 보다가 없으면 바닥에 십자가 모양을 그려서 보여주곤 했다. 그러면 포로들도 좋아하며, 하트 모양을 그려서 답했다. 포로들도 조선 사람들이 자유의 몸이 아니라는 것을 알고 있었다. 같이 감시당하는 처지였으니 모를 리 없었다.

천구는 담배를 피우지 않으니 모아 두었다가 포로들에게 주곤 했다. 그러던 어느 날 담배를 주다가 감독관에게 딱 걸렸다. 감독관은 "입 다물어! 입 꽉 물어! 너 스파이야? 너 지금 미국 놈하고 무슨 이야기 한 거야! 나쁜 간첩 놈아!"하며 악을 썼다. 싹싹 빌어서 간신히 뺨 몇 대 맞고 끝났다. 그런 일이 있은 후에는 담배를 피우는 척 불을 붙이다 슬쩍 떨어뜨리는 방법으로 주었다. 천구는 담배 한 개피도 구하기 어려운 포로들을 돕고 싶었다. 천구만이 아니었다. 그곳에서는 조선 사람이든 포로든 그렇게 서로 도우며 지냈다.

일은 힘들었다. 그러나 일보다 더 고통스러운 것은 공습과 배고픔이었다. 허기는 어찌 어찌 달랜다지만 문제는 공습이었다. 매일 퍼부어 대는 공습은 공포 그 자체였다. 밤에는 숙소의 불도 켜지 못하고, 안은 빨갛고 밖은 까만 커튼을 치고 잤다. 밤 8시가 조금 지나거나 새벽이 되면 경계경보가 발동된다. 성한 사람은 방공호에 들어가지만 아픈 사람은 죽어도 방법이 없었다.

경계경보가 내리고 5분 정도 지나 바로 공습경보가 떨어지면서 곧장 여기저기에서 폭탄 터지는 소리가 그치지 않았다. 방공호에 들어가서 고개를 들어 내다보니 비행기가 편대로 지나가면서 하늘에 줄기 같은 연기를 남겼다. 어떤 사람은 몇천 대라고 하는데, 그렇게 많은 것 같지는 않았지만 하늘에서 소이탄*이라는 폭탄이 새까맣게 내려왔다. 융단폭격이라는 거다. 폭탄이 바닥에 떨어지면 목조건물은 물론 시멘트도 철근 기둥도 다 녹아버렸다. 폭탄 속에 기름주머니가 들어 있으니 땅에 떨어져도 계속 지글지글 탔다. 온 천지가 불구덩이가 되었다. 소이탄은 육각 모양인데 폭탄 하나에 작은 폭탄이 여러 개 들어 있어 하나만 떨어뜨려도 수십 개의 폭탄이 터지는 꼴이었다.

낮에는 잠잠하다가 꼭 밤이 되면 이렇게 하늘에서 포를 쏘아대는 통에 잠은 고사하고 불안해서 살 수가 없었다. 매일 저녁마다 아비규환이었다. 천구도 소이탄 껍데기에 스쳐 얼굴이 찢어져서 여섯 바늘을 꿰맸다. 남들은 다행이라고 했지만 이러다가 죽을 것 같았다. 일본도 나름대로 방비를 한다고 공장 옥상이나 높은 지대에 대공포 진지를 만들어 두었다. 미군 비행기는 정찰기가 먼저 오니까 일본군은 그 때부터 준비를 해서 B-29가 오면 포를 쏘지만, 포는 비행기 가까이 가지도 못하고 떨어져버렸다. 그걸

---

* 폭탄, 총포탄, 로켓탄, 수류탄 등 탄환류 속에 소이제燒夷劑를 넣었다 해서 붙여진 이름이다. 사용되는 소이제에 따라 황린黃燐 소이탄, 터마이트ermite 소이탄, 유지油脂 소이탄으로 분류한다. 소이탄의 크기는 여러 가지가 있으나, 직경 30cm, 길이 50cm 정도의 원통형 함석으로 되어 있으며, 일본에 투하한 것은 대부분 기름을 넣은 유지 소이탄이다. 보통 쓰이는 150~400갤런짜리 폭탄을 투하하면 2000℃의 고열을 내므로 소이탄 한 발로 2500㎡ 면적을 태울 수 있을 정도의 대단한 화력이다. 소이탄은 제2차 세계대전 중 필리핀 작전 때 미군이 처음 사용했고, 일본 본토 공습, 한국전쟁과 베트남 전쟁에서 큰 효과를 거두었다. 소이탄이 도로에 떨어지면 불꽃이 여기저기 옮겨 붙으면서 기름과 섞여 화력은 더욱 강해진다. 그 때문에 인명과 재산 파괴는 가공할 정도였다.

보고 있자니 이 공장에서는 살 희망이 없어 보였다. 아침마다 폭격 맞은 공장 기계를 치우는 게 일이었다. 이렇게 큰 기계가 부서지는 마당인데 방공호 하나쯤 부수는 것은 일도 아닐 것 같았다. 미군은 군수공장이나 군부대가 있는 곳을 공습하는데 야하타 제철소는 워낙 큰 공장이어서 계속 공습하는 것이라고 했다. 살려면 이 공장을 탈출해야 했다.

공장에서 우연히 이마무라今村 제작소라는 철물공장에 다니는 기술자와 알게 되었다. 함경도 출신의 동포였다. 전쟁 일어나기 전부터 일본에 돈벌이 와서 계속 살고 있다고 했다. 이마무라 제작소는 친구 소년이 일하는 야하타 제철소에서 멀지 않은 와카마쓰若松라는 곳에 있는데, 조선 사람만 있는 군수공장이라 했다. 모지門司를 지나면 와카마쓰라고 했다. 기술자 형님은 기계를 손봐주러 오곤 했다. 친구는 어느 날 하소연했다. "아 이거 언제 죽을지도 모르고 돈 번다는 것은 희망도 없고, 살아서 나가면 좋은데, 어떻게 해야할지 모르겠다"고 했다. 그러자 형님이 그쪽 공장은 공습이 별로 없으니 괜찮을 것이라 했다. 이 공장을 빠져나오기만 하면 이마무라 제작소에서 일해서 돈 벌게 해주겠다고.

공장 탈출은 쉬운 일이 아니었다. 도중에 잡히기라도 하면 맞아 죽을 판이었다. 그런데 생각해보니 이 공장에서 폭격 맞아 죽으나 탈출하다 잡혀 죽으나 죽는 것은 한 가지였다. 더구나 야하타 제철소는 월급은커녕 용돈도 한 푼 주지 않는 데다가 일요일도 없이 매일 일을 시켰다. 아침 7시에 공장에 가면 저녁 6시가 되도록 쉴 새가 없었다. 외출도 못하고 공장에 갇혀서 일만 해야 했다. 이렇게 갇혀 있다가 폭탄 맞아 죽으면 정말 억울할 것 같았다.

1944년 초, 소년은 탈출했다. 형님과 약속하고, 새벽까지 기다렸다. 새벽은 보초들이 잠을 이기지 못하고 조는 시간이다. 2층에서 밖을 내다보니 보초가 보이지 않았다. 얼른 내려와 철조망을 넘은 후 전차를 타고 와카마쓰의 이마무라 공장으로 갔다. 공장 정문에 가서 가네야마를 찾으니 형님이 나왔다. 그곳에서 철판 나르고, 절단하고, 청소하는 잡일을 했다. 이마무라 공장도 야하타제철소와 같은 군수공장이었지만 자유로웠고, 외출도 가능했다. 그런데 1945년 6월이 되자 그곳에서도 공습이 있었다. 가네야마 형님은 이제 일본에서 공습이 없는 곳은 없다고 했다. 더 이상 숨을 곳도 없었다. 이마무라 제작소에서 해방을 맞았다.

어느 날 공장에서 중대발표가 있다고 해서 공장 사람 모두 라디오 방송을 들었다. 항복한다는 내용이라고 했다. 동네에 나가보니, 일본 사람들이 "우리는 이제 어떻게 삽니까!"하며 땅을 치며 울었다. 일본 사람들은 개인별로 2m나 되는 죽창을 만들어 식구 수대로 가지고 있었다. 대나무 끝을 뾰족하게 깎아 부러지지 않게 촛불로 구운 후 구멍을 뚫어 손잡이까지 만든 죽창이었다. 그동안 일본인들은 미군이 상륙하면 일대일로 찔러죽이고 자신도 죽는다는 말을 입에 붙이고 살았다. 평소에도 늘 "조센징, 조센징!"하면서 욕하고 때리던 사람들인데, 전쟁에 졌다고 괜히 죽창으로 화풀이라도 하면 큰일이었다. 게다가 공장에는 철판이 많으니 일본 사람들이 들어와서 얼마든지 날카로운 무기를 만들 수 있었다. 천구는 일본 사람들이 무서웠다. 그래서 '돈은 못 벌었지만 살아남은 것이 어디냐'는 생각에, 공장을 나와 고향 가는 배를 타기 위해 시모노세키로 갔다.

천구 소년이 시모노세키에 도착한 것은 9월 20일 경이었다. 조선 사람들이 홋카이도, 오사카, 도쿄, 나고야 이런 데서 시모노세키로 몰려들었다. 70만 명이 몰려왔다고 할 정도로 많았다. 날은 덥고 숙소도 마땅치 않은데, 배는 구하기 힘들었다. 그러다보니 죽어나가는 사람도 있었다. 굶어죽거나 병에 걸려 하루에도 몇 십 명씩 죽어나갔다. 이러다가는 고향에도 못 가고 항구에서 죽을 것 같았다. 어쩌다 배를 구해 출항한다 해도 태풍으로 떼죽음을 당하는 일도 적지 않다고 했다. 더구나 돈 한 푼 없으니 돈이 많이 드는 밀배를 구하기도 어려웠다.

막막한 상황에서 어떤 사람이 오더니, 시신을 치워주면 승선권을 구해주겠다고 했다. 얼른 따라나섰다. 모자와 마스크, 하얀 장갑을 쓰고, 큰 대나무와 가마니로 만든 들것을 들고 두 명이 함께 시신 치우는 일이었다. 들것에 시신을 싣고 작은 배를 타고 150m 이상 가서 바다에 던졌다. 이 일을 열흘간 해서 연락선 승선권을 구해 배에 올랐다. 연락선을 타기 전에 보니, 시모노세키 역에 줄지어 있던 창고가 폭격 맞은 지 한 달도 넘었는데, 계속 타고 있었다. 콩을 한 됫박 가지고 가서 볶아 옆구리에 차고 배에 올랐다. 배는 고픈데 먹을 것이 없으니 다들 통을 들고 수도 파이프 앞에 가서 줄을 섰다. 몇백 명씩 줄을 선 곳에 가서 섰다가 간신히 수도 파이프가 새서 솟구치는 물을 받아 볶은 콩과 같이 먹으며 견뎠다.

부산에 내리니 정말 굉장했다. 큰 깃발에 '함경북도' '평안북도' '충청남도' 이런 거 막 쓰고, 고깔 쓴 도민들이 북을 치며 환영해주었다. 주먹밥도 달라는 대로 주었다. 일본에서는 한 개 이상은 절대로 주지 않았는데, 고향에 오니 두 개든 세 개든 달라는 대로 주었다. 기차도 무료였다. 대구도 무료, 대전도 무료, 다 무료로 태워주었다. 해방이 되니 이렇게 좋은 세상이 된 것이다. 태어나서 처음으로 신바람이 났다. 이 기차를 타면 고향으로 갈 수 있었다. 고향에 가려면 대전에 내려 장항으로 가는 기차로 갈아타야 했으나 소년은 대전에 내리지 않고 서울까지 갔다. 가난한 고향에 빈손으로 갈 수 없었기 때문이다.

서울로 와서 남대문에서 노숙자 생활을 하며 막노동을 했다. 해방 직후 미군이 조선에 갇혀 있던 포로들 먹으라고 큰 수송기로 물건 박스를 낙하산에 실어 내려 보냈다. 포로들은 풀려나서 부대를 편성하고 있었다. 박스 안에는 없는 물건이 없었다. 군모도 있고, 무기도 있고, 먹을 것도 있었다. 또한 일본군을 무장해제해서 받아 놓은 무기가 용산 삼각지 부대 운동장에 쌓여 있었다. 그 짐을 날라주고 돈을 조금 받고, 신당동 하천 공사장에 가서 일을 해서 돈을 모았다. 그리고 몇 달 지나 고향으로 돌아갔다. 서울에서 기차를 타고 강경까지 간 후 금강을 넘어 부여로 들어가야 하는데 당시 시국이 수선해서 그런지 기차가 낮에는 가지 않고 밤에만 다녔다. 어찌어찌해서 간신히 고향집을 찾아갔다. 이렇게 천구 소년의 귀향은 해방된 다음해가 되어서야 이뤄졌다.

흥남비료공장의 소년견습공 재덕

흔히들 조선 사람들이 징용 간 공장 대부분이 일본에 있었을 것으로 생각한다. 그러나 군수공장은 조선에도 많았다. 일본보다는 적었지만 조선에도 군수공장은 많았다. 군수공장이 많으니 공장으로 동원되는 사람도 많았다.

소설가 이북명^{李北鳴}이 1932년 문단에 등단할 때 발표한 소설 〈질소비료공장〉의 주무대인 흥남비료공장은 대표적인 군수공장이었다. 〈질소비료공장〉은 함흥에서 태어나 함흥고등보통학교를 졸업하고 흥남비료공장에서 일한 작가 자신의 경험이 담긴 소설이다. 이북명의 공장 경험은 1년 남짓, 길지 않았다. 이북명이 짧은 기간 경험한 흥남비료공장은 1930년 노구치^{野口} 재벌이 설립한 일본질소비료(주)가 흥남에 만든 여러 비료공장 가운데 하나였다.

1908년 문을 연 노구치 재벌은 당시 미쓰비시·미쓰이·스미토모와 함께 일본 4대 재벌이라 했다. 총수인 노구치 시타가우^{野口遵}는 1927년 조선질소비료(주)를 설립해 흥남지구를 중화학공업도시로 만들었다. 1941년 일본질소비료(주)는 조선질소비료(주)를 합병했다. 1937년에는 조선압록강수력발전(주)과 만주압록강수력발전(주)을 설립해 조선과 중국 국경에 걸친 수력발전소를 만들어 한반도 전역의 공장과 가정에 전기를 공급하고 엄청난 수익을 챙겼다.

노구치가 공장을 건설한 후 흥남은 총 18만 명의 사람들이 모인 대도시가 되었다. 이 가운데 노무자는 4만 5천 명 이상이었다고 한다. 노구치 재벌은 600만 평의 부지에 공장을 건설했는데, 이때 흥남에 세운 18개 공장은 주로 화학공장이었다. 화학공장이 14개였고,

일제강점기 흥남 질소비료공장 전경

기계기기·전기·제련소·제약공장이 각각 하나씩 있었다. 18개 공장은 모두 조선총독부가 군수공장으로 지정했다. 군수공장이 되면, 사장부터 수위까지 모든 직원이 '피징용자'로 신분이 바뀌었다. 그 많은 화학공장 가운데 하나인 용흥공장에 열두 살 소년이 있었다.

재덕은 1930년 11월 경북에서 태어나 국민학교를 마친 후 1944년 3월에 함경남도 흥남부에 있는 일본질소비료(주) 소속 용흥공장에 견습공으로 들어갔다. 만 나이는 열두 살이었다. 처음에는 징용인지 뭔지 몰랐다. 그저 학교 마치고 집안일이나 돌보고 있는 형편인데 면에서 큰 공장에 가라고 하니 좋은 곳인 줄 알고 나섰다. 면에서 가라고 했으니 힘든 곳이라고는 생각도 못했다.

부모님은 흥남이 먼 곳이지만 군청에서 차를 준비해 데려가고, 기숙사도 있다니 마음을 놓았다. 다른 아이들은 비행장 공사장에 많이들 가는데 그래도 학교를 보내놓으니 공장으로 간다고 안심했다. 더구나 면서기가 흥남에 가면 일본 탄광에 가지 않아도 되고, 기술을 배워두면 나중에 좋을 것이라고 하니 다행이라 여겼다. 대구역에서 기차를 타고 북으로 북으로 올라갔다. 경성역에서 한번 갈아타고 원산에서 다시 갈아타고 함흥까지 가서 트럭을 타고 갔다.

흥남은 '함흥의 남쪽'이라는 뜻으로 1920년대 초까지는 이름도 없었다. 비료공장이 들어서면서 비로소 이름이 생겼다. 처음에는 함주군 흥남읍이었는데, 1944년에 함주군 흥남읍과 운남면을 합해 흥남부로 승격했다. 당시에 부라는 이름이 붙은 지역은 경성부, 부산부, 대구부, 평양부, 인천부, 청진부, 원산부, 광주부, 함흥부 등 대도시였다. 1950년 12월 26일 장진호 전투를 벌인 미해병과 피난민들이 미군 LST를 타고 철수한 항구로 유명하다.

재덕이 들어간 공장 이름은 닛치쓰^{日窒} 연료공업㈜ 용흥공장이었다. 닛치쓰연료공업㈜은 1941년 일본질소비료㈜가 세운 회사다. 해군 요청에 따라 이소옥탄^{isooctane}을 제조하기 위해 세웠다. 1938년부터 공장 건설공사를 시작해 1941년에 공장 문을 열었다. 군수회사로 지정되었으니 재덕은 당연히 '징용 간 사람'이었다.

용흥공장에서 만드는 이소옥탄은 색깔이 없는 일종의 휘발유다. 자동차나 비행기용 기름이 부족했으므로 연료를 생산하는 중요한 공장이었다. 용흥공장은 철근과 콘크리트를 땅 속 깊이 박아 올린 높은 건물인데, 하루 종일 있어도 햇빛이라고는 구경할 수 없는 꽉 막힌 공간이었다. 엄청나게 큰 공장에는 수를 헤아리기 힘들 정도로 많은 사람들이 있었다. 재덕 또래의 아이들도 있었다. 공장 안은 황산과 여러 가스가 가득해 악취가 진동했고 숨 쉬기 힘들었다. 그런 속에서 견습공인 재덕이 하는 일은 탱크를 청소하고, 탱크에 들어갈 용제를 운반하는 일이었다.

재덕은 공장에 들어간 지 4개월 만에 늑막염에 걸렸는데, 공장에서는 약을 좀 주더니 그냥 일을 시켰다. 늑막염이라는 것이 폐가 감염된 후 염증이 늑막으로 퍼지는 병인데, 그대로 두면 염증이 몸 전체로 번진다. 염증이 번지지 않게 하려면 공장을 나가는 방법 밖에 없다. 그러나 공장에서 나갈 수 없었다. 전쟁이 막바지로 치닫자 더욱 많은 이소옥탄을 생산해야 하는 상황인데, 한 명의 인원도 중요했기 때문이다.

1945년 봄이 되자 회사에서는 공장을 주변 산으로 옮겨야 한다며 더욱 노무자들을 몰아댔다. 미군이 공습을 해오면 흥남 복판에 있는 공장이 위험하다는 것이다. 군의 지시라고 했다. 용흥공장은 해군에 납품하는 물자를 만드는 곳이어서 군의 결정에 따라야 했다. 그러나 미처 공장을 산으로 옮기기도 전에 해방이 되었다.

해방은 되었으나 돌아오는 길은 힘들었다. 이미 소련군이 들어와 일본군부대를 접수했다. 나남이나 함흥의 일본군은 무장해제를 당하고 남쪽으로 이동했다. 함경도에 살던 일본 사람들도 모두 남쪽으로 내려가야 하니 기차고 트럭이고 구할 수가 없었다. 데려갈 때는 군청에서 한꺼번에 트럭과 기차에 태워 데려갔는데, 전쟁이 끝나니 공장 감독이고 뭐고 찾을 수가 없었다. 각자 알아서 고향을 찾아가야 했다. 그 와중에 재덕 소년도 고향 가는 길을 재촉했다.

간신히 고향으로 돌아왔으나 병은 계속되었다. 고향의 맑은

공기를 마셔도 숨 쉬기는 힘들었다. 그러나 병원에도 갈 수가 없었다. 당시 형편으로는 어린애 아프다고 병원에 갈 처지가 못 되었다. 더구나 한국전쟁이 일어나는 바람에 정신없는 시절을 보내다 보니 병원에 갈 여유도 없었다. 숨을 제대로 쉬지 못하니 군대에도 갈 수 없었다. 나중에 형편이 좋아져 병원에 가보니 이미 흉부기형의 상태였다. 평생을 환자로 살았다. 간신히 결혼을 해서 가장이 되었으나 환자로 살다보니 집안 형편은 말이 아니었다. 가족들의 고생이 막심했다. 2010년 세상을 뜰 때까지 농촌에서 빈민상태를 벗어나지 못했다.

조선의 군수공장에서 하늘의 별이 된 소년들

소년들은 군수공장에서 스스로 자신을 지킬 수 없었다. 802군데 조선의 군수공장에서 사망한 소년이 얼마나 되는지는 알 수 없다. 피해국인 한국에서도 가해국인 일본에서도 조사한 적이 없다. 규모 자체를 모르니 얼마나 많은지 적은지 평가할 수도 없다.

위원회가 조사한 결과에서 개인적으로 찾아낸 16세 이하 사망자는 여섯 명이다. 17세 이하 사망자를 소개하면 훨씬 늘어난다. 16세는 중학교 3학년 또는 고등학교 1학년 나이다. 16세이든 17세이든 미성년자이니 구분은 큰 의미가 없다. 다만 지금보다 발육상태가 훨씬 좋지 않았던 70년 전이라는 점을 감안하면, 16세 소년들이 겪은 고통은 조금 이해하기 쉬울 것이다.

어린이 사망자들은 두세 줄의 짧은 사망정보만 남겼다. 사망원인을 모르는 경우가 대부분이다. 자식을 남기지 않고 어린 나이에 세상을 떠난 소년들에게는 기억해 줄 이가 없기 때문이다. 그 짧은 사망정보나마 기록으로 남긴 이들은 얼마 되지 않는다.

병주 1929년 9월 전북 임실에서 출생. 1943년 8월, 함남 흥남에 있는 일본질소비료(주) 소속 본궁공장(군수회사로 지정)에 동원(당시 13세). 동원된 지 7개월 만인 1944년 3월, 공장 부속 병원에서 사망. 유해 봉환에 대해서는 알려진 내용이 없음. 사망 당시 14세

용철 1929년 8월 충남 연기에서 출생. 1943년 12월, 함남 흥남에 있는 일본질소비료(주) 소속 본궁공장(군수공장으로 지정)에 동원(당시 13세). 동원된 지 11개월 만인 1944년 12월, 원인을 알 수 없는 병으로 현장에서 사망. 유해는 고향으로 돌아오지 못했음. 사망 당시 14세

상룡 1927년 12월 전북 김제 출생. 1943년, 함북 길주 소재 북선제지화학공업(주) 소속 길주공장에 동원(당시 15세). 북선제지화학공장은 미쓰이^{三井} 계열의 회사. 1944년 10월, 회사 의무실에서 사망. 유해 봉환에 대해서는 알려진 내용이 없음. 사망 당시 16세

필용 1924년 2월 전북 김제에서 출생. 1940년, 함남 흥남에 있는 일본질소비료(주) 소속 흥남비료공장(군수회사로 지정)에 동원(당시 15세). 1941년 9월, 유독 가스에 중독되어 광주전남도립병원으로 후송했으나 사망. 유해는 고향으로 봉환되었음. 사망 당시 16세

영모 1927년 황해도 신계에서 출생. 1943년 5월, 함남 흥남에 있는 일본질소비료(주) 소속 흥남비료공장(군수회사로 지정)에 동원(당시

15세). 동원 후 10개월 만인 1944년 4월, 공장에서 사망. 유해는 고향으로 봉환되었음. 사망 당시 16세

중열 1927년 5월, 전남 해남에서 출생. 1944년 4월, 함북 경흥 소재 군수공장에 동원(당시 16세). 동원 후 2개월 만인 1944년 7월에 철망을 메고 옥상에 올라가다가 전선에 감전되어 추락사. 유해는 고향으로 봉환되었음. 사망 당시 16세

여섯 명의 16세 이하 소년 사망자 가운데 가장 많은 사망자가 나온 공장은 흥남의 일본질소비료(주) 소속 공장이다. 이북명이 경험했던 열악한 상태는 10년이 지난 후에도 변하지 않았던 모양이다.

군수회사 지정
군수물자의 원활한 조달을 위해 '기업운영과 생산주체, 생산기구, 생산방식에 대한 철저한 국가지배제도를 목적'으로 한 제도
　1943년에 시행된 '군수회사법(1943.10.28 법률 제108호. 주요한 민간회사를 군수회사로 전환해 군수성 휘하에 두고 국가가 직접적으로 지배하고자 제정)'과 시행령(1943.12.15 칙령 제928호)에 근거한 제도
　군수회사 지정대상은 병기, 함정, 항공기, 선박, 차량 및 부속품, 철강, 경금속, 비철금속, 희귀금속, 기타 중요 광산물, 액체연료, 윤활유, 석탄, 가스, 코크스, 전력, 중요화학공업품, 중요기계기구 및 부품, 운수, 창고, 건설, 배전회사, 기타 주무대신이 지정하는 사업이 해당
　군수회사로 지정된 회사 소속 작업장의 소속 근무자는 사장부터 수위까지 모두 국민징용령에 의한 현원징용자로 전환
　군수회사법에 의거해 지정한 일본의 주무대신은 군수성 대신이고, 조선의 주무대신은 조선총독. 조선총독은 두 차례(제1차 1944년 12월, 제2차 1945년 1월)에 걸쳐 99개 사를 지정했다.

소년 항공병 대신 비행기 공장에 간 소년

1929년 3월 15일, 전남 여수군 출생
1941년 2월 20일 경남 통영군 산양국민학교 입학
전교 11등, 성적 우수
성격 온순, 동작 활발, 신체 및 정신 건강 건전
특이사항 : 소년항공병 지망했으나 신체검사에서 불합격, 후지코시강재주식회사에 입사

여기 한 소년의 옛날 학적부가 있다. 1944년에 후쿠오카현 고쿠라小倉시에 있는 비행기공장인 후지코시不二越강재(주) 고쿠라공장에 들어간 소년의 학적부다. 성적이 우수하고, 성격이 온순하며, 건강했던 경석은 만 열다섯 살에 소년항공병을 지원했다 비행기 부품을 생산하는 후지코시강재(주) 고쿠라 공장으로 갔다. 소년은 왜 소년항공병이 되려고 했을까.

소년지원병은 일본에서도 조선에서도 소년들에게 낯설지 않았다. 당국에서는 온 동네에 '멋진 금단추가 달린 제복을 입고'라는 노래와 알록달록한 포스터로 소년들을 유혹했다. 상급학교 진학이 어려운

소년병학교를 홍보하는 선전물(도쿄대공습전재자료센터 소장 사진. 2010.2.27 수요역사연구회 촬영)

처지에 놓인 소년들에게 금단추가 달린 제복은 너무도 멋져 보였다. 제복을 입고 싶었던 소년들은 지원소로 달려갔다.

1925년 일본 시즈오카(靜岡)현에서 태어난 와타나베 기요시(渡邊清)는 만 15세가 되던 1941년에 소학교 고등과를 졸업하고 해군에 지원 입대했다. 중학교에 진학할 수 없었던 처지였기 때문이다. 기요시와 같은 처지의 일본 소년이 갈 수 있는 곳은 만몽개척청소년의용군이 되어 만주로 가거나 해군지원병으로 훈련소에 들어가는 길이었다. 1941년 와타나베 기요시가 지원할 당시에는 15세가 가장 어린 지원자였다.

조선 소년들에게 해군소년지원병 입대 연령은 더 낮았다. 1943년 조선 소년들을 대상으로 시작한 해군소년지원병제도의 지원 대상은 만 14세~18세였고, 소년비행병은 만 14세~20세까지였다.

경석이 지원했던 소년비행병은 자살특공대원을 배출했던 '육군소년비행병'이었다. 자살특공대 가운데 비행기를 이용한 특공대는 가미카제神風 특공대로 알려져 있지만 신풍神風의 일본 발음은 가미카제가 아니라 신푸다. 1944년 8월 25일, 해군은 자살특공작전을 정식 작전으로 채택했다. 그리고 10월 말, 해군은 처음으로 레이테Leite 해전에서 신푸특별공격대를 편성했다. 비행기에 폭탄을 싣고 적의 군함에 돌진하는 자살공격을 하는 특별 부대였다. 이런 부대는 육군에서도 편성했다. 비행기 외에 사람이 작은 선박에 타고 돌진하는 가이텐回天*도 자살특공대였다. 제주도 해안가에는 지금도 작은 동굴이 여러 개 있다. 일본군이 1945년 초부터 자살특공작전에 사용할 선박을 감추어 두려고 판 인공굴이다.

'육군소년비행병'은 자살특공작전이 만들어지기 훨씬 이전에 만들었다. 1933년 4월, 공포한 '도코로자와所澤 육군비행학교 생도교육에 관한 칙령'에 따라 설립했다. 당초 이름은 도쿄육군항공학교였는데, 1943년 4월 도쿄육군소년비행병학교로 이름이 바뀌었다. 초등교육을 마친 만 15~17세를 대상으로 1년의 기초교육과 조종·정비·통신으로 나뉘는 상급교육 2년이 교육과정이었다. 1934년 제1기생 입교를 시작했는데, 당초 1년에 한 번이던 모집이 국가총동원법을 공포한 1938년부터 연 2회가 되었고, 1940년에 조종교육을 확충하면서 모집인원도 확대했다. 1943년 3월 23일 각의 결정(국무회의 결정)으로 소

---

* 인간어뢰. 93식 어뢰를 개조해 머리 부분을 폭약으로 채우고 탑승원 혼자 조종, 적에게 접근하면 잠수함에서 발진해 몸으로 들이박는 특공 병기. 일단 발진하면 귀환할 수 없는 구조

제2차세계대전 말기에 미군의 항공모함에 무모하게 돌격하는 일본의 자살특공대

년비행병학교가 확대 강화되자 3년이었던 교육과정을 2년으로 줄인 단기속성과정이 만들어졌다. 항공 전력戰力을 긴급히 확충해야 한다는 도죠 히데키東條英機 총리의 의향을 반영한 결과였다. 이 단기교육과정은 1943년 4월부터 1944년 10월까지 계속 운영했다.

자살특공대로 목숨을 잃은 청년들 가운데에는 조선과 타이완의 청년들도 있었다. 정확한 숫자는 알 수 없다. 현재 확인된 조선 청년은 17명이다. 1944년부터 1945년에 조선에서 발간된 조선총독부 기관지에 실린 이름들이다. 이 가운데 5명이 육군소년비행병 학교 출신이었다. 이들은 1945년 전사 당시 모두 18세였다.

그렇다면 왜 조선 소년들은 육군소년비행병 학교의 문을 두드렸을까. 1931년 만주침략을 시작으로 아시아태평양전쟁의 막이 오르고 1937년 중일전쟁을 거쳐 1938년 총동원체제로 들어가자 조선총독부는 항공 전력을 확충하려는 목표 아래 지속적인 항공정책을 실시했다. 비행기 증산과 함께 조종사 양성에 나선 것이다. 아무리 많은 비행기를 생산해도 조종사가 없다면 항공전에서 이길 수 없기 때문이다. 당시 일본 군 편제에서 공군은 없었으나 육군과 해군은 모두 항공부대를 운영했다.

조선총독부는 1940년 항공기념일을 제정하고 1941년 조선국방항공단을 만들었다. 조선총독부 항공국이 조선의 여러 활공단체를 모아 만든 민간단체였지만 군의 지도를 받았고, 각도에 지부를 둔 전국 단체였다. 1942년 중등학교에 활공과滑空科라는 과목을 설치해 정규 교육과정으로 조종술을 가르쳤고, 초등학교 교육과정에 모형비행기제작을 포함했다. 1943년 조선국방항공단 사업으로 활공훈련소를 개설해 중학생들을 가르치고 지도자 과정도 운영했다.

민간에서도 항공에 대한 관심은 높았다. 예전부터 비행기는 인기가 많았다. 1919년 일본에서 비행사 면허를 따 최초의 조선인 비행사가 된 안창남 덕분이었다. 안창남은 1922년 12월 10일 여의도에서 동아일보사 초청 '고국방문대비행'이라는 행사를 열었는데, 비행기 묘기를 보기 위해 전국에서 5만여 명이 몰려들 정도였다. 안창남은 영국제 1인승 비행기 금강호를 타고 고등비행의 묘기를 선사했다. 이후 아이들은 "떳다 떳다 안창남!"이라는 노래를 부르며 종이비행기를 날리고 놀았다.

당시 조선인 비행사는 남자만이 아니었다. 여자 비행사도 있었다. 독립운동가 권기옥은 중국에서 비행사로 활동했고, 영화 《청연》의 주인공은 조선 최초의 민간 여류 비행사 박경원이었다. 그러나 당시는 일반인이 비행기를 엄두도 내지 못하던 시절이다. 하늘을 난다는 것은 꿈에서나 가능한 일이었다. 그런데 학교에서 활공기(글라이더) 교육을 시키니 학생들은 실현 가능한 꿈이라고 여기게 되었다.

이러한 시대에 자란 조선 어린이들은 학교에서 모형비행기를 만들거나 항공훈련을 받으며, 항공기념일에 맞추어 열린 소년비행병들의 향토방문 행사를 통해 비행기를 접했다. 향토방문이란 군 당국이 소년비행병학교 학생들을 출신지역에 보내 고향이나 출신학교 상공에서 비행하도록 하고, 재학생들이 소년비행병학교에 지원하도록 강연하는 행사였다. 비행 중에는 수만 장에 달하는 격문을 뿌렸다. 격문에는 "오너라, 우리들의 대공大空으로!" 등의 슬로건과 모집요강이 적혀 있었다. 선배들의 멋진 유니폼과 비행기를 본 어린 소년들의 마음은 부풀었다. 하늘을 날고 싶은 소년들의 마음에 불을 지폈다.

뿐만 아니었다. 부당한 차별대우로 상급학교 진학이 좌절된 소년들에게 대결 의식을 부추긴 학교와 당국이 있었다. 학교장의 강요도 있었다. 소학교 고등과에 재학 중 중학교와 공업학교 입학시험을 봤지만 모두 불합격한 민영락은 일본 담임선생님의 말을 듣고 육군소년비행병학교로 진로를 바꿨다. "너 같이 성적이 우수한 학생이 떨어진 것은 역시 조선인이기 때문"이라는 말 때문이었다. 3.1운동으로 감옥살이를 한 아버지 때문에 중학교 입학시험에서 떨어진 김덕태도 육군소년비행병학교를 지원했다. 갈 곳은 그 곳 밖에 없다고 판단한 것이다. 박종근은 교장이 직접 집에 까지 찾아와 부모님을 설득한 경우다.

또한 당국이 내세운 조건은 시골 소년들에게 너무나 달콤했다. 가정형편상 상급학교로 진학하지 못하는 소년들에게 '전혀 학비가 들지 않으며 다달이 수당까지 받으며 훌륭한 교육을 받을 수 있고 출세까지 빠르다'고 선전했다. 선전은 큰 효과가 있었다. 특공대원으로 발탁되었지만 다행이 목숨을 건진 청년 두 명(박종근과 조청래)은, 어차피 군대에 갈 수 밖에 없는 상황인데 침식과 학비가 공짜인데다가 급료까지 받을 수 있다니 더 없이 좋은 기회라 생각하고 지원했다. 조선인이 고를 수 있는 것은 징용 아니면 징병인데, 위험한 징용이나 혹독한 훈련을 받는 징병보다 훨씬 좋을 것이라는 생각도 했다고 한다.

후지코시 강재로 간 경석

경석도 이러한 분위기 속에서 멋진 조종사를 꿈꾸며 육군소년비행병학교에 응시했다, 자살특공대 같은 것은 상상도 하지 못했다. 1944년 봄, 당시 1929년 3월 15일 생이었던 경석 소년은 지원할 수 있는 최소연령 대상자였다. 간신히 만 15세를 채웠으나 왜소한 소년이 갈 수 있는 곳은 아니었다. 탈락했다. 나중에 생각하면 천만 다행이었다. 덜컥 붙기라도 했으면 어쩔 뻔 했나. 상상만 해도 아찔하다. 탈락 후 학교에서 보낸 곳은 후지코시강재(주) 고쿠라 공장이었다. 경석은 동창생 6명과 함께 통영을 떠나 여수에서 연락선을 타고 고쿠라에 갔다.

고쿠라시는 원래 1945년 8월 미군이 나가사키에 원폭을 투하할 때 투하 예정지였다. 9일 아침, 원자폭탄을 싣고 출격한 비행기는 고쿠라의 기상 조건이 좋지 않아 나가사키로 변경했다. 미군이 고쿠라에 원폭을 투하하려 한 이유는 육군조병창과 후지코시강재 (주) 공장, 동양시멘트 고쿠라공장, 고쿠라제강 본사, 도쿄제강 고쿠라공장, 우베흥산 고쿠라공장 등 군수공장이 포진한 곳이기 때문이다. 육군조병창은 육군에서 사용하던 각종 무기와 병장기를 생산하는 공장이다. 역사는 1869년으로 거슬러 올라간다. 오사카에 설치한 '조병사造兵司'와 '총포화약제조국'에서 출발했다. 고쿠라육군조병창은 1923년에 고쿠라병기제조소라는 이름으로 시작해 1940년 고쿠라육군조병창이 되었다.

후지코시강재(주)는 여전히 ㈜후지코시不二越(Nachi-Fujikoshi Corporation)라는 이름으로 건재하다. 고쿠라 공장에서 경석은 녹인 철을 프레스나 해머로 두드려 넓게 만드는, 단조鍛造공장에서 일했다. 단조과정을 거친 철로 항공기 몸통을 만들었다. 상급학교와 비행기 조종사를 꿈꾸었던 소년에게 하루 종일 철물을 옮기고 철판을 운반하는 일은 고역이었다. 기술을 배우는 것도 아니고, 잡일이나 하는 처지였다. 철판은 무겁기도 했지만 날카로워서 잘못하다가는 수족이 나갈 판이었다. 더구나 1944년 10월이 지나자 고쿠라에도 미군 공습이 시작되었다. 미군은 절대 비행기와 무기를 생산하도록 허용하지 않겠다는 듯 전국 각지 공장을 폭격했다. 낮에는 조금 덜했지만 저녁이 되면 여지없이 공습경보가 울렸다. 이러다가 폭탄 맞아 죽겠다 싶었다.

소년이 생각하기에, 일본 글도 잘 읽고 말도 잘 하니 여기를 벗어나면 어디든 갈 수 있을 것 같았다. 1945년 초, 외출을 핑계로 고쿠라 공장을 탈출해 고쿠라역으로 간 후 기차를 타고 나고야名古屋로 갔다. 고향으로 가는 연락선을 타려면 시모노세키로 가야 했지만 승선증이 없으니 연락선을 탈 수 없었다. 요행히 배를 탔다 해도 배안에서 붙잡히게 되어 있었다. 항구의 특별고등경찰이 이미 배포한 사진을 보고 기다리고 있었을 것이기 때문이다. 사진은 소년이 공장에 들어올 때 작성한 신상조사카드에 붙어 있었다.

그래서 고향이 아닌 나고야로 갔으나 일제 말기에 소년이 갈 곳은 없었다. 다른 공장에 갔다가는 바로 붙잡힐 것 같아 화력발전소 인부로 들어갔다. 탄광이나 공장과 달리 당국의 감독이 허술하니 숨어 있기 쉬울 것이라 생각했다. 그러나 발전소도 안전하지 않았다. 공습을 피해 왔건만 나고야에서도 무시무시한 공습은 피할 수 없었다. 고쿠라보다 심하면 심했지 덜하지 않았다. 나중에 알고 보니 나고야에도 미쓰비시항공기제작소와 병기 제작소 등 군수공장이 있었다. 호랑이굴을 벗어났다고 생각했는데, 더 큰 호랑이굴로 들어온 셈이었다. 그렇다고 고쿠라로 돌아갈 수도 없었다.

발전소 일을 시작한 지 한 달이나 지났을까, 어느 날 감독이 불러서 가보니 경찰이 와 있었다. 감독이 소년의 배급통장을 만들기 위해 다른 사람의 이름을 도용했는데, 탄로가 난 것이다. 소년은 나고야 경찰서에 압송되었다가 고쿠라 공장으로 돌아갔다. 경찰서에서 두들겨 맞은 일이야 그렇다 치고 공장으로 돌아가려니 참담했다. 데리러 온 공장 사람은 맞아서 불어터진 얼굴을 보고, 아무 말도 하지 않았다. 봄바람이 살랑 살랑 부는 길을 따라 고쿠라로 돌아갔다. 공장을 탈출할 때는 그렇게 먼 길이었는데, 돌아갈 때는 순식간이었다. 이렇게 경석의 탈출극은 허무하게 끝났다.

공장 사무실로 가니, 다리가 성치 않은 상이군인 출신의 노무계가 "어리다고 챙겨주었더니 반도인 주제에 은혜도 모르고 이런 시국에 도망갔다"며, 닥치는 대로 두들겨 팼다. 예전에는 조선 사람들을 조센징이라 멸시했는데, 전쟁 후에는 한반도에서 왔다고

'반도인'이라고 불렀다. 군수회사로 지정되어 군수성의 관리를 받는 군수공장에서 탈출자가 발생했으니 노무계가 어지간히 닦달 당한 모양이었다. 매질의 여파로 사흘 동안 숙소에서 움직이지도 못했다. 동료들이 밥을 갖다 줬으나 목구멍으로 넘어가지도 않았다. 고향 생각을 하니 더 서럽고 서글펐다. 땀내 절은 담요를 뒤집어쓰고 울었다.

동료들은 그래도 목숨 건진 것이 다행이라고 했다. 지금 공장은 엉망이라 했다. 철판을 만들어야 하는데, 조선에서 철강이 들어오지 않으니 일을 할 수 없다는 것이다. 미군이 바다를 지키고 있어서 조선에서 사람이고 철판이고 아무 것도 올 수 없다고 했다. 이렇게 폭격이 심한 것을 보면, 전쟁이 오래 못갈 듯싶다고 했다. 공장의 땅이란 땅은 다 밭을 만들었다. 철판 만드는 일이 없는 날에는 농사를 지으며 보냈다. 혹독했던 1945년 여름 막바지에 해방을 맞으며, 멋진 비행기 조종사를 꿈꾸었던 소년의 징용 생활도 끝이 났다.

군수 공장의 소녀들

일본어로 소다쓰^{曹達}를 검색하면, 탄산수나 소다라는 답이 나온다. 소다 쓰공장은 시원한 탄산수를 만드는 공장이다. 그러나 일제 시기 소다쓰 공장은 비료나 무기^{無機} 화학제품을 만드는 곳이었다. 야마구치^{山口}현 도쿠야마^{德山}시에 있었던 도쿠야마소다쓰(주)도 무기화학품을 만드는 회사였다. 1918년 도쿠야마제조소에서 출발해 지금도 (주)도쿠야마^{TokuyamaCorporation}라는 이름으로 운영되고 있으니 100년의 역사이다. 일본 위키피디아에서는 이 회사를 일본의 대표적인 종합화학공업회사로 소개하고 있다. 조선소녀들이 군수물자를 만들기 위해 동원되었던 곳이라는 설명은 찾을 수 없다. 그러나 이곳에 소녀들이 있었다. 길만이와 금단이다.

길만이와 금단이

1931년 7월, 충북 영동군 심천면에서 태어난 길만은 1943년 봄 도쿠야마로 떠났다. 만 열두 살이 못된 나이였다. 원래 징용을 가야하는 대상은 길만이 아니라 둘째 언니였으나 언니가 어디로 숨는 바람에 대신 끌려갔다. 마을 이장은 이 집안에서 한 명이 가는 것으로 결정되었으니 언니 대신 동생이라도 가야한다고 했다.

심천면이 100명을 할당 받았는데, 인원수를 채워야 한다는 것이다. 일본의 공장이라서 돈도 많이 벌고 지금처럼 배를 곯지 않아도 된다고 했다. 태어나서 처음으로 기차도 타고 큰 배도 탄다고 했다. 일당을 2원씩이나 쳐서 준다고 했다.

길만은 그 소리에 솔깃했다. 하루에 2원이라니, 한 달이면 60원이고, 1년이면 700원? 700원이라면 얼마나 큰돈인가. 시골에서는 상상도 할 수 없는 돈이다. 밭도 살 수 있고, 논도 살 수 있다. 이렇게 큰돈을 벌 수 있는데 왜 언니는 안 가겠다고 숨었을까. 태어나서 한번도 도시에 나가본 적이 없으니 겁은 나지만, 이왕 가게 되었으니 열심히 일해서 목돈을 들고 오리라 생각했다. 더구나 한동네 금단이도 같이 간다니 마음이 놓였다.

금단네도 식구가 많았다. 부모님과 언니가 세 명이었고, 동생이 세 명이나 있었다. 금단이는 언니와 동생들 사이에 끼어 눈치 보느라 숨도 제대로 쉬지 못했다. 그런 상황에서 이장이 일본 공장에 돈벌이 가는 기회가 왔다고 하니, 부모님이 말리지 않았다. 공장에서 왔다는 용담리 이씨가 월급이 많고 깨끗한 공장에 갈 것이라 하니, 못이기는 척 허락했다. 이렇게 어려운 집안의 소녀들은 입이라도 덜고 돈을 모을 수 있다는 어른들의 말을 믿고 고향을 떠났다.

길만과 금단은 동네사람들과 같이 심천면에 모인 후 영동군으로 가서 기차를 타고 부산으로 갔다. 부산에서 배를 타고 야마구치현 시모노세키를 거쳐 도쿠야마에 도착했다. 배멀미로 엄청나게 고생하며 연락선 지하 선실에서 뒹굴다가 간신히 일본 땅을 밟았다. 고향을 떠나 도쿠야마까지 꼬박 이틀이 걸렸다. 도쿠야마는 시모노세키에서 그렇게 멀지 않은 작은 도시였다. 그렇지만 군수공장과 니켈광산이 많았고, 군부대가 많았다. 해군연료창이나 군부대 공사장에서 일하는 조선 사람도 많았다. 당시 도쿠야마 해군연료창을 확장하는 공사가 있었다. 나중에 자살특공대로 출격한 부대도 있었다.

소녀들이 도착한 곳은 도쿠야마소다쓰(주)였다. 공장에서 20분 걸어가면 있는 숙소에 한 방에 50명씩 집어넣었다. 길만과 금단은 같은 숙소에 들어갔다. 공장 안에는 코를 찌르는 가스 냄새가 진동했다. 이곳에서 소녀들은 아침 6시부터 하루 12시간씩 비료를 포대에 담았다. 일본말도 알아듣지 못하는데, 일본인 감독은 자꾸 뭐라고 소리를 질렀다. 빨리 빨리 하라는 것 같았다. 작은 손으로 일을 하려니 힘이 들고, 12시간은 너무도 길었다. 그런데 일을 많이 하면 임금을 더 많이 준다고 해서 야간에도 일했다. 머릿속으로 계산을 해보니 이삼 년 일을 하면 적지 않은 돈이 모일 것 같았다. 힘은 들지만 돈 모을 생각에 기운을 냈다.

공장에는 충북 영동군 외에 강원도와 충남에서 온 남자들도 많았다. 조선에서 온 남자들은 기계에 재료를 운반하고, 기계를 청소하는 일을 했다. 일본 기술자들은 기계를 돌리고 나머지 잡일을 조선 사람이 하는 식이었다.

식사는 보리와 콩깻묵을 섞은 밥이었는데, 소녀들이 먹기에도 부족했다. 소녀들을 데려간 용담리 이씨는 현지에서 함바라고 하는 노무자 식당을 운영하고 있었다. 식당은 숙소 바로 옆에 있었다. 이씨는 평소에는 공장 식당을 운영하다가 회사에서 지시하면, 조선에 가서 사람을 데려오는 일을 하고 있었다. 동포를 팔고 수

수료를 챙기는 꼴이었다. 그런데도 식당에서 밥을 충분히 주지 않고, 동포들 배를 곯렸다.

전쟁이 심해지자 폭격도 심해졌다. 전쟁터가 아니었는데도 해만 지면 미군 비행기가 나타났다. 1944년 10월부터 하루가 멀다 하고 공습을 해대는 통에 잠도 못자고 피난가는 게 일이었다. 저녁에 공습을 피해 산에 갔다가 돌아오면 아침이 밝았다. 그렇다고 잠을 재우는 것도 아니니 졸린 눈을 비비고 일을 했다. 도쿠야마에 일본군부대가 있고 군수공장이 많으니 공습이 더 심하다고 했다. 그러다가 1945년 8월 바로 옆 동네인 히로시마에 원자폭탄이 떨어지자 일본 사람들은 몽땅 산으로 피난을 가서 나오지 않았다. 그 사이 전쟁이 끝났다.

전쟁은 끝났으나 약속했던 임금은 받을 길이 없었다. 공장 사람들은 기숙사비와 식비를 제하면 남는 것이 없다고 했다. 군수공장으로 지정되어 임금을 주지 않아도 된다고 했다. 억울했다. 2년 이상 꼬박 일했는데, 남는 돈이 없다니 말이 되는가. 더구나 처음부터 월급이 없었다고 했으면 언니처럼 달아났을 텐데 말이다. 법이 그렇다고 하는데, 뭐라고 할 말이 없었다. 또 '얼마 되지는 않아도 남은 돈은 조선으로 보냈으니 거기서 받으라'고 했다. 다른 어른들도 여기서 돈 받을 생각하지 말고 얼른 고향으로 가자고 했다. 조선에 미군이 군정청을 세웠다는데, 부산에 사무소가 있다니 거기서 받자고 했다.

1945년 10월, 용담리 이씨가 배를 구했다고 알려줘서 시모노세키로 왔다. 큰 배는 아니었지만 배를 구한 것만으로도 다행이었다. 도중에 고장 나지 않은 것은 천만 다행이었다. 고향으로 돌아

부관연락선이 출항하던 시기의 시모노세키 항구

왔으나 빈손이었다. 부산에 도착해서 아무리 돌아다녀도 임금 주는 곳은 없었다. 공장 사람들에게 속은 것이다. 돈 벌게 해준다고 어린 나이에 먼 길을 떠났건만 빈손으로 돌아왔다. 두 소녀가 몸 상하지 않고 돌아온 것만 해도 얼마나 다행이냐고 말해주는 이웃 어른도 있었다. 그러나 집안 형편을 뻔히 아는 처지에 속상한 것은 돈 한 푼 가져오지 못한 것이었다. 일본에 가서 그 고생을 하고 왔건만, 소녀들은 마치 죄라도 짓고 온 것처럼 한동안 식구들에게 고개를 들지 못하고 지냈다. 아무도 뭐라는 사람은 없다. 그렇지만 세상 물정 모르고 지내도 괜찮을, 열두 살 소녀들은 이렇게 해방된 고향에서 죄인처럼 지내야 했다.

피폭자가 된 학도근로대 소녀들

일본은 자기들이 만든 법도 지키지 않았다. 1931년생 성례는 학도근로대 동원 대상이 아니었다. 학도근로대란 1944년 8월 23일 일본정부가 공포한 학도근로령에 따라 실시한 제도였다. 학도근로령은 제1조에 '국가총동원법 제5조* 규정에 준하는 학도'를 대상으로 동원하도록 했다. 시행의 근거는 국민근로보국협력령國民勤勞報國協力令에 따르도록 했다. 이 규정에 따르면, 만 14세 이상~60세 미만의 남성과 만 16세 이상~40세 미만의 배우자 없는 여성이 동원 대상이었다. 그런데도 열세 살 소녀인 성례는 학도근로대로 동원되었다.

열세 살 소녀 피폭 사망자

전남 순천에서 태어난 성례는 아버지를 따라 히로시마로 이주해 학교를 다녔다. 아버지는 지붕의 기와를 이는 기술자였다. 1944년 10월, 학교에 다녀오니 식구들이 성례에게 군수공장에 가게 되었다고 알려주었다. 연령 미달이었지만 상급학교에 다니던 아들을 지키려고 아버지가 내린 결단이었다. 공장은 집에서 좀 떨어져 있어서 성례는 공장 숙소에서 지냈다. 미나미칸온마치南觀音町 미쓰비시중공업㈜ 히로시마조선소. 성례가 일하던 공장이다. 매주 일요일에 잠시 집에 들르는 것이 생활이었다.

1945년 8월 6일, 히로시마에 원자폭탄이 투하되었을 때, 어린

---

* 정부는 전시에 국가총동원상 필요한 경우에는 칙령이 정하는 바에 따라 제국 신민 및 제국 법인, 기타 단체가 국가, 지방공공단체 또는 정부가 지정하는 자가 행하는 총동원 업무에 협력하게 할 수 있다

성례는 하늘의 별이 되었다. 공장이 폭탄이 투하된 폭심지에 있었다. 성례의 시신 일부는 새까맣게 숯처럼 타버려 형체를 알 수 없었으나 명찰을 보고 확인할 수 있었다. 아버지는 딸의 시신을 수습해 화장을 하고 유골단지를 안고 고향 길을 재촉했다. 큰 아들 대신 학도근로대에 내보냈다가 잃은 어린 딸을 가슴에 묻고 회한의 일본 땅을 떠났다.

법대로 했다고 한다. 당시 일본이 만든 학도근로령이라는 법에 따른 조치라고 했다. 열여섯 살이면 나라를 위해서 충분히 일해야 하는 나이라고 했다. 학도근로대 일이야 다들 하는 일이니 크게 억울할 일은 아니었다. 그러나 원폭으로 하나밖에 없는 남동생을 잃은 것과 자신이 피폭자가 된 일은 억울하고 원망스럽다. 왜 미국은 원자폭탄을 떨어트렸는가. 왜 일본은 좀 더 빨리 항복하지 않았는가. 조금만 더 빨리 항복했다면, 남매에게 이런 불행은 닥치지 않았을 텐데.

동생을 잃고 피폭자가 된 이연

1928년 경남 합천에서 태어난 이연은 아버지가 군청 직원인 덕에 풍족한 생활을 했다. 가족은 단출했다. 할머니와 할아버지가 계셨지만 형제는 남동생이 하나였다. 합천국민학교 5학년에 다닐 때, 아버지가 무슨 이유인지 군청을 그만두고 운전 기술을 익히더니 일본으로 이주했다. 강제로 간 것이 아니었다. 히로시마에는 이미 삼촌 두 분이 자리를 잡고 계셨다. 당시 히로시마에는 4만 명 정도 되는 조선 사람들이 살고 있었다. 전쟁 전에 돈벌이 온

동양공업주식회사(현 마쓰다 자동차)로 이어지는 전철역 무카이나다[向ヰ] 역 전경. (대일항쟁기 강제동원피해조사 및 국외강제동원희생자 등 지원위원회, 《히로시마 나가사키 조선인 원폭피해에 대한 진상조사》, 2010, 58쪽)

사람들이었다. 아버지는 후추마치[府中町] 라는 곳에서 자동차운송업을 시작했다. 운수업 외에 하청을 받아 공사장 일도 했다. 발전소에 코크스도 나르고 건물 부순 뒷정리도 했다.

이연은 후추심상소학교 4학년에 편입해 졸업한 후 가이타[海田] 고등여학교에 들어갔다. 조선에서라면 쉽게 갈 수 없는 여학교였다. 가정 형편도 넉넉했고 여학교까지 들어갔으니 남부러울 것 없었다. 조선 학생은 혼자였다. 학교에서도 이연이 조선 학생이라는 것을 알고 있었지만 드러내놓고 차별하지 못했다. 조선인도 일본인과 마찬가지로 전쟁에 이기기 위해 함께 노력하는 천황의 적자[赤子]인데 차별하면 안 된다는 분위기가 있었다. 여학교에 들어간 후 아버지가 회사를 히로시마시에서 야마구치현 이와쿠니[岩國]시로 옮기자 가족이 이사를 했다. 편도 1시간씩 기차로 통학했다.

열여섯 살 이연과 열네 살 남동생은 학도근로대 동원 대상 규정에 정확히 들어맞았다. 이연은 1944년 10월, 여학교 3학년 때 제1기 학도근로대로 도요東洋공업(주)에서 일하게 되었다. 도요공업은 현재 마쓰다자동차회사MAZDA Motor Corporation인데 당시에는 무기를 만드는 군수공장이었다. 학교 선생님이 백여 명 정도 되는 전교생을 데리고 기차를 타고 무카이나다向洋역에서 내려 아오사키마치青崎町에 있는 공장으로 갔다. 모든 학교에 동원령이 내려진 상태여서 별 말 없이 따라 가는 분위기였다.

도요공업은 히로시마 시내 한복판은 아니었으나 중심가에 가까웠다. 이연은 집에서 공장이 멀어 전차를 타고 다녀야 했으니 피곤한 일상이었다. 아침 8시부터 저녁 5시까지 공장에 가서 총구를 깎고, 선반기旋盤機를 작동했다. 선반이란 기계로 철을 깎는 위험한 일이었다. 통로를 사이에 두고 각각 칸막이로 나눈 곳에 들어가 일했다. 선반기술자가 학생 한 명씩 데리고 일을 가르쳤다.

노무자들과 학생들은 낮 근무를 했고, 공장 기술자는 야간근무를 했다. 선생님들이 며칠에 한 번씩 교대로 나와 감독했다. 선생님 외에 히로시마대학생들도 감독했다. 학생들에게 점심식사는 주었지만 임금이나 용돈은 없었다. 무조건 봉사해야 한다고 하니 다른 생각은 할 수 없었다. 오직 전쟁이 끝나기만을 기다렸다.

공장에는 조선에서 동원된 노무자들이 많았다. 도요공업 공장은 히로시마시에서 미쓰비시중공업 조선소 다음으로 많은 조선 사람이 동원된 곳이라고 한다. 처음에는 조선에서 동원된 사람들

항공기 제조 공장에 동원된 학도근로대의 조선인 소녀들

이 있다는 것을 몰랐고, 공장에서 조선 사람과 마주친 적도 없었다. 일본인 선생님이 아침 조례시간에 "조선인이 있으니까 여학생인 여러분들은 조심하라"고 주의를 주어 알았다. 조선인이 위험하다는 의미였다. 왜 조선인이 위험하다는 건가? 이연은 갸웃했다.

조례를 마친 후 선생님이 따로 이연을 불러 설명했다. '징용 오는 사람들이 다 남자니까 조심하라는 의미'였다고. 이것도 이상한 일이다. 남자를 조심하라는 이야기인데, 굳이 조선 여학생을 따로 불러 해명할까? 잠시 궁금했다. 그렇지만 더 생각할 여유도 없었다. 그저 공장일이 힘들고 위험해서 늘 기계를 다룰 때 조심해야 한다는 생각밖에 없었다.

1945년 8월 6일 아침, 이미 경계경보가 내린 상태였다. 히로시마 현립 공업학교에 입학한 지 얼마 되지 않은 동생은 그날 시내 건물 정리 작업을 한다고 했다. 공습에 대비해 밀집한 목조건물을 부수는 작업이다. 목조건물이 붙어 있는 상태에서 한 집에 불이 붙으면 온 동네가 다 불에 탈 수 있으므로 중간에 있는 집을 미리 부수는 것이다. 2층에 밧줄을 매고 여러 명이 끌어당기면 집이 무너졌다. 학생들은 이 작업을 무슨 놀이라도 하듯이 즐거워하며 다녔다. 동생도 건물 부수는 것이 재미있다며 기차가 오자 신나게 뛰어가서 탔다. 그러나 이연은 기름투성이 공장에 가는 길이 신나지 않아 조금 처져서 다음 기차를 탔다. 다음 역에서 친구들이 탔다. 이연과 같이 기차를 탄 친구들이 조잘거렸다. "오늘은 공장에 가지 말고 영화구경 가자!" 그런데 그날은 이연이 선생님의 심부름을 해야 하는 날이었다. "아이고, 오늘은 안 되겠다. 다음으로 미루자"며 공장으로 갔다. 만약 영화를 보러갔으면 이연은 동생과 같은 처지가 되었을 것이다.

　기차를 먼저 보냈으니 당연히 지각이었다. 급히 공장에 도착하니 모두 조용히 일을 하고 있었다. 선생님께 출근보고를 하고 작업복으로 갈아입은 후 기계 앞에서 잠시 묵념했다. 당시 공장에서는 '오늘도 무사히!'라는 의미에서 모든 사람들이 다 자기가 다루는 기계 앞에서 묵념을 하고 일을 시작하도록 했다. 묵념을 마친 이연이 기계에 스위치를 넣는 순간, '번쩍!'하고 불빛이 보였다. 이연은 기계 작동을 잘못한 것이라 생각하고 겁이 나서 얼른 스위치를 껐다. 그 순간 갑자기 폭풍이 불어오기 시작했다. 정신없이 바닥에 엎드려 있다가 '피난하라'는 구령을 듣고 대피했다. 당시에는 고무가 귀했으므로 다들 나무로 된 게다를 신고 있었다. 온 공장에 자박자박하는 게다 소리가 가득했다.

이연이 방공호로 들어가 한참 있으려니 밖에서 웅성웅성하는 소리가 들렸다. 나가보니 천지가 변했다. 공장은 여기 저기 무너져 있고, 공장 저쪽 큰길에서 화상을 입은 사람들이 힘들게 걸어오고 있었다. 점심 먹을 틈도 없이 계속 대기하다가 5시가 되니 집합명령이 떨어졌다. 히로시마대 학생을 인솔자로 다들 따라나섰다. 전철을 타려고 히로시마역 쪽으로 가는데, 거의 옷이 벗겨진 상태의 몸이 너덜너덜한 부상자들이 여럿 있었다. 시내는 온통 시체 타는 냄새와 건물 타는 냄새로 악취가 대단했다. 인솔자인 대학생이 '아무래도 기차를 탈 수 없을 것 같으니 각자 친구든 친척이든 연고자를 찾아가라'고 했다. 삼촌이 히로시마 시내 오나가(本長)에 살고 있어 가보니 사촌들은 부상을 입고 붕대를 감고 있었다. 소식을 들은 아버지가 트럭을 가지고 이연을 찾으러 왔다.

그런데 공업학교 1학년생 동생을 찾을 수 없었다. 다음날 온 식구가 시내로 들어가 찾았다. 그 다음날도 시내를 헤매고 다녔다. 시내에는 군인들이 복구 작업과 시신 처리작업을 하고 있었다. 군인들은 당시 방화용수를 담아 놓은 물탱크에 시신을 잔뜩 쌓아두었다. 하천으로 내려가는 계단에도 시신이 많았는데, 바닷물이 들어오면 바다로 둥둥 떠내려갔다. 저녁 때, 하천 옆 계단에서 화장하려고 쌓아둔 시신 가운데에서 동생을 발견했다. 내장이 터지고 형체는 알 수 없었지만 명찰이 남아 있었다. 원폭이 떨어지던 순간 동생은 여전히 시내 건물 정리 작업 중이었다고 했다. 열네 살밖에 안 된 동생은 그렇게 비참한 모습의 시신으로 돌아왔다.

아버지는 슬퍼할 여유도 없었다. 군인들에게 동생의 시신을 인수받아 화장하고는 트럭에 짐을 싣고 깊은 산속으로 들어갔다. 하늘과 땅이 맞붙었다고 할 정도로 깊은 곳이었다. 누구에게 부탁해 숯 굽는 집을 찾아 갔으나 사람이 지낼 곳은 못 됐다. 팔뚝만한 구렁이가 돌아다녔다. 아버지는 이러다가 다 죽겠다며 다시 농가를 찾아 방을 구하던 중 전쟁이 끝났다는 방송이 나왔다. 이와쿠니로 돌아온 후 아버지는 연락선을 구하러 다녔으나 절차가 너무 복잡하고 언제 탈 수 있을지 기약도 없었다. 어느새 10월이 되었다. 어렵게 아버지가 구한 밀배를 타고 시모노세키항을 떠났다. 풍랑을 피해가며 열흘 이상 걸려 간신히 마산항에 도착했다.

합천에 돌아온 후 부모님들은 눈물로 나날을 보냈다. 이연이 "내가 나락의 쭉정이라면, 윤철이는 나락인데. 내가 죽고 윤철이가 살았어야 하는데" 이렇게 이야기하면, 어머니는 "아이고, 네 앞에서 다시는 안 울끄마. 다시 안 운다"면서도 계속 울었다. 아들을 잃은 슬픔은 누구도 위로할 수 없었다.

고향으로 돌아온 후 한참 지나 이연은 원폭 피해를 입었다는 것을 알았다. 공장에서 대학생을 따라 시내로 갔을 때, 그리고 동생을 찾아 시내를 돌아다녔을 때, 엄청난 방사능에 노출되었던 것이다. 결혼 후에는 폐가 나빠져 숨쉬기가 힘들었다. 병원에서는 원인을 알 수 없다고 했다. 2003년 일본정부가 피폭자들에게 건강수첩을 발급한다는 소식을 듣고 히로시마를 찾았다. 다시는 가고 싶지 않은 곳이었으나 건강수첩을 발급받으려면 가야 했다.

이연은 일본정부가 주는 건강수첩(509155-8)을 발급받았다. 피폭자라는 사실을 입증하는 근거이자 일본정부로부터 건강관리수당과 의료비를 받을 수 있는 증명서이다. 한국인 피폭자 중에는 건강수첩을 발급받지 못한 사람이 대부분인데 이연은 일본인 친구들이 보증을 서주어 건강수첩을 발급받을 수 있었다. 일본에서 학교를 다닌 덕분이다. 동생을 잃고 가족들은 슬픔에서 벗어날 길이 없는데, 건강수첩 발급을 다행스럽게 여겨야 하는 현실이 통탄스러웠다. 더구나 건강수첩이 있다고 이연의 숨쉬기가 좋아지는 것도 아니다. 평생을 자책하며 살 뿐이다. 왜 그때 우리 가족은 히로시마에 살았을까, 남동생 대신 내가 죽었어야 하는데.

히로시마에 떨어진 원자폭탄

1945년 8월 6일 오전 8시 15분, 티니안 비행장을 출발한 미군 미행기가 히로시마 시마병원 상공 580m에서 길이 3m, 직경 0.7m, 무게 4톤의 TNT 1만 톤짜리 우라늄 원자폭탄 Little Boy를 투하했다. 8월 9일 오전 11시 2분에는 나가사키 마쓰야마마치^{松山町} 171번지 상공 500m에 길이 3.25m, 직경 1.52m, 무게 4.5톤의 TNT 2만 1천톤짜리 플로토늄 원자폭탄 Pat Man을 투하했다. 아시아태평양전쟁과 제2차세계대전의 종전을 가져온 원자폭탄이다.

대개 원자폭탄 피폭자라고 하면 히로시마와 나가사키에서 피폭당한 일본인을 떠올린다. 그러나 두 지역에는 일제 강점기 조선통치의 핍박으로 한반도를 떠나 일본으로 이주해야 했던 조선 사람들과 아시아태평양전쟁에 강제 동원된 조선 사람들도 많이 살고 있었다. 히로시마에 원자폭탄이 떨어진 당시에도 조선 사람들은 폭심지 근처의 군수공장과 군 기지 등에서 일하고 있었다.

원자폭탄으로 인해 얼마나 많은 사람들이 피해를 입었는지 정확한 숫자는 알 수 없지만, 현재까지 알려진 통계가 따르면 히로시마에서 원자폭탄 피폭을 당한 전체 인원은 42만 명이고, 이 가운데 159,283명이 사망했다. 조선 사람은 5만 명이 피폭을 당했고 3만 명이 사망했다.

특이한 것은 일본인 사망자 숫자는 끝 단위까지 나오는데, 조선 사람 숫자는 그렇지 않다는 점이다. 5만 명이나 3만 명이라는 숫자는 뭉뚱그려서 잡은 숫자임을 알 수 있다. 그럼에도 이 통계를 사용할 수밖에 없는데, 이를 기준으로 사망률을 살펴보아도, 조선 사람들의 사망률이 매우 높다.

히로시마의 일본인 피폭 사망률이 37.9%인데 비해 조선 사람 사망률은 60%에 달한다. 왜 이렇게 조선 사람들의 사망률이 높은 것일까.

첫 번째 이유는, 조선 사람이 동원된 히로시마의 군수공장들은 폭심지로부터 떨어진 시 외곽에 있었지만 많은 조선 사람들이 건물 소개 작업(공습에 대비해 미리 건물과 건물 사이의 일부 건물을 철거하는 작업)에 투입되어 시내 한복판에서 일하고 있었기 때문이다. '입시^{入市} 피폭'이다.

두 번째는, 구호활동의 문제다. 부상을 입고 임시진료소를 찾았던 조선인 부상자

를 차별했다는 경험자의 증언은 매우 많다. 밀려드는 일본인 치료도 버거웠던 임시 진료소에서 조선 사람은 치료받지 못했다. 조센징이라는 이유로 치료를 거부당한 조선 사람들은 서둘러 조선으로 돌아왔고, 치료의 기회와 함께 피폭자임을 입증할 기회도 잃었다.

세 번째는, '입시入市 피폭'이라는 간접 피폭을 당한 조선 사람이 많았기 때문이다. 원자폭탄의 가공할 만한 살상에서 벗어난 조선 사람들은 시신을 수습하거나 도시 복구 작업에 투입되었다. 그리고 피폭자가 되었다.

피폭자 건강수첩

피폭자건강수첩은 일본정부가 '원자폭탄 피폭자 원호에 관한 법률'에 따라 건강수당 등을 지급하는 증명서로서, 건강수첩이 있으면 피폭자원호법에 따라 건강관리수당과 의료비를 받을 수 있다. 2016년 4월 기준 한국에 거주하는 한국인 피폭자 가운데 건강수첩을 발급받은 사람은 2,419명이다. 전체 한국인 피폭자 7만명에 비하면 매우 적은 숫자다. 이같이 소수의 한국인만 건강수첩을 발급받는 이유는 절차의 문제 때문이다.

건강수첩을 발급받으려면 당시 현지에서 이재증명서를 발급받거나 일본인 보증인이 있어야 했다. 재해 와중에 시청에 가서 이재증명서를 해달라고 할 수 있는 조선 사람이 몇이나 되겠는가. 당시에는 재해증명서가 있다는 사실 조차 모르는 사람이 대부분이었다.

오랫동안 건강수첩신청은 일본을 방문해야 가능하도록 되어 있었다. 이에 따라 해외에 살고 있는 한국인 등 피폭자들은 재판을 통해 제도의 변경을 요구해 왔다. 지속적인 소송의 결과, 일본정부는 2008년 6월 법률을 개정, 12월 15일부터 해외에서 살고 있는 한국인 원폭 피해자들도 일본의 대사관 등 재외공관의 창구에서 신청할 수 있도록 했다.

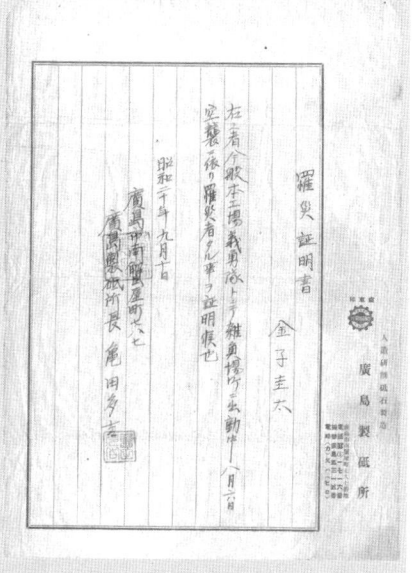

김규태가 받은 이재증명서(위원회 소장)

그러나 여전히 한국인의 건강수첩 발급 벽은 높다. 피폭을 증명하는 서류가 없는 경우에는 피폭 장소와 상황을 증언하는 일본인 증인 2인 이상 필요하다. 피폭을 당한 상처가 선명한 이들도 예외가 없다. 90대 고령이 된 한국인 피폭자들의 증인을 서줄만한 일본인은 얼마나 살아 있을까.

* 현재 한국에 거주하는 원폭피해자 가운데 '대한적십자사에 등록된 원폭피해자'와 '일본정부가 발급한 원폭피해자 건강수첩 소지자'는 매달 100만 원의 진료보조비와 장제비를 받고 있다.

봄날에 집 떠난 아이들은 어떻게 되었을까

일제 말기 조선에는 137곳에 방적공장이 있었다. 전국 13개 도에 방적공장이 없는 곳이 없을 정도였다.

면사^{綿絲}와 면포^{綿布} 생산은 1800년대 말부터 시작되었는데, 농촌에서 하는 수공업 방식이었다. 전통 방식의 면직물 생산은 1905년 이후 일본의 기계사와 면제품이 대량 진출하면서 몰락하고, 기계방적사를 이용해 포를 짜는 방식으로 바뀌었다. 1880년대에는 정부가 근대적인 직조공장을 설립하기도 했으나 중단되었다.

대규모 방적공장이 조선에 자리 잡은 것은 1907년 데이코쿠^{帝國}섬유㈜가 경성 태평통 2정목에 경성지점을 설립하고, 부산과 인천에 공장을 설치한 이후이다. 일본 기업 외에 경성방직의 전신인 경성직뉴㈜와 한성직조창 등 조선인이 운영하는 공장도 있었지만 대규모 공장은 일본의 거대 방적회사였다. 일본 기업은 조선총독부의 지원을 받아 면화 농가를 통해 값싼 원료와 노동력을 활용했다. 특히 일본에서는 1916년 공장법 시행으로 미성년노동을 시키지 못했고 일정한 조건을 갖추어야 했다. 면화 농가가 줄어들어 원료 확보도 쉽지 않았다. 그러나 조선은 공장법이 적용되지 않았기에 어린 소녀를 사용할 수 있었고, 면화 농가도 확보할 수 있었다.

　더구나 조선총독부는 일본 기업을 유치하기 위해 융자와 공장 부지 제공, 세제 혜택, 면화 농가 확보 등 좋은 조건을 제시했다. 기업으로서는 더할 나위 없이 좋은 여건이었다. 일본 3대 방적회사인 가네가후치^{鐘淵}방적㈜, 도요^{東洋}방적㈜, 다이니혼^{大日本}방적㈜은 물론, 가타쿠라^{片倉}제사방적㈜, 군제^{郡是산업}㈜, 도멘^{東棉}섬유공업㈜, 오사카^{大阪}섬유공장 등 군소 기업까지 모두 조선으로 몰려들었다. 면제품 외에 비단과 모직 등 다양한 직물을 생산해 일본으로 수출했다. 조선 전국에 방적공장이 자리하게 된 배경이다.

봄날에 떠난 아이들

　면직물과 비단, 모직물 등을 생산하던 방적공장은 전쟁이 일어나면서 변화를 맞았다. 조선총독부 당국은 1940년 7.7금령 조치를 발동해 금반지나 비단, 양복지 판매를 금지했다. 방직공장은 군복부터 담요, 양말, 속옷 등 군인들에게 필요한 군납품용 제품을 생산하게 되었다. 그밖에 필수적인 일용품인 면제품도 방적공장의 생산품이었다.

　전쟁 이전 시기에도 방적공장 노동자는 대부분 어린 여공들이었다. 회사에서는 주로 봄에 농촌을 돌며 여공을 모집했다. 춘궁기를 맞아 입에 풀칠하기도 어려운 농가에서는 쉽게 아이들을 내주었다. 입이라도 하나 덜 생각에 따라 온 소녀들에게 방적공장은 지옥 같은 곳이었다. 강경애의 소설 《인간문제》에는 눈물 없이 보기 어려운 소녀들의 삶이 담겨 있다.

　전쟁이 일어나자 공장의 노동 실태는 열악해졌고, 연령은 더욱 낮아졌다. 조선은 공장법이 적용되지 않으니 어린아이들도 일을 시킬 수 있었다. 명칭도 여공에서 노무자나 산업전사로 바뀌었다. 열 살도 되지 않는 어린 아이들에게 산업전사라니 어울리지도 않았다.

　그런데 시간이 지나면서 방적공장에 아이들을 데려오는 일도 만만치 않았다. 이전에는 초봄에 모집인이 나가서 한 바퀴 돌면, 쉽게 데려올 수 있었는데, 상황이 달라졌다. 일본군위안부 모집인들이 방적공장 이라 속이고 아이들을 데리고 가는 바람에 소문이 좋지 않게 된 이유도 있지만, 더 큰 이유는 마을에 여자애들이 별로 남지 않았기 때문이다.

　여공난을 해결하기 위해 노무계는 학교와 협의해 졸업식장에서 곧바로 데려오기도 했다. 1944년 3월, 조선방적(주)은 경북 상주국민학교 졸업생들을 한꺼번에 데려왔다. 졸업생들은 시골에서 데려오는 다른 아이들에 비해 조금 나이가 많으니 일 시키기에도 좋고, 일본어도 잘 알아들어 편했다. 겁을 주면 도중에 달아나지도 않고, 학교 선생님이 가라고 하니 고분고분하게 받아들였다.

　방적공장은 담이 높아서 한번 공장으로 들어가면 다시는 나올 수 없다는 소문이 날 정도로 탈출하기가 어려운 곳이었다. 그런데도 탈출자는 끊이지 않았다. 주로 담을 넘거나 하수도를 통해 달아났다. 탈출 사건이 발생하면, 공장 기숙사는 그야말로 뒤집어졌다. 사감이나 감독은 아이들에게 온갖 화풀이를 하고, 노무계는 경찰에 연락해서 수배하고, 본사와 감독국에도 보고를 하고 관련자도 찾아냈다.

그런데 일단 달아나면 잡아오기는 쉽지 않았다. 조선 아이들이 자기 땅에서 달아났으니 오죽 잘 피하겠는가. 그래서 기숙사 사감은 늘 몸수색을 하거나, 평소 고분고분하지 않은 아이들을 불러다가 단속했다. 가장 강력한 방법은 담을 넘다가 걸린 아이들을 호되게 다루어 다른 아이들이 탈출할 마음을 못 먹게 만드는 것이었다.

잡혀온 아이들을 다루는 일은 노무계와 감독들 몫인데, 상상할 수 없을 정도로 가혹했다. 두들겨 맞는 아이들의 비명소리가 공장밖에까지 들리고, 폭력 이상의 방법도 사용했다. 발가벗겨 기숙사 방방마다 데리고 다니면서 망신 주는 것은 기본이고. 심한 경우에는 감독들이 집단 성폭행을 한 후 공창에 팔아넘기는 경우도 있었다. 그런데도 탈출 시도는 그치지 않았다.

아이들은 왜 탈출하려 했을까. 그저 배가 고파 공장의 담을 넘었고, 이대로 있다가는 병으로 죽어나갈 것 같아 탈출하려 했을 뿐이다. 담을 넘다가 갈비뼈가 부러지고, 다리가 부러져 잡히기도 했지만 탈출행렬은 그치지 않았다. 일하다 죽으나 잡혀서 죽으나 매 한가지라는 극단적인 생각을 할 정도로 방적공장의 상황은 처참했다.

방적공장은 무슨 일을 하는 곳이기에 소녀들의 탈출 행렬이 멈추지 않았을까. 어린 아이들에게 방적공장 일은 무척 버거운 일이었다. 면제품을 만들려면 목화솜을 정리하는 일부터 시작해 실을 만들고 피륙을 짜야 했다. 방적공장과 직포공장이 하는 일이다.

대부분의 아이들이 하는 일은 기계로 물레를 돌려 초벌 실을 만드는 일이었다. 세이보(정방^{精紡, Spinning})라고 하는데, 기계의 높이가 낮아 어린 아이들에게 맡겼다. 이 일을 맡은 아이들은 하얀 사기로 만든 와쿠라고 부르는 작은 물레(추)로 실을 돌렸다. 그런데 와쿠를 돌리기 전에 해야 하는 일이 있었다. 삶은 고치를 펄펄 끓는 가마 속에 들이 붓고 조그만 비로 꾹꾹 눌러 실 끝을 와쿠에 붙이는 일이었다. 그런데 그걸 하려면 펄펄 끓는 가마 속을 계속 들여다보고 있어야 했다. 아이들 피부가 약하니까 얼굴이 벌게지고 손도 물에 불어서 허옇게 되기도 했다. 이런 식으로 여러 개의 와쿠를 만든 다음 잘 돌아가도록 물레를 돌리는 일을 시작하게 된다.

이 일도 아이들에게 힘들었지만 더 힘든 것은 방적실의 공기였다. 실내가 건조하면 실이 끊어진다고 창문을 열지 못하게 하고는 천장의 분무장치로 계속 물을 뿌렸다. 실내 온도는 늘 섭씨 30도 이상을 유지해야 했으므로, 한 여름 더위에도 창문은 절대 열지 않았다. 실내공기는 매우 나빴다. 바람이 전혀 통하지 않으니 덥고 습했다. 솜털이 날리고 먼지가 빠져나가지 못하는 방적실은 겨울이라도 숨이 막힐 정도로 답답했다. 이곳에서 아이들은 일 년 열두 달 바람이라고는 구경도 할 수 없었다. 점심도 공장 바닥에서 그대로 먹게 했다, 먼지구덩이에서 밥을 먹고 하루 12시간 이상 먼지와 습기, 더위에서 벗어나지 못하는 상태였다. 그러다보니, 공장 내에서는 기침소리가 떠나지 않았다.

점심식사로 콩깻묵이 들어간 밥을 주었는데, 1944년부터는 빵으로 바꾸었다. 알미늄 식판을 군수물자로 사용해야 했기 때문이었다. 공기도 나쁜데 먹는 것도 부실하니, 폐병과 각기 환자가 많았다. 옛날부터 일본에서도 방적공장이라고 하면, '공장 감옥소'라느니 '폐병 걸리는 곳'이라느니 하는 소리가 많았는데 더 심해진 것이다.

세이보는 단순해보이지만 한 사람이 여러 개의 와쿠를 돌려야 하니 어려운 일이었다. 처음에는 서너 개에서 시작을 하지만 익숙해지면 와쿠의 수가 백여 개로 늘어난다. 팽팽 돌아가는 와쿠를 바라보노라면 눈이 돌아가는 것만 같았다. 그런데 실은 자주 끊어졌다. 와쿠 하나에서 실이 한 올씩 나오게 되는데 실이 끊어지면, 재빨리 뛰어가 이어주어야 했다. 발판을 꾹 눌러 기계를 멈춘 후 손 빠르게 실 끝을 쥐고 끊어진 실과 실을 비벼서 이어주는 방법이다. 그런데 기계를 멈추면 실 뽑는 일이 중단되니까, 감독들은 기계를 멈추지 않고 실을 잇도록 했다. 아이들이 돌아가는 와쿠를 보며 실 끝을 찾으려 하는데 당연히 빨리 되지 않았다. 그 모습을 보면서 감독들은 소리를 지르며 꼬챙이나 채찍으로 아이들을 때리고 찌르는 가혹행위를 했다.

사고로 아이들이 다치거나 죽어나가도 회사는 상관하지 않았다. 납품일자와 물량 맞추는 일이 더 중요하다고 했다. 군에 납품을 하면 곧바로 대금을 받으니 회사에 큰 이익이었다. 노무계 직원들도 목표량과 실적이 중요하니 눈에 불을 켜고 감독들을 닦달했다. 어리고 약한 조선 소녀들은 이런 악순환 속에서 버텨야 했다.

실 만들기에서 군복 만들기까지

옷 만드는 일은 쉽지 않다. 옷을 만들려면 우선 옷감이 있어야 하는데, 옷감을 만드는 데에는 실이 필요하고, 실을 얻으려면 솜이나 삼이 있어야 한다.

1단계(조면실)

솜을 들여와서 솜 안에 들어 있는 씨를 빼낸다. 그리고는 검불을 떼어낸 후 뭉친 솜을 한층씩 떼어내어 기계에 집어넣고 부풀린다. 혼타면混打綿(Blowing) 작업이다. 이 일은 공장에서 가장 시끄럽고 더러운 먼지가 많이 나오는 일이다. 그리고 기계가 커서 운전하기도 힘들다. 솜을 기계에 넣고 부풀릴 때 두세 가지 다른 솜을 넣어서 섞기도 하는데, 이 때 기술학교를 나온 남자 직공이 와서 잘 섞어야 한다. 남자 직공의 수가 적으면 소녀들이 하기도 한다.

열심히 검불을 떼어내지만 그렇다고 모두 떼어낼 수 있는 것은 아니다. 목화의 나뭇잎도 있고, 여러 부스러기도 있다. 이런 것을 모두 떼어내고 실을 만들기 좋도록, 헝클어진 솜을 평평하게 만들어 주는 과정이 있다. 소면梳綿(Carding)이다. 너비는 한 평 반이고, 높이가 4자 정도 되는 기계(소면기)에서 한다. 기계를 사용하므로 위험하고 힘이 많이 들어간다.

2단계(방적실-연조)

조면실에서 일을 마친 솜은 방적실로 옮겨간다. 공장에서 가장 어린 아이들 담당이다. 소면기에서 나온 솜을 기계에 넣고 엄지손가락 두께의 실 뭉치를 만든다. 기계는 소면기의 1/4정도밖에 안 될 정도로 작다. 소녀들은 돌아가는 기계를 보다가 실 뭉치가 끊어지면 이어준다. 연조練條(Drawing)라는 작업이다. 연조 기계는 소면기보다 작지만 한 사람이 두 세대를 담당해야 하므로 한시도 기계에서 눈을 뗄 수가 없고, 짧은 다리로 기계 사이를 왔다 갔다 해야 한다.

3단계(방적실-조방)

연조 기계를 통과한 실 뭉치를 정방기에 걸어서 실을 뽑을 수 있도록 해 주는 일이 조방粗紡(Roving)이다. 적당히 꼬아서 작은 틀에 넣고 감는 일인데, 소음이 많고 먼지가 많은데다가 기술이 있어야 한다. 숙련공 소녀들의 일이다.

정방을 해서 나온 실은 다시 실의 쓰임새에 따라 꼬아주거나 합해주는데, 권사捲絲(Winding), 합사合絲(Doubling), 연사撚絲(Twisting)라고 한다. 이 일도 모두 기계에 걸고 한다.

목화솜이 아닌 삼에서 실을 뽑는 경우에는 삼을 찐 후 씻어서 정방을 한다. 삼 씻는 일은 세이렌精練이라고 했는데, 가장 어린 아이들이 했다. 세이렌을 하는 어린 아이들은 뜨거운 솥에서 나온 삼을 씻느라 데이고 부르터서 늘 빨간 손을 하고 있었다.

5단계(직포실 - 정경, 호부)

실은 날실과 씨실이 있다. 피륙을 짤 때 날실은 세로로 놓은 실이고 씨실은 가로로 놓는 실이다. 직포실에서 처음으로 하는 일은 날실을 만드는 정경整經(Warping)이다. 조면실에서 가져온 실을 기계에 집어넣고 그 끝을 기계의 다른 부위(빔)에다 놓고 페달을 밟아서 돌리는 일이다. 힘이 많이 들어가는 일이라 키가 큰 남자들이 해야 하지만 여자아이들이 하는 경우도 있다.

날실에는 노란 반죽의 풀을 먹여 기계로 쳐서 강하게 만든다. 호부糊付(Sizing)라고 한다. 그래야 직기에 걸면 실에 힘이 있어서 피륙을 잘 짜낼 수 있다. 그런데 호부 기계는 정경 기계보다 더 크고 힘이 드는 일이다. 거기다가 커다란 풀통도 옮겨야 하니 힘이 센 사람이 할 수 있는 일이다.

6단계(직포실 - 제직)

이런 일들을 마치면 피륙을 짜는 제직製織에 들어간다. 직기에 씨실과 날실을 가로지르도록 걸어놓고 기계를 돌리는 일이다. 보통 한 사람이 직기 한두 대를 맡아서 짜는데 씨실이 끊어지는 일이 잦다. 씨실이 끊어지면 기계를 멈추고 북을 다시 걸어서 직기를 가동시킨다. 제직은 공장에 들어온 지 가장 오래 된 소녀들이 하는 일이다.

7단계(마감실)

이렇게 만든 피륙은 마감실(가공실)로 가서 표백과 염색, 기모起毛를 한 후 검사를 마치면 군복 만드는 방으로 넘긴다. 그렇게 군복과 양말과 속옷이 탄생한다.

죽거나 미쳐야 벗어나는 방적공장

위원회에 노무동원피해자로 신고한 여성은 999명이고, 이 가운데 조선 소재 방적공장 경험자가 296명이다. 이들의 동원 당시 평균 연령은 열세 살이고, 열 살 내외의 어린아이도 적지 않다. 20%에 달하는 59명이 열 살 미만의 꼬맹이들이었다. 이들이 하나 같이 하는 소리가 그곳은 감옥소였고, 살아서는 결코 나올 수 없는 곳이었다는 것이다. 조선이 비록 일본의 식민지이기는 했으나 일본은 문명국이었는데, 세상에 그런 곳이 있을까 싶었다. 그러나 있었다.

296명 가운데 현장에서 사망했거나 집으로 돌아온 지 1년 이내에 사망한 방적공은 18명이다. 평균 열두 살에 공장에 들어가 열네 살에 세상을 떠났다. 18명 가운데에는 공장에서 겪은 지속적인 성폭력으로 고향에 돌아온 후 사망한 아이도 있었다. 18명에는 포함되지 않지만 평생 성폭력으로 얻은 정신질환에 시달린 아이도 있었다. 도대체 조선의 방적공장에서는 무슨 일이 벌어졌던 것일까.

어린 마음에 어깨에 휘장만 하나 더 걸쳐주어도 좋은 줄 알았다

방적공장의 노무 관리 방식에 채찍만 있었던 것은 아니었다. 어린 마음을 이용한 당근도 있었다.

2013년 12월, 의정부 역 주변 중국음식점 별실에서 만난 옥순 할머니는 동년배에 비해 스무 살 이상 젊어보였다. 의상이나 헤어스타일도 팔순 노인과는 거리가 멀었다. 인터뷰 요청도 먼저 했고, 장소도 직접 준비했으며 인터뷰를 적극 주도했다. 공장에 들어가지 않았다면 시골 촌구석에서 세상물정도 하나 모르고 살았을 것이라고. 무능하고 사고뭉치인 남편만 바라보며 한탄하고 말았을 것이라고. 내 손으로 일을 하고 가게를 경영한다는 것은 생각지도 못했을 것이라고 했다. 어려서 공장 일을 경험하고 나니 세상에 겁날 일이 없다고 했다.

1931년 강원도 평강에서 4형제 중 둘째로 태어난 옥순은 만주로 징용가야 하는 아버지 대신 열 살 어린 나이에 영등포 가네보鐘紡 공장에 끌려갔다. 공장에 가느라 최종 학력이 국민학교 2학년에 그친 것이 가장 한스러웠다.

1941년 봄, 동네 친구와 함께 간 공장에서 옥순은 제일 막내였다. 공장 이름은 가네가후치鐘淵 방적인데, 가네보라고 불렀다. 지금은 유명한 화장품 회사라고 한다. 공장에 들어가니 솜먼지 때문에 사람도 잘 안보일 정도였다. 처음에는 어리다고 물레질을 해서 실 빼는 일을 했는데 얼마 안 있어 광목 짜는 기계 5대를 맡았다. 기계가 늘어날 때마다 군인들 계급장 올라가듯 어깨에 걸친 새빨간 휘장에 줄을 하나씩 더 그어주었다. 기계 5대가 1줄인데, 5대에서 시작해 5줄 25대까

옛 영등포 가네보 공장이 있던 곳(2019년 6월 1일 촬영)

지 늘었다. 옥순의 어깨 휘장의 하얀 줄도 늘었다. 휘장의 줄이 늘었다고 먹을 것을 더 주거나 돈을 더 주는 것은 아니다. 그런데도 으쓱했다. 같이 공장에 들어간 마을 친구는 물레질을 하고 있는데, 자신은 기계를 다루고 있으니 무슨 기술자 같았다.

배고픈 것과 기계가 높은 것이 가장 힘들었다. 소금물에 통강냉이와 보리를 섞어 삶은 것을 먹어가며 하루 12시간씩 기계를 돌렸다. 작은 키로 5줄이나 되는 기계를 관리하자니 벅차고 정신없었다. 그래도 군부대에 가서 데이신타이^{挺身隊*}하는 것보다 다행이라 생각하고 열심히 했다. 열심히 일을 하니 감독들이 인정을 해서인지 그 다음해에 일본 도쿄에 있는 공장으로 갔다. 일본에 가서도 열심히 일했다.

* 정신대는 몸과 마음을 바쳐 헌신한다는 의미이지만, 당시 군부대에서는 위안부를 의미

그러다가 일본의 전쟁이 끝나 고향으로 돌아와 혼인하고 살고 있었는데 또 다시 전쟁이 일어났다. 흥남부두에서 LST를 타고 남쪽으로 내려왔다. 강원도 묵호에 내려 경상도로 가서 간신히 살 곳을 마련했다. 빈손으로 고향을 떠나 남쪽에서 정착하기란 힘들었다. 닥치는 대로 일했다. 그러나 무능한 남편은 돈을 버는 것보다 쓰느라 바빴다. 한마디로 사고뭉치였다. 간신히 푼돈이라도 모아두면 돈 먹는 기계 같이 없애버렸다. 죽어라 일했다. '일정시절에도 살아남았는데, 이것쯤이야' 하는 마음으로 열심히 살았다. 그러다보니 팔순이 넘었지만 꽃가게를 운영해 자식들에게 목돈도 쥐어주며 살고 있다.

여전히 당당한 생활인으로 살아가고 있지만 옥순할머니에게도 그곳은 '폐병지옥'이자 감옥소였다. 죽거나 미쳐야 나갈 수 있는 곳이었다. 공장의 큰 운동장에서는 영등포 사람들이 모두 모여 운동회를 할 정도로 넓었고, 테니스장도 있었지만 공장건물에서 한 발자국도 밖으로 나가지 못한 소녀들에게는 그림의 떡이었다. 창문이라도 조금 열어주면 소원이 없겠다 싶었지만 그 마저도 사치였다.

흙이 섞여 으적으적한 통강냉이 보리밥으로는 허기를 채울 수 없어 밤에 몰래 주방에 들어가 구정물 통에서 무와 수박, 참외 껍질을 건져 씻어 먹기도 했다. 그나마 껍질이라도 건진 날은 다행이었다. 껍질도 못 구해서 소금으로 배를 채우다 설사를 하는 언니들도 있었다. 허기를 참으며 공장에 들어서면, 여기저기에서 매질 소리가 들려왔다. 말귀를 못 알아듣는다고 때리고, 실을 끊어 먹는다고 때렸다. 실은 저절로 끊어지건만 감독들은 화풀이를 아이들에게 해댔다.

그렇다고 기숙사도 편안한 곳은 아니었다. 아침마다 지난밤에 있었던 탈출 소동으로 조용할 날이 없었다. 탈출에 성공한 아이가 있던 방 사람들은 줄줄이 불려가 취조를 당하느라 정신이 없었다. 옥순은 너무 어리고 키가 작아서 담을 넘을 엄두도 나지 않았고, 매질이 무서워 더 열심히 일하고, 눈치 빠르게 굴었다.

죽어서야 나선 공장

죽어서야 공장 문을 나섰던 소녀들이 있다. 너무 많아서 다 소개할 수도 없다. 그런데 이들의 사연은 간단하다. 아는 이를 찾기 어렵기 때문이다. 가족이라도 직계가족이 아닌 다음에는 기억하지 못하는 일이다.

순낭이와 옥련이 사연

1931년 8월 경북 상주에서 태어난 순낭은 열 살에 조선방적 부산 공장에 들어갔다. 호적은 1933년생이지만 실제는 두 살 많았다. 할아버지가 이장이었는데, 인원 할당을 채우지 못해 할 수 없이 손녀를 보냈다. 1944년 12월 27일, 순낭은 부산 부평정 옥천병원에서 열두 살의 나이로 세상을 떠났다. 공장의 노무계장 사카이坂井末松가 사망신고를 했다. 가족들 말로는, 노무계장이 가족에게 연락을 해 어머니가 면회를 갈 정도로 순낭의 건강이 나빴다고 한다. 그런데도 귀가 조치를 하지 않다가 사망에 이르게 한 것이다.

회사는 순낭이 사망하자마자 가족들이 미처 도착하기도 전에 시신을 화장했다. 경북 산골에서 곧바로 부산에 오기란 쉽지 않았는데, 회사는 단 며칠도 기다려 주지 않았다. 관행대로 처리했다고 한다. 관행이 무엇인지, 유골을 어디로 모셨는지, 어떻게 했는지 알 수 없다. 사망원인도 알 수 없고, 언제 방적공장에 들어갔는지도 모른다. 아무도 모른다.

충남 태안군에서 태어난 옥련(1933년 12월생)은 1944년 8월 부산에 있는 조선방직공장에 갔다가 10개월 만에 공장 문을 나섰다. 열한 살의 어린 삶을 다했기 때문이다. 옥련의 유품은 '소화 20년 6월 28일 오전 4시 부산부 범일정 700번지 조선방적 기숙사 사망'이라는 사망신고서였다. 1945년 6월 28일 새벽 4시에 소녀는 왜 기숙사에서 어린 생명을 마감했을까. 알 수 없는 사연이다.

가네보공장에서 목숨을 잃은 옥임과 귀녀

1929년 전북 남원에서 태어난 옥임은 1943년 9월, 전남 광주의 가장 큰 방직공장으로 끌려갔다. 이장은 안 가겠다는 아이를 억지로 데려갔다. 옥임의 어머니가 이장의 바지 자락을 붙잡고 울었지만 소용없었다. 가네보공장은 참으로 컸다. 조선에서 제일 큰 공장이라고 했다. 노무자들이 3천명도 넘는다고 했다.

그렇게 큰 공장으로 간 옥임은 이듬해 초여름, 사망증명서만을 남겼다. 사망증명서에는 그저 '소화 19년 6월 29일 오전 7시 전라남도 광주부 도립병원에서 사망'이라는 짧은 문장이 적혀있었다. 소화 19년은 1944년이다. 옥임이 공장에 들어간 지 9개월 만의 일이다. 사망 원인은 알 수 없다. 병원에서 사망했으니 병이라

1940년대 가네가후치 방적(주) 전남공장 모습

도 들었나 생각할 뿐이다. 분명한 것은 열네 살 소녀가 하늘의 별이 되었다는 사실이다.

옥임과 동갑인 귀녀(1929년생, 전북 김제군)도 1942년 3월, 광주의 가네보 공장에 갔다가 병을 얻었다. 방적공장에서 잘 걸린다는 폐병이었다. 솜털이 폐에 가득해서 생긴다고 했다. 숨도 제대로 쉬지 못하는 소녀는 집에 보내달라며 감독에게 여러 차례 면회를 신청했다. 가족들이 와서 데려가겠다고 했으나 공장 밖으로 나갈 수 없었다. 노무계는 '지금 시국에 저 정도로는 귀가 조치를 할 수 없다'고 거절했다. 할 수 없이 가족들은 귀녀를 공장에 남기고 돌아섰고, 결국 귀녀는 1945년 5월 13일 죽어서야 공장 문을 나설 수 있었다.

방적공장은 죽거나 미치지 않으면 나갈 수 없는 곳이라고들 했다. 실제 그랬을까. 사실이었다. 공장에서 감독의 가혹 행위로 장애를 입었으나 공장 문을 나서지 못했던 소녀가 있다.

외눈박이가 된 분심이

열한 살 어린 소녀 분심이는 한쪽 눈을 잃었으나 공장을 나갈 수 없었다. 방적공장은 죽거나 미치지 않으면 나갈 수가 없는 곳이었기 때문이다. 1933년 7월 경북 예천에서 태어나 지금도 같은 마을에 살고 있는 분심은 외눈박이, 시각장애 2급 장애인이다. 태어났을 때는 멀쩡했다. 열 살 때인 1943년 3월 인천의 방적공장으로 가서 얻은 장애다. 열한 살 때인 1944년 봄, 공장에서 졸다가 감독에게 걸렸는데, 무정한 감독은 실가락으로 소녀의 왼쪽 눈을 찔렀다.

분심은 너무 어려 광목 짤 줄도 모르고 기계에 감긴 실을 풀었다. 밤에도 일하고 낮에도 일을 하니 어린 몸에 졸음을 참을 수 없었다. 새벽 1시에 야간근무를 하는데, 자신도 모르게 스스륵! 졸았던 모양이다. 그러다가 감독에게 걸렸는데, 무정한 감독은 아이의 눈을 찔러 놓고는 오히려 우는 아이의 엉덩이를 걷어차고 가버렸다. 병원도 치료도 없었다. 분심은 흐르는 피를 닦아가며 남은 눈으로 겨우겨우 일하다가 해방을 맞아 간신히 집으로 왔다.

미쳐서 죽고, 병들어 죽고

소녀들이 들어간 후 닫힌 방적공장의 문은 열리지 않았다. 공장에 갇힌 소녀들에게 고향으로 돌아갈 방법은 없어 보였다. 그런데 집으로 돌아간 소녀들이 있었다. 이들은 운이 좋았던 것일까. 그랬다면 얼마나 좋았을까. 그런데 그렇지 않았다.

스스로 목숨을 끊은 종해

1925년 경북 안동에서 태어난 종해는 1938년 함경북도 청진의 대일본방적(주) 청진공장으로 갔다. 일본이 아직 미국과 전쟁을 시작하기 전이었으나 면사무소 직원은 이북에 있는 군인들의 군복을 만들어야 한다고 소녀를 청진에 보냈다. 그런데 1년이 지나자마자 공장에서 통보가 왔다. 무슨 병에 걸렸으니 데려가라고 했다. 당시 종해 나이는 열네 살. 열네 살 소녀가 얼마나 큰 병에 걸렸다는 말인가. 이모부가 가서 종해를 데리고 왔다.

집으로 돌아온 종해는 자리에서 일어나지 못하고, 바깥출입도 못했다. 집안 어른들 주선으로 약혼했으나 혼인 날짜도 잡지 못했다. 무한정 기다릴 수 없었던 신랑 집에서 파혼 통보를 보냈다. 파혼을 당한 후 소녀의 병은 악화되었다. 몸의 병과 함께 마음의 병도 깊어졌다.

1942년 4월, 종해는 스스로 목숨을 끊었다. 소녀는 무슨 병을 얻어 돌아왔을까. 왜 병을 이기지 못했을까. 아는 이 없다. 지금 남은 친척이라고는 종해의 얼굴 한번 본적 없는 조카뿐. 사연을 알 리 없다.

점례와 순희

충남 청양 출신의 점례(1928년생)는 1942년 봄에 영등포에 있는 방직공장으로 동원되었다. 공장 이름은 모른다. 열네 살, 아직 어린 나이였지만 같이 간 아이들에 비하면 언니뻘이었다. 점례는 1944년 귀가 조치되었다. 폐결핵이 심했기 때문이다. 고향에서 해방을 맞았지만 병석에 누운 점례에게 해방은 오지 않았다. 해방을 맞은 가을, 점례는 피를 토하고 숨을 거두었다. 열일곱 살이었다.

점례와 같은 나이인 순희도 충남 부여군 출신이다. 1942년 봄에 안양에 있는 조선직물(주)로 동원되었다. 광목 만드는 공장이었다. 점례와 순희는 동원 시기도, 귀가 조치 시기도, 사망 시기도 모두 같다. 차이가 있다면 순희는 해방을 보기 직전 세상을 떠났다는 정도다. 1944년 가을, 순희의 폐결핵이 심해지자 공장은 귀가 조치했다. 그리고 이듬해 6월, 해방을 두 달 앞두고 열일곱 소녀는 숨을 거두었다.

언니는 왜 자꾸 공장 담을 넘으려 하우?

아이들은 공장을 탈출하기 위해 높은 담을 넘으려 했다. 그러나 작은 키의 소녀들에게 공장의 담은 너무 높았다. 그래서 하수도를 통해 달아나려 하수도에 숨어 있다가 뜨거운 삼 삶은 물에 데어 죽기도 했다. 그러다가 1945년이 되면서 탈출에 성공하는 아이들이 늘어났다.

조선방직(주) 대구공장의 현재 모습(2011년 12월 9일 촬영)

무슨 일일까. 공장의 담은 여전히 높았지만 관리하는 일손이 줄어들었기 때문이다. 군대에 다녀온 나이 많은 남자까지 다시 군인으로 나가야 하는 상황이었다. 이렇게 식민지 조선의 통치 시스템이 조금씩 무너지는 상황에서야 아이들은 탈출할 수 있었다.

　1931년생 순남이 공장 담을 넘은 이유는 일본으로 보낸다는 소문 때문이었다. 경북 의성군 출신의 순남은 1944년 말, 대구의 군복 만드는 공장으로 끌려갔다. 아버지는 강원도 삼척에 탄광부로 징용을 갔고, 언니는 시집을 갔고, 어머니와 오빠 두 명, 남동생과 여동생이 남은 가족이었다. 마을 이장이 찾아왔을 때, 동네 사람들이 피하라고 해서 이웃집에 숨어 있었다. 여자애들은 징용 갔다가 나쁜 일을 당할 수 있다고 했다. 그런데 면에서 여러 사람이 와서 어머니와 식구들을 윽박지르는 통에 식구들이 견딜 수 없었다. 5일 만에 스스로 면을 찾아갔다.

징용 가는 날, 해가 다 저문 저녁에 출발해 의성읍 여관에서 하루를 자고 기차를 타고 대구로 갔다. 대구역에서 멀지 않은 칠성동에 있는 군제(郡是)산업㈜ 대구공장이었다. 다음날 아침에 공장을 구경시켜 주었는데, 경비원이 높은 담 주변을 돌아다니고 있었다.

아침 6시에 일어나 기숙사 방문 앞에서 노래를 부르고 공장 안 식당에서 식사를 한 후 공장으로 출근해 알록달록한 색깔의 군복을 입고 일을 시작했다. 도망을 못 가게 하려고 군복을 입히는 것이라 했다. 나이 어린 아이들은 실 감는 일을 하고 조금 나이 먹은 언니들은 베 짜는 일을 했다. 일을 시작한지 한 달 만에 고향 언니가 달아나자고 했다. 벌써 몇 번이나 탈출을 시도하다가 잡혔던 언니였다.

"언니는 왜 자꾸 공장 담을 넘으려 하우? 잡힐 때마다 그렇게 끔찍하게 치도곤을 당하면서!" 겁이 난 순남이 물었다. "이대로 죽으나 달아나다 잡혀 죽으나 죽기는 마찬가지야. 그래도 성공하면 이 지옥 같은 곳은 벗어날 수 있잖아! 너는 처음이라 모르는 모양인데, 여기 있다가는 병에 걸려서 살아 나가지 못해. 더구나 이번에 우리를 일본으로 보낸다는데, 거기 가서 무슨 일 당할지 어떻게 아누?"

고향 언니는 저녁식사 시간은 감시가 심하지 않으니 화장실에 모였다가 달아나자고 했다. 고향 친구 한 명과 같이 다섯 명이 저녁을 먹은 후 식당 옆문을 통해 빠져나갔다. 담벼락에 있는 기둥을 타고 올라가 담을 넘었다. 네 명은 무사히 담을 넘었는데, 한 명이 올라오지 못했다. 나중에 들으니 남은 한 명은 온갖 고초를 당하다가 몇 달 후 부모님이 와서 간신히 빼냈다고 했다.

　공장을 나선 아이들은 사흘 밤낮을 추위 속에 떨며 걸었다. 대구역이 가까웠지만 거기 가면 잡힐 것 같아 가지 않았다. 계속 동쪽으로 가면서 사람들에게 물으니 기차역이 있다고 했다. 동촌역이었다. 동촌역에서 기차를 타고 간신히 고향으로 돌아왔다. 돌아오고 나서도 한 달 동안 숨어 있었다. 순남이 탈출한 후 사흘 만에 면서기가 집으로 찾아왔다고 했다. 집이 워낙 외진 곳이라 면서기는 더 이상 찾아오지 않았으나 언제 들킬지 몰라 공포에 떨었다. 어머니가 결혼하면 잡아가지 않는다고 해서 숨어 있는 동안 준비해 한 달 만에 결혼을 했다. 그래도 순남은 고향 언니 덕분에 공장을 빠져나올 수 있었다.

해방을 맞았으나 피하지 못한 절망과 죽음

드디어 육중한 방적공장의 문이 열렸다. 해방을 맞은 것이다. 공장에 갇혀 있던 소녀들은 고향으로 돌아왔다. 그러나 고통과 절망의 끈을 끊어내지 못한 아이들이 있었다.

별이 된 삼남매

　전북 옥구에서 태어난 정열(1930년 6월생)은 1944년 2월, 전남 광주부의 방적공장으로 떠났다. 나이는 열두 살밖에 되지 않았으나 고향에서 멀지 않으니 다행이라며 집을 나섰다. 이미 큰오빠는 규슈 탄광으로 갔다가 사망해 화장한 재만 돌아왔고, 둘째 오빠는 북한으로 징용 간 상태였다. 자식을 잃은 어머니는 동네 이장에게 '하나 남은 막내는 멀리 보낼 수 없다며' 간곡히 부탁했다. 이장은 큰 선심이나 쓰듯 광주로 가라고 했다.

고향을 떠난 막내딸 정열은 이듬해 8월 집으로 돌아왔다. 북한으로 징용 간 둘째도 돌아왔다. 부모님은 다행이라고 했다. 큰 아들은 잃었지만 그래도 남은 자식이 둘이니 다행 아니냐고 했다. 그런데 다행이 아니었다. 비극이었다. 둘째 오빠는 결핵에 걸린 상태로 돌아와 이내 숨을 거두었다. 그리고 막내딸도 공장에서 얻은 이질을 이기지 못하고 그 해 10월 세상을 떠났다. 겨우 열세 살이었다. 다행이라던 부모님은 일본의 침략 전쟁으로 자식을 모두 잃었다. 남은 것은 아무 것도 없었다. 아니 남은 것은 있었다. 절망이었다. 부모님께 절망을 안겨주고 삼남매는 하늘의 별이 되었다.

고향에서 숨을 거둔 삼연

1931년 12월 경북 안동에서 태어난 삼연은 1944년 10월 함북 청진의 대일본방적(주) 청진공장으로 가서 군복을 만들었다. 동네 이장이 찾아와 이 집에 자매가 있으니 무조건 한 명은 가야 한다고 했다. 이장은 집안 어른이었다. 떠날 때는 청진으로 가는지 몰랐다. 삼연이 떠난 후에도 집으로 편지 한 장 보내오지 않아서 가족들은 삼연의 행방을 몰랐다.

해방 후 집으로 돌아온 삼연은 갈 때와 달리 짧은 머리에 군복을 입고 왔다. 집 떠난 후 1년 가까이 머리도 한번 감지 못한 듯 했다. 산 사람의 모습이 아니었다. 말도 제대로 하지 못했다. 돌아온 후 병석에 눕더니 일어나지도 집밖으로 나서지도 못했다. 병원 갈 처지도 못 돼 식구들이 낫기만을 기다렸으나 1946년 6월에 세상을 떠났다. 삼연의 나이 열다섯 살이었다. 사망 원인은 알 수 없다.

소녀들이 죽을 지경이 될 때까지 공장에서는 놓아주지 않았다. 군복 만드는 일이 급하고 중요하다고 했다. 아이들의 목숨보다 군복 만드는 일이 더 중요했다. 이것이 전쟁이다. 사람의 목숨이 터럭만큼도 중요하지 않은 것이 바로 전쟁이다.

매질보다 더 무서운 성폭행, 그리고 찾아온 죽음

방적공장에서 일어난 가혹행위는 매질과 굶주림만 있었던 것이 아니다. 갇힌 공간에서 저항할 힘이 없는 아이들은 성폭력에도 무방비상태였다. 탈출하다 잡힌 아이들에게만 해당되지도 않았다. 모든 아이들이 성폭력 대상이었다. 회사는 성폭력을 방조했고, 문제가 발생할 듯하면 전출시키거나 귀가조치로 덮었다. 피해를 당한 소녀들은 스스로 목숨을 끊거나 성폭력 과정에서 얻은 병으로 목숨을 잃었다.

정신줄을 놓아버린 연순

충남 서천에서 태어난 연순(1931년 9월생)은 열 살 때인 1942년 초봄에 영등포에 있는 방적공장으로 끌려갔다. 2년이 지난 1944년, 공장 사람이 가족을 불러 연순을 데려가라고 했다. 몸이 아픈 것도 아닌데, 왜 집에 보냈을까. 정신착란증에 걸렸기 때문이다.

열세 살 소녀는 평생 공장에서 얻은 병에 시달렸다. 연순의 남동생은 연순이 방적공장에서 일하면서 수시로 인근 헌병대에 불려가 성폭력을 당했다고 했다. 연순에게 들었다고 했다. 여섯 살 아래 남동생은 평생 누나의 고통을 지켜봐야 했다. 정상적인 생활을 하지 못하는 연순을 보살핀 이는 어머니였다. 어머니가 돌아가신 후, 마을 홀아비에게 의탁해 살다가 생을 마감했다. 연순이 성폭력과 정신착란증의 고통 없이 살았던 기간은 공장에 들어가기 전 고작 10년이었다.

성폭력의 후유증을 이기지 못한 이분

1950년 5월 한국전쟁을 한 달 앞둔 어느 날, 스무 살의 나이로 세상을 뜬 이분(1929년생)은 1944년 8월, 고향인 경북 경주를 떠나 대일본방적(주) 영등포공장에 끌려갔다. 국민학교를 졸업하고 군청에서 특별연습생, 줄여서 특련생特鍊生이라는 훈련을 받던 중, 대일본방적공장으로 가라는 지시를 받았다. 특련생은 학교의 추천을 받아 군청에서 특별한 곳으로 보내려 훈련시키는 제도였다. 일본어야 워낙 잘 하니까 추가로 응급처치와 군사훈련을 받았다.

일제강점기 방적공장에서 일하는 소녀들

열다섯 살 소녀는 기대를 안고 친구 한 명과 같이 갔다. 특련생 출신이니 중요한 업무를 하게 될 것이라 생각했다. 그러나 군복을 만드는 공장에서 이분은 참혹한 일을 겪었다. 낮에는 방적공장의 기계를 돌리고, 밤에는 감독들의 성폭력에 시달렸다. 무시무시한 성폭력에서 벗어날 길이 없었다. 해방을 맞아 고향으로 돌아왔으나 남은 것은 병든 몸뚱이와 조각 난 마음이었다. 결국, 5년 후 성폭력의 대가로 얻은 병을 이기지 못하고, 스스로 삶을 마감했다. 살아서는 해방될 수 없는 고통이었다.

경애와 윤임, 그리고 동네 언니들

1925년 8월, 충남 대덕에서 태어난 경애는 1942년 3월, 언니 윤임과 동네 언니 두 명과 같이 면서기를 따라 함경북도 청진의 대일본방적(주) 청진공장으로 갔다. 열여섯 살이었다. 집안은 너무도 가난했다. 언니는 결혼할 나이가 되었으나 집안 형편이 어려워 결혼도 못하고 청진으로 갔다.

그런데 방적공장에서 경애가 당한 일은 무서운 성폭력이었다. 다른 아이들보다 조금 나이가 먹었다며, 감독은 밤마다 경애를 불러내 성폭력을 가했다. 그러면서도 낮에는 공장 일을 해야 했다. 청진에서 1년을 지낸 후 회사에서는 경애를 대전으로 보냈다. 이유는 폐병 때문이라고 했다. 언니와 헤어져 대전으로 온 경애는 제사공장에서 일하다가 1944년 7월 귀가 조치되었다.

고향에 돌아온 후 경애의 병은 더욱 깊어갔다. 병은 폐병만이 아니었다. 성폭력이 남긴 후유증은 고통스러웠다. 집에 돌아와 일년 반쯤 지나 결혼했으나 병을 숨겼다는 이유로 3개월 만에 쫓겨났다. 친정으로 돌아온 후 얼마 되지 않아 경애는 숨을 거두었다.

경애와 함께 집을 떠난 언니와 언니 친구들은 어찌 되었을까. 공교롭게도 1942년 3월, 청진공장으로 떠난 네 명은 모두 해방을 전후한 시기에 사망했다.

경애의 언니인 윤임은 1942년 3월, 청진 공장에 간 후 얼마 되지 않아 동네 처녀들(용순, 경례)과 함께 일본으로 전출되었다. 그리고 1944년 지게에 실린 채 고향의 주재소로 돌아왔다. 회사에서 귀가조치한 것이다. 윤임은 이미 온 몸에 퍼진 균으로 운신할 수 없는 상태가 되었다. 식구들이 주재소에 가서 업고 왔으나 그 해를 넘기지 못하고 몇달 뒤 바로 사망했다. 동생보다 1년 먼저 세상을 떴다.

　윤임 자매와 함께 청진공장으로 갔다가 다시 일본으로 간 용순과 경례도 해방 전에 병든 몸으로 귀가 조치되었으나 이내 사망했다. 가족들은 폐병이라 둘러댔으나 소녀들이 비운의 주인공이 된 이유는 청진과 일본에서 성폭력을 피하지 못했기 때문이다.

제3장

특공 정신으로 응모하라

소녀들이여! 특공정신으로 제로센을 만들라!

제로센.
제로는 0^{零}이고, 센은 전투기의 일본어인 센토기의 센^{戰}이다. 이를 합해 제로센$^零戰$이라 했다. 제로센 조립모형은 요즘 일본 쇼핑센터에서 인기 상품이다. 그러나 제로센은 단순한 조립장난감이 아니라 아시아태평양전쟁 말기 일본의 주력 전투기이자 침략전쟁을 대표하는 비행기이다. 그렇다면 왜 제로센은 일본 침략전쟁의 대표상품이 되었을까. 신푸$^神風$자살특공대원들을 태우고 출격한 전투기이었기 때문이다.

제2차 세계대전사에서 무모하고 극단적인 방법으로 청년들을 죽음으로 몰아넣은 대표적인 사례는 가미카제라 부르는 신푸$^神風$ 자살특공대이다. 이들이 타고 출격한 비행기가 제로센이다. 제로센은 조종석과 연료탱크의 방탄$^防彈$ 갑판을 떼어내 무게를 줄여 기동력과 항속거리를 늘렸는데 전쟁 당시 일본의 주력 전투기로 사용하다가, 전쟁 후반에는 상대 전투함에 돌진해 자폭하는 자살공격용으로 활용했다.

그런데 갑자기 왜 제로센 이야기인가. 제로센에는 조선 소녀들의 땀과 눈물이 담겨 있다. 제로센은 조선여자근로정신대라는 이름으로 낯선 일본 땅, 미쓰비시중공업 나고야항공기제작소에 동원된 소녀들이 만든 비행기 가운데 하나였다. 제로센의 정식 명칭은 '미쓰비시 A6M영식^{零式}함상전투기'(Mitsubishi A6M Zero)다. 미쓰비시가 제조한 전투기임을 알 수 있다.

조선여자근로정신대는 제로센 부품만 만든 것이 아니었다. 후지코시강재(주)에서는 총알과 총구를 깎고, 각종 무기 부품을 만들었다. 도쿄아사이토^{東京麻絲}방적(주)에서는 대포 위장용 커버, 낙하산과 비행기 날개용 천도 만들었다. 고작 열두 살 남짓의 어린 아이들이 고사리 같은 손으로 일했다. 소녀라고 부르기도 적당치 않은 꼬맹이들이다. 이 아이들은 왜 고향을 떠나 일본에서 비행기와 무기 부품, 그리고 낙하산 천을 만들었을까. 당국이 조선여자근로정신대라는 이름으로 동원했기 때문이다.

1944년 8월 26일, 매일신보 3면에는 조선총독부 시오다^{塩田} 광공국장의 인터뷰가 크게 실렸다. '거룩한 황국 여성의 손, 생산력에 남자와 동렬^{同列}—여자근로령 조선에서 실시'라는 기사였다. 26일자 3면에는 이 기사 외에도 여자근로정신대 제도 실시에 관한 기사가 절반 이상을 차지했다.

매일신보는 당국의 정책을 상세히 소개하고 홍보하는 조선총독부 기관지였다. 이 기사가 실린 배경은 바로 8월 23일, 일본정부가 칙령 제519호로 공포 실시한 여자정신근로령 때문이었다. 여자정신근로령이란 이미 시행되고 있던 여자근로정신대 제도의 법적 근거와 강제력을 부여하기 위해 만든 법이었다. 이 법이 규정한 동원대상은 12세

매일신보 1944년 8월 26일자

이상 ~ 40세 미만의 미혼여성이었다. 이 대상 범위에 들어가지 않더라도 '지원'도 가능하도록 했다. 법령에는 12세 이상이라고 했지만, 한국정부 기관인 위원회에서 피해자로 판정한 이들 가운데에는 채 열두 살이 못되는 10~11세 어린이도 14명이 있다.

1944년 8월 26일자 매일신보를 통해 시오다 광공국장은 여자정신근로령에 대한 당국의 입장을 상세히 설명했다. 기사에서 눈에 띄는 부분은 '명령에 복종치 않는 자는 법에 의해 처벌을 받는다'는 문장이다. 강제로 동원한다는 의미다. 또한 시오다 국장은 '조선에서는 금방 실시되지 않는다'고 했다. '13종'의 기술자만이라고 했다. 그러나 동원된 조선 소녀들은 아무 기술 없는 어린이일 뿐이었다. 조선총독부 국장이나 되는 높은 양반이 버젓이 신문에 대고 하는 거짓말이다.

문 여자정신근로령이라는 법령이 공포되었는데, 내용은?
답 본년 8월 22일부로 공포된 여자정신근로령은 국가총동원법에 기초하여 국민의 근로협력에 관한 칙령이고, 종래 내지에서는 사실상 행해져온 여자정신대의 제도에 법적 근거를 부여한 것입니다. 대상은 국민등록자인 여자로 되어 있습니다. 즉 내지에서는 12세 이상 40세 미만의 배우자 없는 여자입니다. 조선에서는 특수의 기술노무자를 제외하고 일반적으로는 여자의 등록을 하고 있지 않기 때문에, 현재로는 금방 실시되지 않습니다. 출동기간은 대개 1년입니다. 출동의 방법은 지방장관이 시정촌장, 기타 단체장 또는 학교장에 대해 대원의 선발을 명하고, 그 결과를 지방장관에게 보고시킵니다. 지방장관은 그 보고에 따라 대원을 결정하고 본인에게 정신근로령서를 교부합니다. 출동은 대조직에 따르도록 되어 있습니다.
문 앞으로 조선에서 여자정신근로령은 내지와 동일하게 할 방침입니까?
답 여자정신근로령은 조선에서도 시행되고 있는데, 조선에서는 앞에서 말한 바와 같이 일반여자의 등록을 하고 있지 않기 때문에, 그 대상이 되는 것은 국민등록의 요신고서인 여자 13종의 기능자인 기술자만으로 됩니다. 따라서 이것에 해당하는 자는 아주 근소합니다. 금후에도 여자를 동원할 경우, 여자정신근로령 발동에 따른 생각은 지금은 가지고 있지 않습니다. 지금까지 조선의 여자정신대는 모두 관의 지도알선에 의한 것이고, 내지의 가장 근로관리가 훌륭한, 시설이 정비된 비행기공장 등에 가고 있습니다. 이

공장은 공장인지 학교의 연장인지 알 수 없을 정도로 훌륭한 곳입니다. 금후로도 이 관의 지도알선을 방침으로 할 심산입니다. 그러나 전국의 추이에 따라서는 여자동원도 강화해야만 하는 시기가 올 것이라고 생각합니다. 국민은 이 각오만은 가지고 있지 않으면 안됩니다.

문 여자정신근로령을 실시하는 취지는?

답 일할 수 있는 자는 남녀를 구별할 것 없이 모조리 생산전사가 된다는 숭고한 국민개로의 정신 아래에서 철벽같은 여자근로 태세를 정비한 다음, 여자들의 씩씩한 힘을 생산 증강에 더욱 효과 있게 집결시킬 것을 목표로 한 다음, 그것에 새로이 법적인 근거를 두어 여자 근로자들이 급여 대우 후생 시설에도 만전을 꾀하기로 한 것입니다.

문 조선의 여자근로는 어째서 필요한가?

답 싸움이 한층 가울하여짐에 따라서 남자는 제일선의 군무(軍務)에 또는 전쟁이 직접 필요한 중요 산업부문으로 동원되어 차음 근로자원이 질과 양에서 부족하여 지고 있습니다. 이때에 남자를 대신해서 여자들이 용감하게 직장으로 진출해 생산증강에 돌격하는 것은 가장 숭고한 의무입니다.

문 종래에 조선에서는 여자동원을 어떠한 방법으로 실시하여 왔는가?

답 본인이 자진하여 일터로 나오는 것은 말할 것도 없고, 그 외에 관청에서 알선 장려하는 여자추진대의 국민근로보국협력령에 의한 근로보국대가 있었습니다.

문 어떠한 일에 종사하게 되는가?

답 총동원 물자의 생산 수리 배급 보관 등 여자에 적당한 업무입니다.

문 본령에 의한 정신대에 까닭 없이 참가치 않는 자는 어떻게 되는가?

답 처음에 정신근로령서의 백지가 교부되는데, 그것을 받아가지고 출동치 않는

자에 대해서는 령서가 계속하여 교부되고, 그래도 명령에 복종치 않는 자는 국가총동원법에 의한 1년 이하의 징역 또는 천원 이하의 벌금에 처하게 됩니다.(*강조 표시 ―필자)

일본은 1938년 국가총동원법을 공포 시행한 후 각종 법령을 만들어 물자와 자본, 그리고 인력을 전쟁에 동원했다. 일본인은 물론, 식민지 조선인과 타이완인도 예외가 아니었다. 남녀노소 가리지 않았다. 기혼 여성의 경우에는 건강한 아들을 낳아 군인으로 키우는 '모성'이라는 점을 감안했으나 미혼 여성은 빠져나갈 수 없었다. 특히 조선에서 동원한 미혼 여성은 '여성'이라는 말을 쓰기도 힘든 어린애들까지 포함했다. 이들을 동원하기 위해 법령을 새로 만들거나 개정했다.

여성을 동원하기 위한 법령과 결정, 지시

1938년 9월 〈의료자관계직업능력신고령〉 시행
1939년 1월 〈국민직업능력신고령〉 시행
1940년 10월 〈청년국민등록〉 실시
1941년 4월 조선총독부, 〈여자광부갱내취업허가제〉 시행 *조선에서만
1941년 10월 〈청장년국민등록〉 실시
1941년 12월 〈국민근로보국협력령〉 시행
1943년 9월 차관회의 결정, 〈여자근로동원 촉진에 관한 건〉
1943년 10월 후생성 노동국장, 각 도도부현(都道府縣) 지사에게 〈여자근로동원촉진에 관한 건〉 하달
1944년 2월 〈국민직업능력신고령〉 개정
1944년 3월 각의결정, 〈여자정신대제도강화방책요강〉(국민등록하고 있는 모든 여성)
1944년 8월 〈여자정신근로령〉 시행
1944년 11월 후생차관 통첩, 〈여자징용 실시 및 여자정신대 출동기간 연장에 관한 건〉 하달
1945년 3월 〈국민근로동원령〉 공포

여자정신근로령이 공포되기 이전인 1944년 6월 10일, 조선총독부의 다나카田中 정무총감은 여자정신대의 동원을 강조하는 지시를 내렸다. 정무총감은 지금으로 보면, 국무총리에 해당하는 직위다. 6월 29일에는 매일신보에 모집 광고도 냈다.

이처럼 1944년 8월 23일 여자정신근로령이 공포되기 이전부터 조선의 미성년 소녀들은 각종 군수공장에 동원되었다. 당국은 1944년 초부터 초등과정의 학교에 다니거나 막 졸업한 소녀들을 조선여자근로정신대라는 이름으로 부관연락선에 태웠다. 조선에서 동원할 수 있는 마지막 소녀들이었다. 학교에 다니지 않는 소녀들은 이미 방적공장이나 군수공장, 탄광 등에서 일하고 있어서 데려갈 수도 없었다. 남은 아이들은 초등과정 재학생이거나 막 졸업하고 진학을 꿈꾸는 소녀들이었다. 당국은 이 아이들을 놓치지 않았다. 교장과 교사가 나서서 아이들을 설득했다. 상급학교에 진학할 수 있는 기회라고, 좋은 여학교에서 공부하며 돈을 벌 수 있다고 했다.

당시 아이들에게 교사의 말은 엄중했다. 부모님이 아무리 반대해도 선생님 말씀은 어길 수 없었다. 선생님 말씀은 아이들의 마음을 움직였다. 집안이 유복해 돈이 궁하지 않았으나 선생님 말씀에 따라 몰래 아버지 도장을 훔쳐 지원서를 제출했다. 다녀와야 졸업장을 준다거나 급장이니 모범을 보여야 한다는 질책에 할 수 없이 지원서에 도장을 찍은 아이들도 있었다. 그럼에도 지원은 지지부진했다.

신문에 모집 광고를 냈는데도 지원하는 소녀들이 늘지 않자 당국은 강도를 높였다. 아예 발 벗고 나섰다. 이제는 단순한 선전이 아니라 압박이었다. '일본 여성들에게 지지 말고 특공정신으로 응모하라'

고 독려했다. 이상한 경쟁심을 내세웠다. 그럼에도 할당을 못 채운 지역에서는 군청과 면직원이 합세했고, 마을의 이장이 나섰다. 평소 마을 사정을 잘 아는 이장은 '누구네 집에 딸이 있소!'하며 길잡이를 했다. 6학년 여학생 전원을 대상으로 제비뽑기를 한 학교도 있었다.

학생들의 수송을 위해 경찰이 나섰다. 경찰은 역 앞에서 딸을 낚아채려는 아버지의 손을 막아섰다. 법을 들이대며 으름장을 놓았다. 안 가면 징역을 살아야 한다고 했다. 단순한 협박이 아니었다. 당시 '1년 이하의 징역이나 천원 이하의 벌금'은 매우 중한 벌이다. 이런 벌을 감당할 소녀가 어디 있겠는가. 열두 살을 갓 넘긴 아이들이 고향을 떠났다.

역 앞에서 아이들을 구하지 못한 군산의 일부 학부형들은 직접 딸들을 따라 도야마에 있는 후시코시강재 공장까지 갔다. 공장에 도착해서 챙겨간 쌀과 고기로 밥을 해 먹인 후에야 돌아섰다. 그렇게 귀한 딸이었다. 전쟁이 끝나자 학부형들은 다시 딸들을 데리러 도야마에 왔다. 그뿐 아니었다. 일부 학부형들이 배를 직접 수배해 아이들을 데리러 간 사이, 다른 학부형들은 고향에서 일본인 교장과 교사들의 귀국길을 막아섰다. 졸업장을 주지 않고 조선을 떠날 수 없다며 아이들이 도착하기를 기다렸다. 아이들이 무사히 돌아오자 다음날 학교로 데려가 졸업장을 받아냈다. 교장과 교사는 아이들에게 고개 숙여 사과를 하며 졸업장을 주었다.

당국은 이런 금쪽같은 조선의 딸과 부모들을 속였다. 시오다 국장은 매일신보와 대담에서 '비행기공장은 공장인지 학교의 연장인지 알 수 없을 정도로 훌륭한 곳'이라고 했다. 그러나 거짓말이었다. 그곳은 '훌륭'이라는 단어를 붙일 수 없었다. 학교 같은 것은 아무 데도 없었다. 당국에서도 열심히 홍보했다. 그럼에도 신문에는 '가정 같은 기숙사에서 지내는 행복한' 소녀들의 사진이 대문짝만하게 실렸다.

그런데 아무리 열심히 일해도 상황은 좋아지지 않았다. 만들어야 할 부품의 수는 늘었고, 먹을 것은 너무 부족했다. 공장에서는 알루미늄 식판이라도 무기 만드는데 활용해야 한다며 식판이 필요 없는 빵을 주었다. 아이들 손바닥 만한 빵 한 조각으로는 도저히 허기를 채울 수 없었다. 게다가 지진이 발생해 아이들이 죽어나갔다. 조선총독부는 지진으로 죽어간 아이들까지 선전의 대상으로 삼았다.

1944년 12월 23일자 매일신보 기사는 '열렬 유언에도 증산'이라는 제목의 기사를 실었다. 아이들의 죽음을 슬퍼하는 기사가 아니라 사실을 왜곡해 선전에 이용한 기사였다. 기사 내용만을 보면, 지진 피해자가 아니라 전사한 군인으로 오해할 정도다. 신문은 죽어가는 소녀 두 명이 "우리들이 죽기 때문에 반도 동무들의 결의가 조금이라도 약해진다면 미안한 일"이라는 유언을 남겼다고 소개했다. 기막힌 일이다. 기막힌 일은 이것만이 아니었다. 아이를 잃은 부모의 발언은 더욱 가관이었다.

"그 애가 순직한 것은 명예로 생각합니다. 아비로서 이 이상 없는 효도를 바쳤다고 기뻐합니다."

"나라를 위해 일한 것은 일가의 명예입니다."

자식이 죽었는데 기쁘다니. 그 누구든 인간이라면, 자기 자식의

열렬 유언에도 증산
두 반도여자정신대원 최초의 순직

목포부 야마테^{山手} 여자청년대 오야마^{大山福英}와 구레하라^{吳源愛子}(15) 양 대원은 목포부 출신의 00명과 같이 지난 0월 나고야 00공장의 여자정신대원으로서 선발되어 그간 항공기 증산에 정진했는데, 지난 0월 0일 순직을 하게 되었다. 두 정신대원들은 순직할 때 최후로 남긴 말은 "우리들이 죽기 때문에 반도 동무들의 결의가 조금이라도 약하여진다면 미안한 일입니다"하여 전선 장병에도 지지 않는 최후는 일동을 크게 감격케 했다. 오야마, 구레하라 두 대원의 유골은 20일 오후 2시 그리운 고향 목포에 무언의 개선을 했는데, 목포부에서는 이 존귀한 순직에 감격하야 구민장^{區民葬}을 행하야 두 여성의 영령을 위안하기로 되었다.

목포부 야마테 청년대장 에이무라^{岩村武士} 씨는 다음과 같이 말한다. 나라를 위하야 일하게 됐다고 즐거워하며 간 씩씩한 자태가 눈에 선하다. 오야마와 구레하라는 다 같이 1년부터 6년까지 우등이었으며, 책임감이 강한 애였다. 모두 최후가 훌륭했다고 듣고 감격했다. 두 명이 순직한 최후를 들은 6년생은 모다 감격하야 전원 자원을 탄원하고 있다. 일선 장병에게 못지않은 태도라고 생각합니다. 둘이 다 비행기 증산에 몸을 바쳐 만족했을 것입니다.

오야마 아버지의 말

내 딸이 정신대에 뽑혀 그 손으로 만든 비행기가 얄미운 미영^{米英}을 쳐부수는 걸 생각하니 그대로 있을 수 없었습니다. 그 애가 순직한 것은 명예로 생각합니다. 아비로서 이 이상 없는 효도를 바쳤다고 기뻐합니다. 그리고 그 애는 최후에 뒤를 따르는 동료들이 저로 인하야 결의가 굽히지 말라고 말했다 합니다.

구레하라 아버지의 말

나라를 위하여 일한 것은 일가의 명예입니다. 정신대에는 나도 몰래 지원하여 나중에서야 알고 용서했습니다. 지금부터 세상을 떠난 그에게 지지 않도록 나도 국가에 봉공하겠습니다.

투혼, 증산전에 불멸
두 처녀의 순사殉死를 총후 전장에 살리라
싸우는 여자 정신대 귀감

조선에서 처음으로 국민학교를 졸업한 어린 소녀들로만 된 여자정신대가 전남에서 조직되어 대원 일동은 지난 6월 12일에 용약 광주역을 출발했다. 이들은 미쓰비시항공기 00공장에서 비행기 증산에 불철주야로 분투하고 있는 중, 지난 7일에 뜻하지 않은 사고로 작업장에서 순직한 거룩한 두 소녀가 있다.

그는 광주부 명치정 5정목 32번지의 미쓰사와(구 김순례)와 광주부 수기옥정 6번지의 미야모도(구 이정숙) 두 소녀로 미쓰사와양은 광주북정국민학교를 우수한 성적으로 졸업하고 여자정신대원에 자진하야 참가했고, 동 대원 중에서도 모범이었으며 제4분대장으로 책임감이 강한 소녀로 칭송이 자자했든 것이다. 그리고 미야모도 소녀는 광주호남국민학교를 우수한 성적으로 졸업한 무남독녀로 남부럽지 않게 귀여히 자라났으나 부모의 만류하는 것도 듣지 않고 남자로 못 태어나 총을 메고 싸움을 못 하러가니 그 대신 비행기 생산에 산업전사가 되겠다고 굳은 결의를 가지고 여자정신대원에 참가한 군국의 정열을 가진 소녀였다.

이들은 순직하는 그 순간까지도 비행기 증산에 좀 더 활동 못함을 부끄러워하며, 선반 앞을 떠나지 않았다 하며, 이들의 전투적인 그 정신에 전 공장은 큰 감명을 받았고, 직장의 꽃으로 사러진 이 두 소녀를 본받겠다는 전 공장에서는 증산의 열화가 복받치고 있다 한다.

죽음 앞에서 저런 소리는 하지 못한다. 누가 보더라도 당연히 남이 써준 문장이다. 자식의 죽음 앞에서 마음대로 슬퍼하지도 통곡하지도 못하던 시절이었다.

다음 날 매일신보에 실린, 다른 4명의 소녀 관련 기사(투혼鬪魂, 증산전增産戰에 불멸)도 이와 다르지 않았다. 기사에서는 소녀들이 "순직하는 그 순간까지도 비행기 증산에 좀 더 활동 못함을 부끄러워하며, 선반旋盤 앞을 떠나지 않았다"고 추켜세웠다. 이같이 당국은 사실과 전혀 다른 왜곡 보도로 아이들의 명예를 훼손하고 죽음을 선전의 도구로 삼았다. 더할 나위 없이 잔인하고 사악한 인간의 모습이다.

아이들에게 공습은 지진보다 무서웠다. 수십 킬로미터 떨어진 곳으로 걸어서 피난을 갔다 돌아오는 일은 매일 밤 계속되었다. 공습 피해자도 발생했다. 졸리고 피곤하지만 공장 일은 계속해야 했다. 같은 후지코시강재(주)라 하더라도 공장을 사리원으로 이전한다고 집에 가서 기다리라고 했던 공구공장 아이들은 다행이었다. 미처 마치지 못한 공장 설비를 기다리는 동안 전쟁이 끝났기 때문이다. 그러나 일본의 공습 속에서도 공장 가동을 멈추지 않았던 선반과 베어링 공장의 아이들은 지옥 생활에서 벗어나지 못했다.

전쟁 말기로 들어서면서 선생님이라 부르던 감독의 화풀이는 더욱 심해졌다. 화장실에서 조금만 늦게 나와도 매질이 날아왔다. 그나마 조선의 남자 노무자들이 함께 일하던 곳은 덜했다. 조선 남자들이 일하던 공장에서는 소리만 질렀을 뿐, 매질은 못했다고 했다. 아무래도 조선 남성들이 감독자보다 훨씬 덩치가 크고 인원수도 많아서 함부로 못한 것이다. 그러나 같은 후지코시강재 도야마 공장에서도 조

여자근로정신대 지원을 독려하는 기고문 형식의 기사(매일신보 1945년 1월 25일자)

선 남자들이 없었던 선반기계공장에서는 매질이 심했다. 여자 아이들만 있는 곳이라 거칠 것이 없었다. 그렇게 힘들고 고통 속에 소녀들은 열심히 몸을 움직여 무기 부품을 만들고 낙하산 천과 대포를 덮을 천막도 만들었다. 제로센을 완성했다.

소녀들은 후회했다. 아버지 말대로 지원서를 박박 찢어버릴 걸, 아버지가 나고야에 데리러 왔을 때 못 이기는 척 따라갈 걸. 그리고 자책했다. '아버지 말을 안 들어서 이렇게 된 거야. 괜히 언니 보고 싶다고 고집을 부려서 당하는 일이야.' 후회와 자책은 평생 소녀들의 몫으로 남았다. 자기 반 아이를 지키지 못했다고 반성한 일본인 교사는 있었다. 소녀들을 데려간 죄를 사과한 일본인 교사도 있었다. 그렇다고 소녀들의 경험이 사라지지는 않는다. 남성 중심의 봉건 질서가 뿌리 깊게 자리한 한국의 가부장 사회에서 소녀들은 자기도 모르는 사이에 행실이 좋지 않은 여자로 낙인찍혔다. '저 집 딸은 일본에 다녀왔다더라 = 일본군위안부'로 인식되었다. 오가던 혼담이 갑자기 깨지

경성부가 1944년 6월 29일과 1945년 1월 26일에 낸 여자근로정신대 모집광고

기 일쑤였고, 이혼을 당하는 일도 적지 않았다. 겨우 꾸린 가정도 불안하기는 마찬가지였다.

"하루는 10년 가까이 소식도 없던 남편이 어디서 어린 꼬마 남자아이 셋을 데리고 들어 왔더라고요. 무슨 애들이냐고 하니까. 대뜸 성질부터 내는 거예요. '일본에 가서 몸 팔다 온 년이 내가 바람 좀 피웠다고 무슨 죄냐?'고 하면서…"

"이날 이때까지 큰소리로 한번 웃어본 적이 없어요. 내 평생 가슴 펴고 큰길 한번 다니지 못하고 뒷길로 뒷길로만 다녔어요."

평생 사회의 냉대와 편견 속에서 받은 고통의 상흔은 여전히 뚜렷하다. 얼마나 많은 조선의 소녀들이 여자근로정신대라는 이름으로 동원되었을까. 이들은 어디로 가서 어떤 일을 겪었을까. 안타깝게도 정확한 규모나 동원한 기업 현황은 알 수 없다. 위원회가 조사한 정도만 남아 있을 뿐이다.

일본의 미쓰비시중공업 나고야항공기제작소, 후지코시강재 도야마 공장, 도쿄아사이토 누마즈(沼津) 공장. 위원회 조사로 알게 된 내용이다. 야하타 제철소로도 갔고, 나가사키에 있는 조선소와 나고야육군조병창으로도 갔다는데, 조사는 못했다. 조선에서도 평양육군조병창으로도 갔고, 방적공장으로도 동원되었다는데, 미처 조사도 못하고 위원회는 2015년 12월 문을 닫았다.

위원회가 파악한 동원 피해 규모는 총 194명이다. 미쓰비시중공업 나고야항공기제작소, 후지코시강재 도야마 공장, 도쿄아사이토로 동원된 소녀들이다. 전체 규모가 아니라 피해자로 판정한 규모일 뿐이다.

피해자들은 군위안부로 오해받을까 두려웠다. 일본의 시민과 재일 동포들이 숨어 살던 피해자들에게 손을 내밀었다. 60년 세월이 지난 1990년대 초부터 용기를 낸 일부 피해자들이 법정의 문을 두드렸다. 노인이 된 소녀들은 소송의 원고가 되어 법정에 섰다. 이들은 법정과 세상을 향해 당당하게 진실규명과 명예회복을 요구했다. 교육받은 여성답게 예의가 발랐고, 근거를 대며 조리 있게 발언했다. 감동한 일본인들이 시민단체를 만들어 지원했다. 그러나 일본 법정은 외면했다. 가해국 일본정부는 모른 척 했다. 피해국인 한국정부는 실태조차 제대로 파악하지 못하고 있다. 이것이 현실이다.

그곳은 학교가 아니라 군수공장이었다

미쓰비시^{三菱}는 미쓰이, 스미토모와 함께 근대 일본의 3대 재벌이자 재벌 중에서도 으뜸으로 꼽혔던 기업이다. 일본은 물론, 조선과 남사할린, 중국 만주와 동남아시아에서도 다이아몬드 세 개 문양의 미쓰비시 마크를 휘날렸다. 침략하는 일본군의 뒤를 따라 다니며 이득을 챙겼다.

1873년, 시코쿠^{四國} 도사^{土佐}번(현재 고치^{高知}현)에서 출생한 하급무사 이와사키 야타로^{岩崎彌太郎}가 설립한 미쓰비시 상사는 일본이 벌인 국내외 전쟁을 통해 성장했다. 특히 아시아태평양전쟁 기간 중에 미쓰비시조선·미쓰비시제지·미쓰비시상사·미쓰비시광업·미쓰비시은행·미쓰비시전기·미쓰비시항공기·미쓰비시타르공업·미쓰비시제강 등을 설립하며 75개 사를 거느린 재벌이 되었다. 이 모든 것이 전쟁이 가져다 준 산물이었으니 그야말로 '전쟁을 먹고 자란 하마'였던 셈이다. 75개 미쓰비시 계열사 가운데 하나가 바로 미쓰비시중공업(주)이다.

미쓰비시중공업 나고야항공기제작소

미쓰비시중공업(주)은 전쟁 기간 중 나카지마^{中島} 비행기, 가와사키^{川崎} 항공기와 함께 3대 항공기 생산회사로 꼽혔다. 침략 전쟁이 확대됨에 따라 항공기 수요가 증가하자 미쓰비시중공업(주)은 더욱 번창했다. 37개 계열사 가운데 6개사가 항공기 제작 관련 회사였다. 아이치^{愛知}현 나고야와 구마모토^{熊本}현, 오카야마^{岡山}현에 공장을 두고 항공기를 생산했다. 나고야항공기제작소도 세 군데로 확장했다. 동구의 본사 외 항구와 남구에도 오에^{大江}공장과 도도쿠^{道德}공장을 운영했다.

조선 소녀들이 나고야항공기 제작소에 동원된 것은 1942년부터였고, 1944년 6월에 가장 많이 갔다. 주로 도도쿠공장과 오에공장에 끌려갔다. 도도쿠공장에는 전남에서, 오에공장에는 충남에서 소녀들이 갔다. 얼마나 많은 소녀들이 나고야항공기제작소에 동원되었을까. 어떤 자료에는 약 300명이라 적었다. 272명이라는 자료도 있다. 그러나 모두 정확한 숫자는 아니다.

나고야항공기제작소는 자살특공대원을 실어 날랐던 제로센을 비롯한 전투기를 만들었다. 1944년 12월 자료에 따르면, 건물이 2만 평이었고, 공작 기계는 3,800대나 되었다고 한다. 당연히 미군의 공습 대상지였다. 그런데 이 공장이 공습보다 먼저 맞은 시련은 지진이었다. 1944년 12월 7일, 진도 7.9의 대지진이 일어났다. 동남해대지진이라고 한다. 지진으로 도도쿠공장이 무너지면서 6명의 전남대^{全南隊} 소속 소녀들이 사망했다. 도도쿠공장에서 사망자가 발생한 이유는 벽돌건물의 방직공장을 급히 개조한 데다가 공장에 세워져 있던 기둥

나고야 항공기제작소 숙소에 도착한 조선 소녀들.(나고야 미쓰비시 조선여자근로정신대 소송을 지원하는 모임 제공. 위원회 소장)

을 많이 제거했기 때문이다. 비행기 제작을 위해 넓은 공간이 필요하다는 이유였다. 사람 목숨 보다 더 중요했던 비행기 생산이었고, 더 중요한 것은 사망한 조선 소녀를 이용한 선전이었다.

부상을 입고도 치료받지 못한 채 귀국했던 소녀는 돌아온 지 1주일도 지나지 않아 세상을 떠났다. '가나우미 메이슈쿠'라는 일본 이름의 전남 목포 출신 소녀, 1930년생 명숙. 명숙은 1943년 4월 나고야 항공기제작소에 끌려가 비행기에 페인트칠을 하다가 지진을 맞았다. '가운데로 모이라'는 감독의 고함을 듣고 이동하던 중 기둥에 머리를 부딪쳤다. 한 동네 친구였던 희정은 허리를 다쳤다. 전차를 타고 병원에 가서 응급 치료를 받았으나 집으로 돌려보내지 않았다. 부상당한 상태에서도 계속 일을 해야 했던 명숙은 1945년 10월 25일 고향 땅

제로센을 만들던 조선 소녀들. 인솔자의 엄한 표정(나고야 미쓰비시 조선여자근로정신대 소송을 지원하는 모임 제공. 위원회 소장)

을 밟았다. 그러나 소녀에게 남은 생은 겨우 1주일이었다. 명숙은 '향년 14세'를 일기로 고인이 되었다.

지진이 일어난 지 6일 만인 12월 13일, 미군은 나고야시에 대규모 공습을 감행했다. 미쓰비시중공업 소속 발동기 공장을 목표로 한 공습이었다. 공습 여파는 주변 지역까지 미쳤다. 미처 지진의 피해를 수습하기도 전에 맞은 공습의 결과는 참혹했다. 그리고 12월 18일 미군의 공습은 나고야항공기제작소 공장을 파괴했다. 공장만 파괴된 것이 아니었다. 조선 소녀들의 삶도 무참하게 무너졌다. 소이탄 파편에 맞아 목숨을 잃거나 방공호 입구에서 화상을 입고 사망했다. 사망자가 몇 명인지 모른다. 인원수를 모르는데 사망자 이름을 알 리 없다. 사망자가 누구인지도 모르니 우리 사회가 기억할 수도 없다.

공습이 심해지자 미쓰비시는 공장 이전을 결정했다. 일본 주요 도시 가운데 안전한 곳은 아무 데도 없었다. 그런데도 이전하기로 했다. 참으로 무모했다. 1945년 4월, 산속에 지하 공장을 만들기 시작했다. 공습을 피해 산속으로 숨어들 생각을 한 것이다.

나가노^{長野}현 마쓰모토^{松本} 시 외곽 금화산에는 미쓰비시가 만들다가 패전으로 중단한 지하비행기공장 현장이 남아 있다. 2016년 3월 답사 프로그램에 참여해 지하 공장에 들어가 보았다. 끔찍했다. 굴을 파다가 만 흔적이 그대로 있었다. 마음대로 들어갈 수 없었다. '답사하다가 죽어도 책임을 묻지 않는다'는 서약서를 산주인에게 제출한 후 들어갈 수 있었다. 천정에서는 계속 낙석이 떨어지고, 바닥은 물이 흥건해서 미끄러웠다. 너무 위험해서 아무도 사진 찍을 엄두를 내지 못했다. 바닥에 나자빠지면서 간신히 사진 몇 장을 건졌다. 내부가 어둡고 복잡해서 길을 찾을 수 없었다. 자원봉사자들이 참가자들을 십여 명씩 조를 짜서 인솔했기에 빠져나올 수 있었다. 건설 당시 작업 상황이 얼마나 참혹했는지 알 수 있었다.

같이 들어갔던 일본 시민들이 외쳤다. "지옥이야. 지옥, 다시는 들어가고 싶지 않아요." 또 다른 이는 한탄했다. "바보들이야. 바보. 전쟁이 끝나가는 마당에 이런 산 속에다 맨손으로 무슨 공장을 만든다고 굴을 팠단 말인가." 무모한 작업에 일본 주민과 학생들을 동원했지만 가장 많이 동원된 이들은 조선인이었다. 조선인 7,000명과 중국인 500명이 동원되었다고 한다.

미쓰비시중공업이 일부 공장을 도야마로 이전하기로 하면서 나고야항공기제작소는 전국으로 흩어지게 되었다. 조선 소녀들은 도

미쓰비시중공업(주)이 마쓰모토시 외곽 야산에 조성한 지하 항공기 공장의 입구. 멀리 빛이 보인다. 철근 공사는 입구밖에 하지 못했다.(2017년 3월 촬영)

야마공장으로 이동했다. 1945년 3월, 도야마현 이미즈^{射水}시의 다이몬^{大門}공장에 전남대^{全南隊}를, 도야마현 난토^{南礪}시의 후쿠노^{福野}공장에 충남대^{忠南隊}를 배치했다. 이들은 여기에서 해방을 맞았고 1945년 9월과 10월에 귀국했다. 그러나 해방된 조국에서 기다리고 있던 것은 따가운 시선이었다. 세상은 꿈 많고 당당했던 소녀들에게 죄인으로 살라 했다. 분하고 억울한 삶은 끝이 없다.

여자근로정신대로 동원되었던 소녀들 중 일부는 1992년 12월, 일본군위안부 피해자와 함께 일본정부의 사죄를 요구하며 제기한 관부^{關釜}재판의 원고로 참여했다. 관부재판은 2018년 여름, 한국에서 개봉한 영화《허스토리》의 배경이다. 영화는 근로정신대 소녀들을 제대로 담지 않았다. 또 다른 역사 왜곡의 과정이다.

일본군위안부 피해자 3명과 근로정신대 피해자 7명(미쓰비시중공업, 후지코시강재 포함)이 원고였다. 피해자들의 목소리만으로는 재판정을 움직일 수 없었다. 그러나 피해자가 아닌 사람의 증언을 이끌기는 쉽지 않았다. 증언하겠다고 나서주는 이가 없었다. 그런데 한줄기 빛이 보였다. 대구 달성국민학교에서 교사로 재직했던 일본인 스기야마^{杉山} 토미가 증인으로 출석한 것이다. 스기야마는 비록 자신이 소녀들을 동원하지는 않았으나 당시 교사로서 경험한 상황을 생생히 증언했다. 1998년 4월의 1심에서 일부 승소 판결을 받았다. 일본군위안부피해자에게만 해당된 판결이었다. 그나마 그것으로 그만이었다. 2심에서는 기각, 즉 패소였다. 결국 관부재판은 2003년 3월 25일, 상급법원인 일본 최고재판소에서 기각되었다.

그렇지만 좌절하지 않고 다시 소송을 제기했다. 1999년 3월 1일,

지하 항공기 공장에서 바라 본 터널의 끝(2017년 3월 히다 유이치 촬영)

일본 시민단체와 변호인단의 지원 속에서 소송을 시작했다. 일본 법원은 관부재판에서 안겨준 상처를 반복했다. 2008년 11월, 한국의 대법원에 해당하는 일본 최고재판소는 소송을 기각했다. 패소라는 의미였다. 일본 법정은 '손해배상과 사죄 광고'를 요구한 피해자들의 목소리를 끝내 외면했다. 기각 사유는 이들이 청구할 권리가 없다는 이유였다. 일본과 무관한 한국의 문제라는 의미였다. 피해자들은 방향을 돌려 한국 법원에서 소송을 제기했다.

이들이 일본 법원의 패소에 좌절하지 않을 수 있었던 것은 위원회가 피해자로 판정했기 때문이다. 위원회는 42명을 미쓰비시중공업 나고야항공기제작소로 동원된 여자근로정신대 피해자로 판정했다. 한국정부가 공식적으로 인정한 피해자가 42명이라는 점에 힘을 얻은 피해자들은 한국 법정에서 소송을 시작했다. 2013년 11월부터 미쓰비시중공업을 상대로 제기한 3건의 소송은 1심에서 원고 일부 승소 판결을 받고, 2018년 11월 29일 대법원 2부 판결을 시작으로 모두 승소했다.

전쟁이 끝난 후 미쓰비시중공업(주) 나고야항공기제작소는 어떻게 되었을까. 미쓰비시 재벌의 지주회사였던 미쓰비시상사는 1946년 지주회사정리위원회령에 따라 정리대상이 되었고, 1947년 7월에 연합국총사령부^{GHQ}가 일본정부에 내린 각서를 통해 해체과정을 밟았다. 전쟁을 통해 이익을 독점한 군수재벌의 해체 과정이었다. 그렇다면 미쓰비시 그룹은 사라졌는가. 그럴 리 없다. 1954년 미쓰비시 그룹은 일본정부의 배려로 화려하게 부활해 다시 미쓰비시상사라는 간판을 내걸었다. 여러 계열사들도 새 옷으로 갈아입었다. 미쓰비시중공업(주) 역시 현재 'Mitsubishi Heavy Industries, Ltd.'라는 영문 이름을 내세워 글로벌 기업이라 홍보하고 있다. 조선의 소녀들을 데려다 자살특공비행기인 제로센을 만들었다는 사실은 꽁꽁 감춰두고….

후지코시강재 도야마 공장

현재 일본의 중견기업인 후지코시강재(주)는 1928년 설립 당시 기계부품과 기계공구를 생산했다. 1934년 해군성 지정공장이 된 후 1938년에는 육해군공동관리공장이 되었다. 만주침략 후 군수공장이 되었으니 일찍부터 군수공장이 된 것이다. 후지코시강재는 아시아태평양전쟁을 거치면서 군수산업과 정밀기계공업의 성장을 배경으로 날로 번창했다. 1945년 상반기 종업원이 36,253명에 달할 정도였다.

후지코시강재에는 얼마나 많은 조선 사람이 동원되었을까. 회사 역사책인 사사(社史)를 보면, 1945년 5월 말에 조선여자근로정신대 1,089명, 남자보국대 535명으로 기록되어 있다. 이 인원수는 후지코시강재가 주장하는 공식 숫자이지만 최소 숫자이다.

이 소녀들 가운데에는 군무원을 경험했던 소녀도 있었다. 1991년과 1993년, 노태우 대통령이 방일해서 일본 정부로 부터 받아온 자료 가운데에는 '유수명부(留守名簿)'라는 자료가 있다. '유수'란 집주인이나 집안 사람이 외출할 때 집을 지키는 일이나 집 지키는 사람을 의미하는 일본어이다.

'유수명부'에는 소속부대, 제대와 사망, 행방불명이나 사망추정·도망·전속 등의 일자와 장소, 편입일, 본적지, 유수담당자 이름과 관계(아버지, 어머니, 형, 배우자 등), 동원 당시 주소 및 징집일, 발령날짜, 이름과 생년월일 등 당사자와 가족의 정보가 담겨 있다. 총 16만 명을 수록한 방대한 기록이다. 일본정부가 만든 명부에는 성별 구분이 없어 여성을 파악하기는 어렵다. 이름으로 유추할 뿐이다.

군무원에서 여자근로정신대가 된 오순

육군공원 '송영홍자(松永弘子)'. '남선 제17방면군 조선육군화물창 창고부대' 유수명부에 기록된 조선 소녀의 이름이다. 1932년 2월, 충남 공주에서 태어나 경성부 종로구 청운정(현재 청운동)에 살던 소녀는 1943년 9월 육군 공원이 되었다. 유수명부에 소녀의 보호자로 부친을 기록한 것을 보면, 결혼하지 않았음을 알 수 있

---

* 유수명부란 군인이나 군무원으로 징집된 사람과 고향에 남은 가족의 명부이다. 일본 후생성이 보관 중이었는데, 일본 육군과 군무원의 명단이 부대별로 들어 있다.

다. 공원^{工員}이란 일본군이 운영하는 직할공장에서 일하는 민간인이다.

조선육군화물창의 주력 부대는 경성에 있었고, 일부 부대는 대전에 있었다. 화물창^{貨物廠}이라고 하면 흔히 허드레 물건을 관리하는 곳으로 생각하기 쉽지만 그렇지 않다. 매우 중요한 부대이다. 군사령부 등 고급 사령부에 소속되어 무기와 탄약 등 물자 보급을 담당하는 부대이기 때문이다. 이곳에서 군무원은 하사관과 함께 일했다. 송영홍자가 육군공원이 되었을 당시 나이는 만 열 살이었다. 무기와 탄약을 만드는 중요한 일을 하기에는 너무 어린 아이였다.

창씨이름 송영홍자의 본명은 ○오순이다. 이 어린아이가 무슨 연유로 무기와 탄약을 만드는 육군공원이 되었는지 궁금하다. 그런데 더 궁금한 점은 1945년 1월 11일 공원에서 해제된 소녀가 다시 여자근로정신대가 되어 후지코시강재 도야마공장으로 갔다는 점이다. 1945년이면, 오순의 나이는 겨우 열두 살이다. 열두 살 소녀가 자발적으로 결정해서 갔겠는가. 더구나 육군에 소속된 공원이 어디에 가고 싶다고 마음대로 갈 수 있던 시절도 아니다. 오순의 사례를 통해 후지코시강재에 간 여자근로정신대원들 가운데에는 군에 소속되었던 민간인이 포함되었음을 알 수 있다.

후지코시강재의 조선여자근로정신대는 1944년 4월 무렵부터 시작해 1945년 2월까지 동원했다. 오순은 1945년 1월 11일 도야마로 갔으니 막바지에 간 셈이다. 1944년 4월은 여자근로정신대령이 만들어지기 이전이다. 주로 경기(서울, 인천, 개성), 전남과 전북, 경

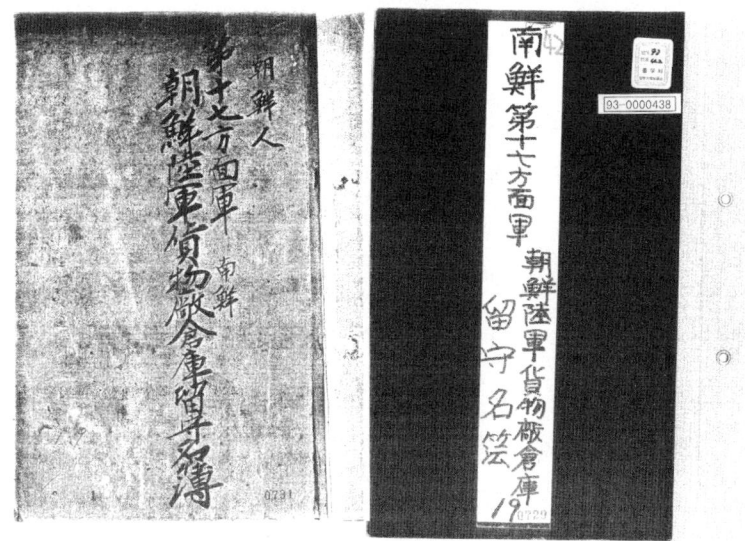

송영홍자의 유수명부 표지

남과 경북, 충남과 충북 등 한반도 이남의 소녀들이 동원되었다. 조선 소녀들은 주로 베어링과 드릴 등 기계부품을 생각하는 공장에서 일했는데, 선반기계를 담당했다. 일부 소녀들은 부품 검사나 포장 등의 일을 하기도 했다.

1944년 10월, 중부 태평양 전선을 확보한 미군은 일본 본토 공습을 다시 시작했다. 1942년 4월 일본의 하늘을 수놓은 B-25 공습 후 돌아온 B-29는 질과 양 모든 면에서 강도를 높인 폭탄을 일본 전역에 투하했다. 1945년 6월부터 도야마시에도 공습을 퍼부었다. 1945년 8월 2일 도야마공습으로 도시의 90% 이상이 파괴되었다. 비록 후지코시강재 공장은 파괴되지 않았으나 소녀들은 공포를 경험하며 밤마다 수십 킬로미터 먼 곳까지 피난을 다녀와야 했다. 그야말로 매일 밤 '고난의 행군'이었다.

1945년 3월, 도쿄 대공습으로 10만 명 이상이 사망하고, 일본 주요 도시가 공습 피해에서 벗어나지 못하게 되자, 일본 군수성과 조선총독부는 후지코시강재 소속 공장 가운데 공구공장과 제강소 일부를 조선으로 옮기기로 했다. 군수성 명령에 따라 후지코시강재 공구공장은 사리원으로, 제강소는 역포로 옮기기로 하고 6월에 공구공장 이전에 필요한 기계 일부를 보냈다. 7월에는 종업원 가운데 574명을 사리원 공장으로 보냈다. 574명 가운데 420명은 경상도와 경기도에서 온 소녀들이었다. 소녀 420명은 청진항에 도착했으나 사리원 공장에서 일하지는 않았다. 공장의 미완성으로 한 달 휴가를 받아 귀가하는 동안 해방을 맞았기 때문이다. 도야마공장에 남은 600여 명의 소녀들은 1945년 10월과 11월에 걸쳐 귀국선에 올랐다. 흥분된 마음으로 해방된 조국으로 향했다. 고향 산천은 해방의 물결이 출렁이건만 소녀들에게 해방은 쉽게 찾아오지 않았다.

숨죽이며 지내던 소녀들 중 일부는 일본시민단체와 변호인단의 지원 속에 소송을 시작했다. 1992년 9월 후지코시강재(주)를 대상으로 제기한 '강제연행노동자 등에 대한 미불임금 등 청구소송'(제1차 후지코시 소송)은 2심까지는 기각의 연속이었다. 그러다가 2000년 7월 최고재판소에서 화해가 성립되었다. 환희의 순간이었다. 원고단은 물론 오랫동안 물심양면 지원을 아끼지 않은 일본 시민단체와 변호인단은 환호했다. 노무자로 동원된 피해자들이 일본 기업을 상대로 한 소송

후지코시강재 공장에서 선반기계 작업 중인 소녀들의 모습

에서 거둔 유일한 쾌거였다. 그 기록은 지금까지도 깨지지 않고 있다.

소송을 지켜 본 다른 피해자들은 후지코시강재가 소송을 제기하지 않은 피해자들에게도 미불임금지급과 보상을 할 것이라 기대했다. 그러나 착각이었다. 회사 측은 다른 피해자들의 청구를 거부했다. 오직 소송을 제기했던 원고들에게만 보상하겠다고 했다. 그러자 다른 피해자들이 제2차 후지코시 소송을 시작했다. 그러나 2003년 4월, 원고 23명이 제기한 소송에 대해 일본 법원은 기각으로 일관했다. 한 줄기 희망을 품었던 최고재판소에서도 마찬가지였다. 결국 제2차 후지코시 소송은 2011년 10월 24일, 최고재판소의 최종 기각 판정으로 패배의 아픔을 맛보았다. 1992년 12월, 제기한 관부재판의 원고로도 참여했으나 역시 최고재판소에서 기각되었다.

일본 법정에서 패소한 피해자들은 2014년부터 한국 법원에서 소송을 제기했다. 이들은 위원회가 피해자로 판정한 결과에 힘입어 절망을 넘어선 여정을 시작했다. 위원회는 115명을 후지코시강재로 동원된 여자근로정신대 피해자로 판정했다. 후지코시강재(주)를 상대로 제기한 3건의 소송은 모두 1심에서 원고 일부 승소 판결을 받고, 2019년 1월 18일과 23일, 30일에 2심 확정판결을 받았다. 모두 승소였다.

일본정부가 남긴 자료에는 후지코시강재(주)가 소녀들에게 주지 않고 일본은행에 공탁해 놓은 미지급 임금 기록이 있다. 2012년 일본 정부로부터 받은 노무자공탁금자료이다. 임금을 나중에 찾아가라고 일본은행에 맡겨 놓았다는 돈이다. 485명(90,325엔 76전)의 기록이 있다. 여기에는 소녀들 외에 남성 노무자의 미불임금도 포함되어 있다.

그런데, 왜 485명인가. 후지코시강재는 자신들의 회사 역사에 '조선여자근로정신대 1,089명'이라 기록해두었다. 그런데 왜 공탁한 미불임금은 일부에 지나지 않는 것일까. 알 수 없는 일이다.

후지코시강재(주)는 1963년에 ㈜후지코시가 되어 현재 ㈜후지코시不二越(Nachi-Fujikoshi Corporation)라는 이름으로 건재하다. 기계공구와 산업 로봇, 특수철강 등을 만드는 중견기업이다. 산업용 로봇은 중국 공장에서 만들고 있다. NACHI那智라는 상호가 붙은 자전거는 일본 전역을 달린다. '나치'는 1929년 일본 쇼와천황의 공장 방문 당시 앉았던 중순양함의 이름이니, 천황 방문을 기념해 만든 상표이다. ㈜후지코시의 역사를 담은 홍보문에는 당당히 나치라는 상표를 사용한 연원이 적혀있다. 그러나 조선의 소녀들을 데려와 부려먹었다는 표현은 어디에도 없다.

세 기업 중 가장 많은 소녀들을 데려와 폭력을 일삼으며 군수물자를 생산했던 기업은 후지코시강재(주)다. 조선총독부의 비호 아래 교사를 동원해 소녀들을 속여서 데려갔으나 그때부터 지금까지, 단 한 번도 진실 앞에 바로 서지 못하고 있다. 자신들이 만드는 산업용 로봇이나 자전거는 소비자들의 사랑을 받을지 모르지만, 양심을 저버린 기업은 여전히 제대로 서지 못하는 반푼이일 뿐이다.

낙하산을 만들던 방적공장 ─ 도쿄아사이토와 후지방적

　일본 시즈오카현 누마즈시에는 1916년에 문을 연 도쿄아사이토방적(주)이 자리하고 있다. 1933년, 도쿄아사이토방적은 만주 침략 후 살아난 군수 경기에 힘입어 공장을 증설했다. 공장을 증설해야 했던 이유는 일반인이 입는 옷감을 생산하는 공장이 아니었기 때문이다. 도쿄아사이토방적은 마포^{麻布}를 이용한 군대용 텐트와 대포 등을 위장하기 위해 씌우는 위장 커버, 낙하산과 비행기 날개용 천을 만들었다. 군대에 반드시 필요한 군수물자였다. 1944년에는 일본 군수성이 지정하는 군수공장이 되었다.

　도쿄아사이토방적(주)은 일본의 패전 후 계속 운영하다가 1991년 데이진^{帝人}(주)에 흡수 합병했다. 비록 이름은 사라졌지만 새로운 회사로 탈바꿈한 것이다. 그러나 탈바꿈한 것은 군수회사의 이름만이 아니었다. 조선 소녀들을 동원했다는 사실도 덮었다.

　도쿄아사이토방적이 조선 소녀들을 동원한 것은 1941년부터이다.

매일신보 1944년 3월 16일자 도쿄아사이토 여자근로정신대 홍보 기사

경남 밀양과 양산, 통영, 김해 등지에서 2년 기한으로 13~20세 미만의 여성들을 동원했다. 이 가운데 20% 정도는 초등교육을 받았다고 한다. 본격적으로 조선 소녀들을 여자근로정신대로 동원하기 시작한 것은 1944년 4월부터였다. 약 300여 명이 멀리 시즈오카에까지 와서 군수물자를 만들었다.

일본이 전쟁에서 궁지에 몰리면서 이 공장에도 미군 공습은 멈추지 않았다. 회사는 시즈오카현 순토駿東군 오야마小山에 있는 후지富士방적 오야마 공장으로 소녀들을 옮겼다. 그러나 이 공장이라고 해서 공습에서 자유로운 것은 아니었다. 1945년 7월 30일 미군기의 기총소사 공격을 받았다. 그러나 결국 해방은 찾아왔다. 긴장된 분위기 속에서 군수물자를 만들던 소녀들은 9월 귀국 길에 올랐다.

2012년, 위원회가 일본정부로부터 받은 노무자공탁금자료에는 도쿄아사이토에서 공탁한 72명(3,183엔 28전)의 미불임금기록이 있다. 동원된 조선 소녀는 300명이라는데, 고작 72명의 미불임금만을 공탁했다. 나머지 사람들의 미불임금은 어디로 갔을까. 이 질문에 대해서는 일본 기업이 답해야 한다. 그러나 도쿄아사이토방적의 후신인 데이진(주)은 긴 침묵을 이어가고 있다.

관부재판에서 1심 일부 승소 판결로 피해보상에 대한 기대감이 높아진 1990년대 후반, 도쿄아사이토로 동원되었던 피해생존자들도 일본 변호인단과 시민단체의 지원 속에 소송을 제기했다. 그러나 시즈오카 지방법원은 1997년 4월에 제기한 '도쿄아사이토방적(주) 누마즈공장 구 여자근로정신대 공식 사죄 등 청구소송'을 기각했다. 피해자들은 항소했지만 2003년 3월 최고재판소는 최종 기각판정을 내

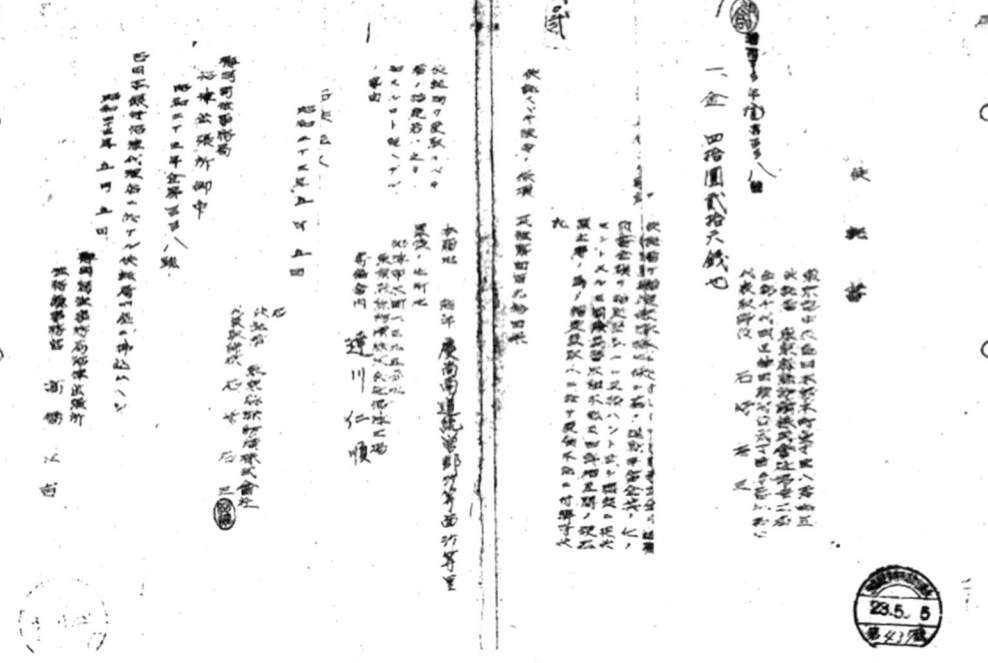

도쿄아사히토에서 공탁한 미불임금 기록

렸다. 일본 소송 패소 후 미쓰비시중공업(주)과 후지코시강재(주) 피해자들은 한국 법원에서 소송을 제기했으나 도쿄아사이토방적(주) 피해자들은 소송을 제기하지 않았다.

이들이 법정을 통해 진실을 새기려 했던 노력은 성공하지 못했다. 그러나 수면 아래 가라앉지 않고 당당히 역사의 기록으로 남았다. 한국정부기관인 위원회에서 37명을 도쿄아사이토방적(주)에 조선여자근로정신대로 동원된 피해자로 판정했기 때문이다.

세상을 향한 외침

김○옥 할머니는 다른 할머니들에 비해 체격이 작고 매우 말랐으나 다부지고 의협심이 강했다. 남에 대한 배려심이 깊고 헌신적이며 정이 많았다. 만날 때마다 얼싸안고, 덩실 덩실 춤을 추며, 반가움을 감추지 못했다. 늘 자신의 피해보다 남의 아픔을 먼저 알리려 했다. 주변에 무거운 물건을 들고 다니는 사람이라도 있으면 얼른 달려가 들어주어야 속이 후련한 분이었다. 광주민주항쟁이 일어났을 때에도 성정을 감추지 못하고 열심히 활동하다가 머리를 크게 다쳤다.

법에 묻노라!

나고야 소송의 원고였으므로 재판부에 제출한 진술서가 남아 있다. 그러나 할머니의 속마음을 담지 못한 공식적 내용이었다. 김○옥 할머니는 구술기록을 남겼고, 생전에도 옛 이야기를 자주 해주셨다. 이제는 하늘의 별이 되셨지만 만약 법정에서 직접 진술할 기회가 주어졌다면, 이렇게 말씀하셨을 것이다.

존경하는 판사님!

저는 1931년 3월 6일, 나주에서 태어난 원고 김○옥입니다. 제 아버지는 나주에서 '영신상점'이라는 소금 판매업을 하고 있었으며 가정은 유복했습니다. 제가 다섯 살 때 생모가 사망해 계모와 살았습니다. 네 살 때부터 유치원에 다녔고, 1944년 3월에 나주 대정大正국민학교(현재 나주초등학교)를 졸업했습니다. 일본어와 일본교육을 받았습니다. 6학년 때 광주에서 이름 높았던 대화大和여학교 입학시험에 응시했는데, 낙방했습니다. 원래 대화여학교는 일본인을 입학시키기 위한 학교였고, 조선인이 다니는 학교는 따로 아사히旭여학교로 정해져 있었기 때문입니다. 그래도 대화여학교에 가고 싶었습니다. 아버지께서는 내년에 한 번 더 시험을 쳐보라고 말씀하셨습니다.

다시 여학교에 응시하기 위해 대정국민학교에서 재습再習이라는 과정을 이수하고 있었는데, 1944년 4월 어느 날, 마사키 도시오正木俊夫 교장과 곤도近藤 헌병이 교실에 나타났습니다. 재습이란 일종의 재수생 과정입니다. 그들은 5학년과 6학년, 그리고 재습자들을 모아놓고 "일본에 가면 돈도 벌 수 있고, 좋은 여학교에도 다닐 수 있다"고 했습니다. 이 말을 듣는 순간, '옳지. 내가 비록 시험에는 불합격했지만 일본에 가서 대화여학교에 합격한 일본 친구보다 더 좋은 학교에 다녀야지'라는 생각에, 제일 먼저 손을 들었습니다. 철부지였지요. 그러나 저는 당시 일본이 미국과 전쟁 중이며 공습이 심하다는 사실을 몰랐습니다. 선생님은 그런 이야기는 해주지 않았습니다.

그리고는 금방이라도 일본 여학교에 가게 된 것 같은 기쁜 마음에 당장 집으로 달려가 아버지께 말씀드렸습니다. 아버지께서는 놀라며 "절대 너를 보낼 수 없다"고 완강히 반대하셨습니다. 그러자 학교 선생님이 집으로 찾아와 당국의 정책에 적극 협조해 달라고 했습니다. 당시 아버지는 사업상 일본 경찰과 친교가 있었고, 집 앞이 바로 경찰서였기 때문에 일본 교사 앞에서 반대할 수 없었습니다. 그 앞에서 철없는 제가 울며 조르자 엄마 일찍 잃은 딸이 애처로운 마음에 아버지는 어쩔 수 없이 승낙하셨습니다.

아버지가 승낙하시자 저는 온 천하를 얻은 양 좋았습니다. 1944년 5월 중순경, 조선인 마쓰야마(松山) 선생님과 곤도 헌병의 인솔로 나주역에서 24명이 출발하던 날, 같이 가는 친구들 부모님들이 나오셨는데, 이별하는 자리인지라 울음바다가 되었습니다. 지금도 여섯 명의 이름을 기억하고 있습니다. 저는 아버지께서 손수건으로 눈물을 닦는 것을 보면서도 속으로 마냥 기뻤습니다. 아버지와 헤어지는 섭섭함보다 여학교에 간다는 기쁨이 더 컸기 때문입니다. 나주역에서 기차를 타고 여수로 갔습니다. 친구들의 부모님들은 그 자리에서 작별했지만 제 부모님은 여수까지 동행했습니다. 여수에서 세 사람이 함께 '미도리 여관'에서 하룻밤을 묵었습니다. 30엔을 제 주머니에 넣어주시며 잘 가라고 하시던 아버지는 무척 괴로워하셨습니다. 돌아갈 때 아버지는 눈물을 훔치셨지만 저는 그 뜻도 모르던 철부지였습니다.

다음날 밤, 배로 출발했습니다. 여수에서 출발한 사람은 목포, 광주, 여천, 여수, 나주를 합해 약 140명 정도였습니다. 제 또래 소녀들이 많이 모인 가운데 우렁찬 군악대 소리에 더욱 흥이 날 정도로 저는 세상물정을 몰랐습니다. 일본 어디에 가는지 알려주지도 않았지만 물어보지도 않았습니다. 그저 아무 것도 모른 채 따라만 갔습니다. 항행하던 중 어뢰가 지나간다고 사이렌이 울렸습니다. 그때 처음 들뜬 기분이 사라졌습니다. 다음 날 아침 9시경, 시모노세키에 도착해서 곧 철도로 갈아타고 나고야로 갔습니다. 기차 안에서 나고야로 간다는 것과 우리가 '조선여자근로정신대'라는 이름으로 일본에 왔다는 것을 알았습니다.

미나미구^{南區} 도요타초^{豊田町}에 있던 나고야 미쓰비시중공업 도토쿠공장에서 우리 숙소는 제4 료와^{菱和} 기숙사였습니다. 기숙사에는 400명 정도의 소녀들이 있었는데 출신지역별로 중대와 소대로 나누었습니다. 전남 출신자는 제1중대, 충남 출신자는 제2중대였습니다. 제1중대에서도 나주 출신자는 제2소대였습니다. 기숙사에는 사감이라는 감독이 있었습니다. 다다미 8조짜리 기숙사 방에서 7, 8명이 함께 생활했습니다. 6시 기상, 8시부터 오후 5시까지 작업, 12시에 휴식시간이 있었고, 취침은 밤 10시쯤이었습니다. 여름이 되자 모기가 많아 제대로 잘 수도 없었습니다. 일본 아이들에게는 모기약을 주었지만 우리에게는 주지 않았습니다.

도착한 다음 날 즉시 공장에 가서 여러 가지 설명과 주의사항을 듣고 각 분야별로 배치 받았습니다. 기숙사에서 공장까지는 매일 '신풍^{神風}'이라는 글씨가 적힌 머리띠를 두르고 4열종대로 '우리는 소녀 정신대!'를 부르며 행진했습니다. 저는 비행기 부품에 국방색 페인트를 칠하고, 무거운 짐짝을 운반하는 작업을 했습니다. 환풍기는 없었고 마스크도 하지 않았기에 페인트 용제 냄새로 머리가 아파 의식을 잃고 쓰러진 적이 있었습니다. 꿈에 그리던 여학교는 없었고 공부라고는 기숙사에서 일본에 관한 공부와 군가 등 노래를 가르쳐주는 정도였습니다. 급료는 한 푼도 받지 못했습니다.

식사는 일본 소녀들이 먹고 난 후 교대로 먹었습니다. 주식은 콩과 감자가 섞인 밥이었고 반찬은 절인 매실과 단무지 몇 쪽 정도였는데, 양이 적어서 항상 배가 고팠습니다. 밥이 너무 적으니 조금만 더 달라고 하면 거절했습니다. 배가 고파 물로 배를 채우다가 아버지가 콩과 김치 등을 보내주어 견딜 수 있었습니다. 일요일은 휴일이었지만 자유롭게 외출할 수 없었습니다. 편지는 쓸 수 있었지만 검열을 받아야 했기에 '배가 고프다'는 등 생활의 불편사항은 쓰지 못했습니다. 그런데도 아버지는 어떻게 알고 먹을 것을 보내주셨지요.

작업 중 감독은 너무 무서웠습니다. 잠시라도 옆을 보거나 말을 하면 고함을 치며 "반도인들은 언제나 이 모양이라니까"라면서 개처럼 때리곤 했습니다. 그렇다면 일본 학생들은 한눈 팔지 않았을까요? 절대 그렇지 않습니다. 어린 아이들은 마찬가지니까요. 그런데도 같이 일하는 자리에서 반도인이라고 차별을 당해야 하는지 지금 생각해도 분한 마음 금할 길 없습니다. 감독이 이렇게 차별을 하니 일본 아이들도 '조선인은 불쌍해. 왜냐하면 지진에 공습에 납작해지니까!'라는 노래를 부르며 놀려대곤 했습니다. 고향 집에서는 늘 좋은 음식에 좋은 옷에 남부럽지 않게 실컷 먹고 놀면서 지냈는데, 이게 무슨 일입니까. 나고야에서 일하면서 짐승 취급, 밥 먹을 때는 거지 취급을 받으니 고통스럽고 슬펐습니다.

그뿐만이 아닙니다. 화장실에 갈 때에도 정해진 5분 내에 자리에 돌아오지 않으면 불호령이 떨어졌습니다. 단 5초만 지나도 얼마나 호통을 치고 뺨을 때리는지 화장실에 가는 것조차 겁이 났습니다. 당시 우리는 일본국민으로서 일본교육을 받고 이름까지 일본이름으로 바꾸며 일본정부가 시키는 대로 굶주려가면서도 어린 몸으로 힘겨운 중노동을 뼈가 빠지게 했습니다. 그런데 일본은 말로는 내선일체를 내세우면서 실제로는 우리를 개돼지로 취급한 것입니다. 교장의 약속은 결국 거짓이었습니다. 일본 천황을 위시한 일본인들에게 철저히 속았습니다. 억울하고 치가 떨립니다.

그리고 조선에서 경험하지 못한 지진과 공습으로 입은 충격과 고통, 공포감도 이루 말할 수 없습니다. 1944년 12월 7일, 지진이 발생했습니다. 지반이 약한 나고야 남부지역은 건물 붕괴 등 막대한 피해를 입었습니다. 도도쿠공장의 큰 건물이 파괴되면서 주위의 친구들이 죽어나가고 피투성이가 된 사람들이 여기저기에서 비명을 지르고, 무서운 불길과 물줄기에 어찌할 바 몰라 두려움과 공포에 몸을 떨면서 어머니 아버지!를 부르며 울기만 했습니다. 그 무서운 광경을 어찌 다 표현할 수 있겠습니까.

저도 공장에서 작업하던 중 지진으로 공장 지붕이 무너지는 통에 오른쪽 어깨에 철골이 떨어져 병원에 실려 갔습니다. 조선여자근로정신대원 중에서도 사망자가 6명 나왔습니다. 아버지가 두 번이나 오셔서 모든 광경을 보고 집으로 돌아가자고 했지만 가지 않았습니다. 고생하는 친구들을 남겨놓고 갈 생각을 하니 선뜻 마음이 내키지 않았습니다. 그리고 일본에 온 희망을 이룰 수 있을지도 모른다는 막연한 기대를 끝내 버리지 못하고 있었습니다. 어리석게도 제 판단이 잘못되지 않았다는 것을 인정하고 싶지 않았던 것입니다.

1945년 1월경부터 특히 공습이 심해져 매일같이 밤낮을 가리지 않고 경계경보와 공습경보가 울려 방공호로 피난했습니다. 방공호에도 소이탄이 떨어져, 조선여자근로정신대원 한 명이 사망했습니다. 소이탄은 기숙사에도 떨어져 화재가 났습니다. 저는 제 이불로 불을 껐는데, 나중에 다른 이불도 주지 않아 이불도 없이 지냈습니다. 1945년 봄 무렵, 도야마현에 있는 미쓰비시중공업 다이몬(大門)공장으로 이전했습니다. 도야마로 간 사람은 전남 출신 130여명이었고, 충남 출신자들은 어디로 갔는지 모릅니다. 다이몬공장에는 야마구치(山口)사범학교에 다니는 일본 학생들도 와 있었습니다. 그곳에서도 나고야와 같은 생활을 했습니다. 저는 여전히 페인트칠을 했습니다. 다이몬공장 사감은 도도쿠공장 사감보다 더욱 엄격하고 차별이 심했으며 매질이 잦았습니다. 여름에 모기가 많아서 모기향을 달라고 했는데, 주지 않아 아버지가 주신 돈으로 사러 나갔다가 사감에게 들켜 매를 맞고 벌을 섰습니다. 또한 야마구치 사범학교 학생들은 차별적인 말을 심하게 하며 늘 때리고 머리를 잡아당기는 등 폭력적으로 굴었습니다. 학교 선생님이 될 사람들이 그런 짓을 할 정도니 일반인들은 오죽했겠습니까.

 1945년 8월 15일 이후에는 일하지 않았지만 기숙사 생활은 10월까지 계속했습니다. 10월에 여수 출신 근로정신대원의 아버지가 자기 딸을 데리러 와서 같이 기차와 배를 갈아타고 부산에 도착한 후 기차를 타고 나주로 돌아왔습니다. 미쓰비시에서는 조선에 돌아가면 돈을 주겠다고 했는데, 이후 아무런 연락이 없었습니다.

 귀국한 후 광주사범학교에 입학했으나 졸업하지 못했습니다. 아버지가 친일파로 몰려 나주를 떠나 부산으로 이사해야 했기 때문입니다. 폐결핵에도 걸려서 6년 정도 입원생활을 했습니다. 일본에서 고생한 탓이겠지요. 결혼했지만 평생 혼인신고도 하지 못하고 살았습니다. 지금 혼자 광주 근교 화순에서 작은 빵집을 꾸려가고 있습니다.

오늘날까지 한국에서는 정신대를 일본군위안부와 같다고 생각하고 있기 때문에, 조선여자근로정신대로 일본에 갔다 왔다는 말은 털어놓지 못하고 살았습니다. 결혼을 할 때에도 발설하지 않았으나 나중에 알려져서 결혼생활은 파탄에 이르렀습니다. 나주에서 같이 갔던 친구들도 마찬가지입니다. 교장의 달콤한 말에 속아 일본에 와서 애초의 목적은 하나도 이루지 못하고 결국 제 몸에 남은 것은 폐결핵이라는 중병과 정신적 불안감 등 고통의 후유증과 마음에 쌓인 원한뿐입니다. 일본정부는 조선의 어린 소녀들을 속여 끌고 와서 소녀의 몸으로는 감당할 수 없는 중노동을 무자비하게 시켰을 뿐만 아니라 인간 이하의 차별과 학대 속에서 짐승취급을 하고도 50여 년이 지나도록 사실 규명도 하지 않고 한 마디 사과도 하지 않고 있습니다.

정말 하늘이 노할 일입니다. 일본이라는 나라는 한 조각 양심도 없는 야만국과 다름없습니다. 일제 강점기에 저는 학교에서 대일본제국은 일·영·미의 순서라 칭하며, 영국이나 미국보다도 앞선 선진국이요 사회질서와 가치관이 바로 선 양심국가라고 배웠습니다. 그러나 일본에서 비참한 경험, 전후 50년 동안 일본정부가 보여 온 기만과 무책임함을 직접 체험하면서 그 모든 것이 한낱 구호와 허상에 지나지 않았다는 것을 뼈저리게 느꼈습니다. 나고야 공장에서 일할 때, 공장을 순시하러 온 일본 장관이, 제가 일하는 모습을 보며, '일본은 저렇게 열심히 일하는 반도 소녀를 본받자!'라며 칭찬하고 표창장도 주었습니다. 어린아이들을 부려먹으려고 부린 술책인지도 모르고 저는 더욱 열심히 일했습니다. 아버지가 데리러 왔을 때에도, 속으로 '표창장까지 받았는데, 행여 학교에 보내주겠지'하며 따라가지 않았습니다. 그런데 돌아온 것은 무엇입니까. 어린아이들을 속이고 부려먹은 일본정부와 기업은 대답을 해보십시오.

내가 지금 살고 있는 화순은 탄광지대입니다. 그곳에서 일하다가 병이 들면 정부로부터 의료보험 혜택을 받고 보상금을 받습니다. 탄광의 직원이자 보험료를 내고 있는 사람으로서 당연히 받아야 할 보험이고 보상입니다. 그런데 우리는 대일본제국의 허상에 속아 정신적 육체적 고통을 받으며 중노동을 강요당하고도 급여 한 푼 받지 못한 채 50여 년의 세월을 굴욕과 고통 속에 살고 있습니다. 우리가 낸 후생연금보험은 어디로 갔습니까.

일본정부와 미쓰비시중공업은 이에 대해 진심에서 우러난 사죄를 하고 당시 우리들의 임금을 현재 가치로 환산해 지불해주어야 하며 우리가 받은 고통에 대한 피해배상을 해야 할 것입니다. 미쓰비시는 100여 명이 넘는 조선 소녀들을 몇 년이나 호된 중노동을 시키고도 임금 한 푼 지불하지 않았고, 그러면서도 패전 후 기업의 재건을 위해 1945년 11월 도리어 일본정부로부터 보상받지 않았습니까.

우리는 일본정부의 동정을 바라는 것이 아닙니다. 당당하게 요구하는 것입니다. 마지막으로 일본과 일본인들의 양심을 기대하며, 다시 한 번 강력히 요청하는 바입니다.

1999년 10월 1일
원고 김○옥
나고야 지방 재판소 민사 제4부 귀중

어쩌자고 그 먼 곳으로 어린애를 보냈단 말입니까!

1921년 전남 영광군 영광면에서 태어나 대구에서 교사 생활을 했던 스기야마 토미는 부친의 고향이 도야마현이었지만 한반도를 고향이라 생각하며 살아왔다. 일본 패전 후 도야마로 돌아갔지만 나중에 죽으면 자신의 영혼은 반드시 한반도로 돌아갈 거라고 믿고 있다. 한반도의 땅에서 나온 것을 먹고 한반도의 공기를 마시면서 성인이 되었기 때문이라 했다. 스기야마 토미가 2007년부터 3년간 했던 인터뷰를 통해 밝힌 내용이다.

또한 그녀는 스스로 '정신적 전범'이라 고백했다. 조선에서 조선인을 해코지하거나 차별하지 않았으나, 교사로써 황민화 교육과 군국 교육을 수행했기 때문이었다. 그래서 일본에 돌아간 후 조선 아이들을 일본인으로 만들려고 했다는 죄의식에 괴로워했고, 속죄하기 위한 활동도 했다. 관부재판에 증인으로 출석해 옛 제자를 위해 후지코시강재(주) 도야마 공장 동원 상황을 증언하기도 했다.

교사 스기야마 토미의 반성

제가 조선에서 태어난 것은 부모님이 조선에 건너가 전남 영광에서 과수원을 시작했기 때문입니다. 그런데 영광면에는 일본아이가 다닐 만한 학교가 없어 1923년 경북 대구부로 이사했습니다. 대구에서는 고물상을 하다가 이후 모자점을 하며 살았습니다. 고객 가운데에는 조선인도 많았습니다. 당시에는 조선에서도 남자들은 당연히 모자를 쓰고 살았으니까요.

저는 대구공립 혼마치 소학교를 거쳐 1939년에 대구공립여학교를 졸업하고 경성여자사범학교 연습과를 졸업해 대구 달성국민학교에 부임했습니다. 4학년 남녀학급의 담임이었습니다. 처음이나 이후나 학교에서는 아이들과 너무도 잘 지냈습니다. 배급이 끊겨 설탕을 먹지 못하는 아이들을 위해 집에서 설탕을 가져다가 학교에서 사탕을 만들어 입에 넣어주기도 했습니다. 우리 집은 상점을 하니 아무래도 그런 물건은 풍족했지요. 소풍을 가면 어머니에게 계란구이도 많이 만들어 달라고 해서 아이들과 함께 나눠 먹었습니다. 우동재료를 준비해 솔방울 채취 노력봉사에 다녀온 아이들에게 우동을 한 그릇씩 만들어주기도 했습니다. 종이 연극을 만들어 함께 보기도 했습니다.

그러나 제가 조선 아이들을 차별하지 않았다고 해서 책임이 없는 것은 아닙니다. 증산을 해야 한다며 학교 운동장을 밭으로 만들어 아이들이 뛰어 놀 공간은 사라졌습니다. 아이들을 데리고 방공 연습을 했고, 아이들에게 군사훈련도 시켰습니다. 장교가 와서 아이들에게 군사행진을 지도했습니다. 국방헌금을 강요하고 반별로 국방헌금 그래프를 그려가며 독려했습니다. 직원 조례시간에는 '필승독본'이라는 책을 돌려가며 읽었습니다. 이런 학교에서 저는 교사였습니다. 국방헌금 담당자로부터 "비행기 한쪽 날개가 생겼다"는 말을 듣고 기뻐했지요.

달성국민학교에서 학생들을 가르칠 때 우리 반 아이 한 명이 도야마에 여자근로정신대로 간 일이 있었습니다. 당시 달성국민학교는 학생이 2천 명 가까이 되는 큰 학교인데, 정신대로 간 아이는 단 한 명이었습니다. 보내려는 열의가 학교마다 다르지 않았나 싶습니다.

스기야마 토미가 교직생활을 했던 옛 달성국민학교 교정. 왼쪽 2층 건물이 일제시기 사용했던 건물의 일부(2011년 12월 9일 촬영)

교장선생님은 미술을 전공하셔서 그런지 마음이 느긋했던 것 같아요. 그래서 정신대로 아이들을 보내라는 압박이 별로 없었습니다.

당시 졸업한 여학생반은 단 한 반이었습니다. 제가 4학년 때 담임을 했는데, 5학년 때는 K선생님이 담임을 하고 6학년 때는 M선생님이 담임을 했지요. 그러던 중 1944년 1월부터 3개월간 경성여자사범학교 본과 연구과라는 것이 생겨서 경북도청의 명령으로 연수를 가게 되었습니다. 연수를 끝내고 학교로 돌아오니 '여자정신대라고 해서 학생들을 권유하는 것 같다'는 소문이 들렸습니다. 6학년 담임이셨던 M선생님이 그해 졸업한 마흔여섯 명의 아이들에게 권유를 하고 있었습니다.

결국 아이 한 명이 지원을 해서 도야마로 가게 되었어요. 저는 마음에 걸렸어요. 아마 정부 지시가 교장 선생님께 전달이 되고 교장 선생님은 그해 졸업한 아이들이 대상이 되다보니, 6학년 담임선생님께 일단 말을 했을 테고요. 또 그 선생님은 아이들을 모으기 위해 집집마다 돌면서 권유를 했겠지요.

그 말을 듣고 제가 그 선생님께 가서 "너무 하지 않습니까. 소학교 6학년을 졸업했다고는 하지만 아직 애가 아닙니까? 그 먼 곳, 눈도 많이 오는 곳의 공장에 이제 갓 졸업한 어린애를 보낸다는 것이 말이 됩니까?"하며 화를 냈습니다. 그랬더니 "아니, 그래도 일손이 부족하기도 하고, 홍보 영화를 보면 도서실이나 식당도 굉장히 시설이 좋은 것 같던데 뭘 그러십니까?" 하시더군요. 하지만 그 선생님 자신도 들었을 뿐이지 실제 어떤 상황인지 모르고 계셨어요. 홍보 영화만 보고 아이를 보냈으니 무책임한 일이지요. 정신대에 가게 된 아이는 평소에 저를 잘 따르던 아이였는데 제게 아무 말도 하지 않고 훌쩍 가버렸습니다. 이 아이와는 50년이 넘어 일본 법정에서 다시 만났습니다.

저는 아이들을 업신여기거나 차별하지는 않았고, 조선인 학교에서 근무한 것을 행복하다고 여겼습니다. 그러나 당시 교육을 받은 한국인들에게 얼마나 많은 한을 품게 했을까 하는 생각을 하게 되면 소름이 돋습니다. 당시에는 몰랐어요. 원래 가해자는 아픔을 모르는 것과 마찬가지입니다. 제가 제자를 감싸준 것이 아니라 조선의 아이들이 저를 위해 열심히 노력을 해주었던 것이지요. 정말로 그 때는 열심히 전쟁을 위해 충성해야 하고 '짐승 같은 미국과 영국'이라고 생각했어요. 참, 교육이라는 것이 얼마나 무서운 것인가를 새

삼 느낍니다. 그렇지만 그 때는 제가 잘못되었다는 것을 생각하지 못했습니다. 그런데도 전쟁이 끝나고 나서 제자들은 부족한 저를 선생님이라며 무사히 일본으로 돌아갈 수 있도록 도와주었습니다. 수레를 빌려와 짐을 실어주고 성난 군중들 앞에서 난처해진 저를 구해주었으며, 그 후에도 일본에 찾아와 주었습니다. 정말 따뜻한 마음이었습니다.

일본으로 돌아간 후 저는 제자들을 만날 때마다, 그리고 많은 한국 분들에게도 늘 사과드리고 있습니다만. 그렇다고 제가 교사로서 했던 일이 용서되는 것은 아닙니다. 그저 목숨이 다하는 그 날까지, 제가 한국에서 했던 일과 한국이 베풀어준 따뜻함을 일본 사회에 널리 알리려고 합니다. 그리고 늘 하는 생각입니다만. 제 영혼은 틀림없이 제가 태어난 한국 땅으로 돌아갈 것입니다.

언니에게 데려다 준다고 해서 따라나선 것밖에 없습니다

제2차 후지코시강재 소송 원고단의 한사람인 정주는 나고야 미쓰비시로 동원된 언니(성주)에게 데려다준다는 일본 교사의 거짓말에 속아 평생을 눈물로 보낸 주인공이다. 지금도 늘 예의 바르고, 상냥하고, 주변에 친절하지만 일본정부와 기업을 상대할 때는 누구도 말릴 수 없을 만큼 단호하고 강경하다. 근로정신대 피해자인 두 자매는 모두 소송에서 승소했지만 심한 파킨슨병으로 고통받고 있다.

정주 할머니의 호소

1945년 2월, 정주는 순천남국민학교 6학년 재학 중에 학교도 마치지 않은 채 도야마에 있는 후지코시강재(주) 도야마공장에 갔다. 1931년 전남 순천에서 태어난 정주가 도야마에 간 것은, 담임교사가 1년 전 근로정신대로 일본에 간 언니에게 데려다 주겠다고 했기 때문이다. 선생님은 "일본 가면, 언니를 만나 같이 학교도 다니고, 공부도 하고, 네가 일본에서 하고 싶은 일은 마음대로 할 수 있어. 집에 오고 싶으면 언제든지 올 수 있고 얼마나 좋은지 모른다. 언니가 1년 전에 갔으니까, 네가 가서 같이 있으면 참 좋다. 중학교만이 아니라 고등학교도 갈 수 있고, 상급학교에 가는 데 유리하다"고 설득했다. 그래서 떠났다. 평생의 한으로 남으리라고는 상상도 못했다.

정주네 집은 순천시 대수정大手町 경찰서 바로 앞이었다. 할아버지 때부터 한약방을 해서 동네에서 한약방집 손주라고 불렀다. 고모할머니도 순천 매산중학교를 나왔고 형제들도 모두 공부를 마쳤는데 정주와 언니만 중학교를 못 갔다. 학교에 다니던 어느 날 아버지가 진해 군부대에 징용을 가셨다. 어머니가 돌아가시고 계모가 있었는데, 아버지가 징용을 가시니 마음이 참 헛헛했다.

그때 오가키라는 일본 선생님이 있었다. 정주네 집에서 몇 미터 안 되는 거리에 살아 집안 사정을 너무도 잘 아는 사람이었다. 어느 날 선생님이 "아키코상!"하며 부르더니 졸업한 언니를 자기 집으로 불러달라고 했다. 선생님 댁에 다녀온 언니는 선생님이 일본 나고야에 가라고 한다고 했다. 처음에는 가지 않겠다고 말씀드렸으나 자꾸 불러 설득을 하니 몰래 할아버지 도장을 찍어 신청했다. 정주네 집은 한약방만 한 것이 아니라 논도 많아서 생활이 풍족했다. 머슴들이 문간방에 살고, 안채와 사랑채에 할머니 할아버지 증조할머니가 계시고, 8남매가 다 같이 살았다. 할아버지도 교장선생님을 하셨고, 같이 살던 작은아버지도 순천고등학교에 다녔다. 일본에 돈벌이를 갈 필요가 없는 풍족한 집안이었다. 그런데 언니가 몰래 신청을 했다.

언니가 일본으로 출발하는 날, 가족들이 알게 되어 할머니가 울고불고 난리를 쳐도 당국에서는 이미 날짜가 정해졌으니 물릴 수 없다고 했다. 아버지도 안 계신 상황에서 언니는 일본으로 떠났으나, 그 뒤로 편지 한 장 오지 않았다. 정주는 언니가 참으로 그리웠다. 밑으로 동생들이 있었지만 나이 차이가 많아 이야기 나눌 사람도 없었다.

다음해 2월, 언니가 떠난 후 1년이 지나 졸업할 때가 되었는데, 담임선생님이었던 오가키 선생님이 정주를 부르더니 언니 있는 곳에 가지 않겠냐고 했다. 아버지도 안 계셔서 외로운데 언니가 그립고 해서 선생님 말씀대로 하기로 했다. 언니처럼 몰래 할아버지 도장을 가져다 찍었다. 떠나기 하루 전날, 할머니가 알게 되어 난리가 났다. "이놈의 가시내야. 네 언니 간 것도 원통해 죽겠는데, 너까지 가려고 하느냐. 네 언니도 가서는 소식이 없는데 어째 가려하느냐"고 울면서 못 가게 했다. 그 소리를 듣고 바로 옆집인 오가키 선생님이 눈치를 채고 연락을 했는지 곧바로 군청에서 남자들이 와서 할머니를 데리고 갔다. 어린 정주는 얼마나 무서웠는지 모른다. 집에 돌아온 할머니는 정주에게 미숫가루와 구운 피문어를 잘라 주머니에 담아주시고, 속옷과 여벌의 옷도 싸 주셨다. '오고 싶으면 언제든지 올 수 있다'고 했으니 짐은 많이 가져가지 않았다. 평소에 늘 좋은 옷을 입고 살았으니 떠날 때도 좋은 옷을 챙겨 입고 갔다.

이튿날, 정주는 학교 강당에 서서 대표로 인사말을 하고 출발했다. 정주네 학교 6학년에서는 두 명이 갔다. 아침 9시에 순천 군청으로 모였는데, 다른 학교에서 온 학생들은 다들 덩치가 큰 언니들이었다. 70~80명은 되어 보였다. 정주 같이 어린 아이들은 순천남국민학교에서 간 두 명밖에 없었다. 이들은 졸업장도 받지 못한 채 갔다. 군청에서 정주네 할머니가 또 울고 불고 난리를 쳐서 눈물바다가 되어버렸다. 여수에서 부산으로 배를 타고 가서 부산에서 일본으로 떠났다.

일본으로 가는 도중에 미국 비행기가 공습을 한다고 배 안에서도 빨간 구명조끼를 입고 긴장 속에 떠났다. 다행히 공습은 없었지만, 배 멀미를 얼마나 심하게 했든지 기진맥진한 상태에서 간신히 시모노세키에 내렸다. 시모노세키에 가서 큰 식당에 갔는데 반찬은 많이 나왔는데, 워낙 멀미를 심하게 하니 다들 먹지도 못했다. 정주는 부모님이랑 할머니 생각이 더 나서 눈물을 펑펑 흘리고는 다시 기차를 타고 도야마로 갔다. 참 멀었다.

이튿날 도야마에 가니 인근에 아무 것도 없는 허허벌판이었다. 기숙사가 있는데, 주변이 모두 철조망이었다. 그런데 중요한 것은 언니가 없었다. 언니를 보게 해준다고 해서 왔는데, 막상 일본에 오니 언니는 조선보다 더 먼 나고야에 있는 것이다. 선생이 한 명이라도 더 보낼 생각에 속인 것이다. 그런 거짓말을 하면서도 선생이라니 참으로 기가 막혔다. 정주는 '언니를 보러 왔는데, 언니는 보지도 못하고 순전히 거짓말로 나를 데리고 왔구나' 싶으니 서러워서 또 울었다. 다른 아이들도 학교에 보내준다더니 학교는 어디에 있냐면서, 기숙사 앞에서 눈물바람을 했다.

기숙사는 2층인데, 한방에 8명씩 들여보냈다. 전라도, 경상도, 강원도에서 온 아이들이 모두 들어갔다. 방에는 국방색 이불과 요가 하나씩 있고, 베개는 없었다. 빨간 십자가가 붙은 하얀 위생주머니가 베개라고 했다. 위생주머니에는 빨간 소독약, 작은 붕대, 편지지, 볼펜이 각각 하나씩 들어 있었다. 편지지와 볼펜은 있지만 고향에 편지는 보낼 수 없었다. 언제든 집에 보내준다는 약속을 믿고 집 주소도 모른 채 갔기 때문이다. 얼마나 순진했는지 모른다. 정주가 편지를 보내지 않으니 집에서 주소를 몰랐으므로 고향에서 편지를 받은 적도 없었다.

기숙사에 들어가니 위아래 한 벌로 남자들 입는 국방색 옷을 주었다. 칼라를 바짝 세우고 조끼 단추를 채우고 모자를 쓰는 복장이었다. 그 옷을 입고 일주일 동안 운동장에서 제식훈련을 받고, 일본 군가를 배웠다. 멀미로 일주일 동안 먹지도 못하면서 교육을 받았다. 공장은 기숙사에서 멀어서 한 시간 정도 걸어가야 했다. 그 해는 눈이 참 많이 왔다. 너무 추워서 손이고 발이고 모두 동상이 걸려 새빨갛게 되었다. 세탁한 옷을 널어둘 곳이 없어 숙소 주변에 둘러친 철조망에 널곤 했다. 눈이 펑펑 내리는데, 찬

물에 빨래를 해서 널고 있노라면 건너편에서 일본 아이들이 '조센징 조센징!'하며 놀리곤 했다. 그래서 한번은 아이들에게 "조센징이 무엇입니까? 내선일체는 무엇입니까. 내선일체라고 하면서 왜 우리보고 조센징이라고 합니까?" 하며 소리친 적도 있었다.

아침 5시가 되면 일어나 출동 준비를 했다. 식사는 매일 당번을 정해 현관 문 앞 주방으로 가서 받아 왔다. 동그란 나무 밥통에 한 방 사람이 먹을 만큼의 밥을 받아와 양철그릇에 나누어 먹었다. 반찬은 딱 한 가지였다. 아침에는 밥과 된장국, 저녁에는 밥과 단무지. 그나마도 점심에는 밥을 주지 않고 손바닥만 한 삼각빵을 주었다. 식빵 한 조각을 반으로 나눈 것이니 얼마나 작았겠는가. 너무 배가 고파 봄이 되면 운동장의 풀이든 쑥이든 다 뽑아먹었다. 그러다보니 머리가 빠지는 병에 걸린 아이들이 많았다. 지금 생각해보면 영양실조였는데, 당시에는 장티푸스 같은 역병에 걸렸다고 생각했다. 정주도 그 병에 걸려 약을 받아먹었지만 머리카락이 거의 다 빠지다시피 했다.

아침 식사 후에는 공장으로 일하러 나갈 준비를 하고, 7시에 국방색 옷과 모자를 쓰고 위생주머니를 차고 출근했다. 출근할 때에는 숙소 현관문 앞에 줄을 서서 경례를 하고 힘찬 목소리로 "다녀오겠습니다!"하고 사감에게 인사했다. 사감을 선생님이라고 불렀는데, 인사를 마친 후 '이기러 가자!'는 일본 노래를 부르며 공장까지 행진했다.

공장에서 한 일은 선반기계로 총알이나 총구 등 쇠의 표면을 몇 미리씩 다듬는 가와누키皮ぬき 작업이다. 길다란 선반 기계를 다

도쿄 대공습. 1945년 3월 10일 막바지로 치닫던 제2차세계대전을 끝내고자 미군이 일본의 수도 도쿄 일대에 감행한 폭격. B-29 폭격기 340여 대가 대당 7톤 총 2,400여 톤의 폭탄(주

뤘는데, 키가 작은 정주는 사과 상자 두 개를 올려놓고 올라가서 일했다. 하루 종일 감독의 지시에 따라 쇠를 깎았다. 권총 쏘는 곳에 들어가는 부품이라고 했다. 기계는 얼마나 무서운지 모른다. 조금만 잘못 만졌다가는 손목이 나갈 수도 있었다. 더구나 키가 작은 처지에서 짧은 팔로 쇠를 깎는 일은 참 힘들었다. 그런데 감독은 계속 곁에 서서 빨리빨리! 하라고 악을 썼다. 그 소리를 들으면 더욱 무서웠다. 공장은 기름 천지인데, 감독이 뺨을 때리면, 튕겨나가 기름 바닥에 뒹굴었다.

조선 소녀들이 선반기계로 쇠를 깎으면, 일본 보국대원들이 마무리와 포장을 했다. 마무리와 포장은 쉬운 일인데 쉬운 일은 일본인이 하고 어려운 일은 조선아이들에게 시킨 것이다. 일본 아이들은 하얀 밥을 싸와서 먹었는데, 도시락 밥이 그렇게 부러울 수가 없었다. '아, 나도 고향에서는 하얀 쌀밥을 먹었는데' 하며, 정주는 부모님 생각을 했다. 더구나 감독은 절대 일본 아이들을 때리지 않았으니 더 부러웠다.

그렇게 일을 하고 저녁 5시가 되면 공장 앞에서 줄을 서서 행

로 소이탄을 도쿄 상공에서 투하했다.

진을 하며 숙소로 돌아오지만, 단 한 사람이라도 할당량을 마치지 못하면 6시든 7시든 기다렸다가 같이 와야 했다. 할당량은 나이와 무관하게 모두 같았다. 나이가 어리다고 줄여주지 않았다. 일 년 열두 달 쉬는 날이라고는 하루도 없었다. 워낙 외진 곳이라 탈출은 꿈도 꾸지 못했다. 공장에 있을 때는 그런 소문도 들은 적이 없었다. 나중에 소송을 하면서 들으니 후지코시공장에서 한 명이 탈출을 시도하다가 잡혀서 군위안소로 갔다고 했다. 그런데도 《허스토리》라는 영화에서는 정주네 일행이 모두 군위안소로 간 것처럼 표현했다.

공습 때문에 밤이 되어도 쉴 수 없었다. 공습은 공장 일보다 더 힘들었다. 소녀들은 미국 비행기를 금빛 날개라고 불렀다. 공습은 하루에 한 번 있을 때도 있지만 두 번 있는 날도 있었다. 공습이 없는 날은 없었다. 공습에 대비해 기숙사에서도 신발을 신고 자다가 공습이 시작되면 미국 비행기 B-29를 피해 이불을 머리에 둘러쓰고 매일 수십 리나 되는 길을 걸어 방공호로 피난을 갔다. 방공호는 안에 물이 가득하고 모기가 가득해 들어가 있는 것도 고역이었다. 밤에 어두운 논길을 따라 걷다가 넘어지기도 했고, 소이탄 떨어지는 모습도 보았다. 불빛이 번쩍하는데 사람이 죽고 말의 배가 터져 죽는 모습이었다. 새벽에 돌아오면서 밭에서 오이나 참외를 먹을 때도 있었다. 그런 날은 운이 좋은 날이다. 돌아오면 아침이 되니까 다시 이불을 정리하고 밥을 먹고 공장으로 일하러 나가야 했다. 너무 힘들었다. 밤에는 공습으로 잠 잘 수도 없지, 배는 고프지, 부모님 생각은 나지. 숙소에 도착해서 한 아이가 울면 모든 아이들이 울음바다였다. 정말 안 우는 날이 없었다.

해방이 되었지만 해방도 몰랐다. 전쟁 끝났다고 우는 일본 사람들 소리도 못 들어봤고, 한국에 나갈 수 있다는 소리도 들어본 적이 없다. 그냥 촌구석에서 아무 것도 모르고 지냈다. 공장에서는 계속 일을 시켰다. 그러다가 10월 말 경이 되어 고향으로 왔다. 고향으로 가는 것도 몰랐다. 만약 돌아간다는 것을 알려주었다면, 정주는 사감에게 맡긴 돈을 찾아왔을 것이다. 소녀들이 도야마에 갈 때 가지고 있던 돈을 모두 맡기라고 해서 맡겨두었다. 그런데 알려주지 않았다. 그래서 아무 것도 찾아오지 못했다. 정주가 가지고 간 돈도 찾아오지 못했는데 임금을 받았을 리 없다.

여러 사람이 번갈아가며 소녀들을 데리고 왔다. 시모노세키까지 기차로 가고, 시모노세키에서 배로 여수에 왔다는데, 정주는 그저 졸래졸래 따라왔다. 따라오라는 데로 따라갔더니 어느새 순천이라고 하면서 "여기가 순천이니 집 찾아가라"고 했다. 그

말을 한 사람이 누구인지 기억도 못한다. 순천 한복판이 집이라서 찾아왔지 아니었으면 못 찾았을 것이다. 얼마나 어리고 바보였는지 모른다. 집에 오니, 먼저 와 있던 언니가 "나는 한 달 전에 왔는데, 너는 왜 이렇게 늦게 왔냐. 나는 네가 죽은 줄 알았다"고 했다.

정주는 입던 옷 그대로 돌아왔다. 일본에 갈 때 입고 간 옷조차 가져오지 못했다. 고향으로 간다는 말이 없어 입은 그대로 나왔기 때문이다. 도야마에서 일할 때에도 회사에서는 속옷 한 장, 양말 한 짝 준 적이 없었다. 국방색 겉옷과 모자, 그리고 위생주머니 하나밖에 받은 것이 없다. 만약 후지코시강재에서 속옷이나 양말이라도 하나 받았으면, 한국 사람이 아니라 '일본 놈의 자식'이다.

집에 돌아온 정주는 한글을 깨치기 위해 야학을 다녔다. 한글이라고는 국민학교 2학년을 마지막으로 배우지 않았기 때문에 많이 잊어버렸다. 야학을 다니다 영특하다고 야학선생도 했다. 매산중학교 입학시험에 합격했으나 집에서 보내주지 않았다. 집안 어른의 소개로 순천도립병원 간호사로 가기로 했으나 역시 집안의 반대로 포기했다. 당시 간호사에 대한 인식이 좋지 않았고, 아버지는 한번 집을 나섰던 딸이니 얌전히 집에 있으라 했다. 그러나 정주는 지금도 아버지가 원망스럽다. 중학교 진학도 반대하고 간호사도 못하게 해서 결혼을 한 결과, 인생이 완전히 망가졌으니…

1980년대까지 일본에 다녀온 것을 속이고 살았다. 군위안부라는 이유로 이혼을 당했기 때문이다. 어느 새 세상은 이들에게 군위안부라고 못을 박았다. 언니도 이혼 당하지는 않았지만 험한 꼴을 많이 당하고 살았다. 정주는 갑자기 이혼을 당하고 갓난쟁이 아들과 같이 집을 나와 어렵게 살았다. 서른 셋 먹은 여자가 먹고 살려고 안한 짓이 없었다. 옥수수를 삶아 머리에 이고 다니며 행상을 하고, 온갖 물건을 다 팔았다. 어느 날 번 돈으로 쌀을 조금 사가지고 집에 오다가 빗물에 종이봉지가 터져 바닥에 흘린 적이 있었다. 빗속에서 바닥에 흩어진 쌀 한 톨이라도 놓칠세라 주어 담는데, 쌀은 자꾸 빗물에 씻겨 내려갔다. 어찌나 서러운지 눈물이 멈추지 않았다.

그러나 가난보다 더 한 것은 세상의 손가락질이었다. 소송을 하기 전까지는 일본 다녀온 이야기를 아들에게도 하지 못하고 살았다. 동생들 중에도 정주 자매가 일본 가서 고생한 것을 모를 정도였다. 지금도 순천경찰서 앞의 집에는 형제들이 살고 있지만, 인연이 끊어진지 오래다. 이혼을 당하면서 친정에서도 멀어졌다. 길을 다닐 때에도 좁은 길로만 고개를 숙이고 다녔다. 세상이 무서웠던 것이다.

'도대체 내가 무슨 잘못을 저질렀기에 친척들과 멀어지고 자식에게도 속이고 살아야 하는가. 나는 그저 언니가 보고 싶어서 시키는 대로 순진하게 간 것뿐인데.' 많이 자책했다. 할머니 말을 듣지 않아서 이렇게 됐다고 생각했다. 그러나 정주보다 더 나쁜 사람은 어린 아이를 속인 교사다. 오가키 교사는 아무 양심의 가책도 없이 살았을 텐데, 오히려 정주가 괴로운 삶을 이어간다는 것은 너무도 불공평하다. 만약 일본 아이들이 그런 일을 겪었다면, 일본인들은 가만히 있었을까?

그래도 가만히 있을 수 없어 언니와 함께 세상 밖으로 나섰다. 오직 언니와 친구들의 명예를 회복하는 길은 소송이라 생각하고 십년에 가까운 세월동안 희망을 품고 살았다. 그런데 일본 소송에서 기각 당했다. 소송을 하던 중 도야마 후지코시 회사에 갔더니, 중역들은 모두 달아나고 여직원 한 사람이 남아 있었다. 그들이 당당하다면 왜 달아난 것인가. 폭력을 휘두르는 것도 아닌데, 할머니가 된 이들이 무엇이 두려운가. 정주는 '일본이 진정 선진국이라면 당당하게 우리 앞에 나서야 한다'고 생각한다.

일본도 원망스럽지만 우리 정부도 원망스러웠다. 위원회에서 피해자 판정은 받았고, 위원회 덕분에 정주 일행이 군위안부가 아니라 일본 군수공장에서 일했다는 것도 알려졌다. 그러나 일본 시민들이 모은 돈과 변호사들의 무료 변론으로 소송을 하는 동안, 정부는 단 한 번도 관심을 기울인 적이 없었다. 관심은커녕 모른 척 했다. 때리는 시어머니보다 말리는 시누이가 밉다고, 우리 정부가 더 밉다. 위정자들이 나라를 제대로 지켰으면 그런 일을 당했겠는가. 나라는 찾았는데, 명예는 왜 이리 찾기 힘든가하는 생각을 한다.

이미 오래 전 일이지만, 국회에 호소하러 갔더니 국회의원이란 사람이 경비를 불러 정주 할머니 일행을 내쫓았다. 다들 국민들 세금으로 월급 받고 좋은 자동차 타고 다니는 사람들이다. 물론 위원회에서 피해자로 판정받은 다음에는 그런 일은 없었다. 청와대에서 불러주고 국회에서 전시회도 열어주었다. 그러나 그뿐이다. 사진 찍을 일이 필요할 때 부르는 듯하다.

　　동네사람들도 마찬가지였다. 1990년대에 처음 소송을 시작할 적에, 소송에 도움이 될까 하고 탄원서 한 장 받으려 해도 아파트 관리사무소장이 욕을 하며 쫓아냈다. 동사무소에서도 마찬가지였다. 거지도 이런 취급은 당하지 않을 것이다. 탄원서를 받으려 눈물을 쏟으며 다녔다. 그래도 배운 사람은 다르겠지 하며 이화여대로 갔다. 다행히 학생들이 열심히 서명해주었다. 선생님들도, 수위아저씨도 다 서명해주었다. 얼마나 고마웠는지 모른다. 물론 지금도 근로정신대와 일본군위안부를 구별하지 못하는 사람은 많다. 영화에서도 우리를 오해하게 만든다. 아직도 동네에서는 "저기 위안부 할머니 간다!", "저 할머니는 정부에서 돈도 많이 받는다는데" 하고 수군거리고, 어떤 이는 창피하게 소송한다고 퉁박이다. 우리가 못할 짓이라도 했단 말인가.

방적공장인가 무기공장인가

이곳이 어디란 말인가, 무엇을 하는 곳이란 말인가. 도대체 알 수 없다. 여자정신근로령이 발동되기 전부터 도쿄아사이토방적(주)에는 조선 소녀들이 일하고 있었다. 너무 어려서 어떻게 갔는지는 모르지만 군복과 위장 커버를 만들었던 기억은 난다는 소녀들. 1939년에 고향을 떠난 아이들이다.

열 살에 여공이 된 연진

1928년 11월 경남 하동에서 태어난 연진은 다른 아이들보다 늦게 입학했다. 부친이 지방 유지였지만 연진이 학교 갈 나이가 되어도 보내지 않았는데 어느 날 전근인사를 온 학교 선생님 권고로 학교에 다니게 되었다. 국민학교 2학년 때인 1939년, 일본에서 조선 사람과 선생님이 학교에 공장에 갈 사람을 데리러왔다. 그래서 간 길이 도쿄아사이토방적(주)이었다. 처음에는 일본 학교에 보내는 줄 알고 갔는데 가서 보니 공장이었다. 아버지가 동네에서 행세깨나 하는 집이었지만 전혀 몰랐다.

일본에 가니 넓은 들판에 공장이 있었는데, 멀리 후지산이 보였다. 연진은 누런색 몸뻬*를 입고 일했다. 월급 대신 용돈을 조금 주었다. 경비가 삼엄하고 너무 어려 탈출은 꿈도 꾸지 않았다. 너무 어리다보니 자다가 오줌을 싸는 조선 아이들도 있었다. 공장에는 조선인 여자선생님이 있었는데 조금만 수상한 행동을 해도 심하게 야단을 쳤다. 공장에서 관리자를 모두 선생님이라 부르게 했으므로 진짜 선생님인 줄 알았다.

처음 갈 때는 2년 기한이라 했는데, 6년 동안 일했다. 공장에 가보니 거제도 사람이 많았고, 양산이나 부산 사람도 있었다. 처음부터 기계를 죽 놓고 베 짜는 일을 했다. 나무껍질 같은 삼을 삶아 여러 공정을 거치면 목면같이 가는 실이 된다. 이것으로 직물을 만드는 것인데, 군대에서 쓰는 옷감이라 했다. 베 짜는 북에 왼손을 다쳐서 지금도 주먹을 쥘 수 없다.

* 부인들이 일할 때 입는 통이 넓은 바지 모양의 옷

일은 힘들었어도 참을만 했는데, 1945년에 들어서니 공습이 엄청났다. 천지가 진동하고 밤마다 피난 다녀야 했다. 지진인지 공습인지 분간도 할 수 없었다. 어느 새 공장에서 남자 모습은 볼 수도 없었다. 모두 다 전쟁터로 나가고 기계 고치는 사람도 없을 정도로 귀했다. 일본 학생들도 몸뻬를 입고 단체로 '정신대'라는 이름으로 일하러 왔다. 조선에서도 정신대가 왔다는데 만나지는 못했다.

연진은 이렇게 살다가는 죽을 것 같아 부모님께 부탁했다. 결혼을 하게 되었으니 보내달라는 편지를 회사로 보내달라고 했다. 집에서 편지를 보냈지만 회사에서는 보내주지 않았다. 계속 편지를 써서 보내달라고 했더니 사무실에 편지가 쌓일 정도로 부모님은 열심히 편지를 보내주었다.

그러던 4월 어느 날, 공장의 일본 사람이 나오라고 하더니 수속을 해주고 연락선 타는 항구까지 데려다 주었다. 혼자 나온 것이 아니라 결혼한다는 소녀들 몇 명이 같이 나왔다. 간신히 배를 구해줘서 하루 저녁 내내 배를 타고 부산으로 돌아왔다. 전쟁이 끝나기 전에 고향으로 돌아온 것은 참 잘한 일이었다. 나중에 귀국한 친구들에게 들으니 연진이 돌아온 후 소이탄 공격이 더욱 심해져서 공습으로 공장이 불에 탔다고 했다. 거기 그대로 있었으면 큰일 날 뻔했다. 그 전에 돌아와서 천만 다행이다.

영장을 받은 소녀 남이

1929년 경남 진주에서 태어난 남이는 집이 어려워 국민학교도 못 다녔다. 아버지가 일찍 돌아가시고 오빠만 둘이 있었는데, 오빠들도 모두 징용을 가서 어머니와 단 둘이 살았다. 남이가 하도 학교에 보내달라고 성화를 하니 어머니가 2년제 간이학교에 보냈다. 1944년 간이학교에서 일본말을 조금 배우며 지냈는데, 영장이 나왔다고 했다. 영장 안 받은 사람은 같은 나이라도 시집 간 사람이었다. 시집가지 않은 아이들은 다 영장이 나왔다고 했다. 도쿄아사이토방적(주) 누마즈 공장에 가라는 영장이라고 했다.

당시 면서기인 사촌오빠에게 '영장 취소해 달라'고 했더니, 면서기라도 그런 일은 못한다며 이번에 좀 좋은 데로 나온 거니까, 가라고 했다. 너는 일본말도 잘하고 똑똑하니까 어디를 가도 귀여움을 받을 것이라며 바람도 쐬고 하면 사람도 커지고 좋으니 가보라고 했다. 그 말을 들으니, 이왕 영장 나온 김에 세상 구경 좀 해보자는 마음도 생겼다. 남이는 마음을 단단히 먹고 갈래머리를 싹둑 잘라 단발머리를 하고 갔다. 부산에서 탄 연락선은 3층이었는데, 회사 사람은 배의 맨 아래층에다가 아이들을 집어넣고는 비행기가 와서 배를 뒤집으면 베개를 어떻게 짊어지고 어떻게 하라고 가르쳐줬다. 베개는 일반 베개가 아니라 구명조끼였다.

배를 타고 가는 도중 미국 비행기를 만나기는 했지만 무사히 바다를 건넜다. 지하 선창에 있다가 공습경보가 울리면 갑판으로 올라가곤 했다. 갑판에서 보니, 동서남북 다 쳐다봐도 하늘과 물이 딱 붙어 있었다. 그것을 보니 갑자기 눈물이 쏟아졌다. 이제 죽는 것인가 하는 생각도 들고, 이렇게 가다가 어찌될까 하는 생각도 들었다. 그렇게 몇 번을 오르락내리락 하며 항구에 도착했다. 공장은 참 멀었다. 연락선에서 내린 시모노세키에서도 사흘

밤을 기차를 타고 더 가려니 다리가 퉁퉁 부었다. 후지산 밑에 내려 줄을 맞춰 졸졸졸 따라 걸었다. 좋게 생각하면, 소풍가는 듯 보이겠지만, 멀미에 빈속에 무슨 정신인지 모르고 따라갔다.

공장에 도착해보니, 큰 기숙사가 있었다. 아침에 식사를 하고 공장으로 가면, 위에서 실이 추르륵! 내려오는 기계가 있는데, 앞에도 있고 뒤에도 있었다. 공장 안에 달아놓은 큰 스피커에서는 낮밤을 가리지 않고 일본 노래가 쾅쾅 나왔다. 밤에는 졸지 말라고 더 크게 틀었다. 주머니에 작은 가위를 넣어 요리조리 포 끈을 자르고 기계가 잘 돌아가도록 하는 일을 했다. 기다란 기계를 앞뒤로 두고 돌아보면서 하는 일은 어렵지 않았다. 문제는 졸음이었다. 밤낮으로 교대하며 일하는데 밤 근무에 들어가면 아침 8시가 되어야 나왔다. 밤 근무하던 남이가 먼동이 트는 것을 보고 고향의 엄마가 보고 싶어 살짝 뒷문을 열고 나갔더니, 어느 새 일본 사람이 쫓아와 벼락같은 소리를 질러댔다. 서러웠다. 그렇게 밤 근무를 하고 나오면, 그저 죽겠다 싶었다. 죽기는 죽는데, 엄마나 한 번 보고 죽으면 좋겠다는 마음만 가득했다.

공장에는 이미 몇 년 전부터 와 있던 조선 사람들이 있었다. 주로 경상도 사람들이었다. 옆 동네인 하동에서 온 언니들은 어린 우리를 예뻐했다. 언니들과 같은 방을 쓰지는 않았지만 늘 잘 챙겨주었다. 공장에 도착했을 때가 봄이어서 들에 나가면 고사리며 달래가 지천이었다. 일본 사람들은 이런 나물을 안 먹으니 들에 그대로 두었는데 언니들이 그것을 뜯어 소금에 무쳐주었다. 나물을 캐러 가면 일본 아이들이 돌을 던지며 '조센징, 더럽다'며 욕을 했다. 공장에서는 옷이고 뭐고 준 적이 없다. 가지고 간 옷으로 지냈으니 좋은 옷이 있을 리 없었으나 깨끗이 빨아 입고 다녔다. 그런데도 일본 아이들이 더럽다며 돌을 던지니, 어린 마음에도 서럽고 서글펐다.

정신대라고 일하러 나온 일본 처녀들도 있었는데 이야기를 나눠본 적은 없었다. 저녁이 되면 일본 처녀들은 집으로 가는데, 기숙사에 남은 남이 일행은 공습경보에 오갈 데가 없었다. 사감은 밖으로 나가라고 소리치는데, 나가보았자 들판이다. 들판에 누워 있으니 비가 부슬부슬 내리는데, 자세히 보니 비가 아니라 기름이었다. 천지에 내리는 기름비로 밭에도 기름이 질퍽했다. 아무 것도 따 먹을 수 없었다. 그런데 시간이 지나자 그저 기름비만 내리는 것이 아니라 불덩이가 내려왔다. 미군 비행기는 기름을 먼저 떨어뜨린 후 폭탄을 떨어뜨렸다. 처음에는 공습을 피해 들판으로 갔는데, 나중에는 산에 파 놓은 방공구덩이 속으로 피신했다. 구덩이에서 보니 작은 비행기가 온다. 다들 함재기艦載機라고 일본말로 '간사이기'라 불렀다. 원래 함재기는 '항공모함이 싣고 온 비행기'인데 실제로 항공모함이 싣고 왔는지는 모르지만 당시에는 다들 그렇게 불렀다.

미군 비행기는 사람이 보이면 내려와서 포를 쏘고 가버린다. 그것을 보고 있으려니, '아 이제는 살아서 고향에 못 가겠구나!' 싶은 생각이 들어서 눈물이 쏟아졌다. 미국 비행기가 무서워서 울고, 배가 고파서 울고 늘 울었다. 쌀이 부족하니 국그릇에 빵을 조금 넣고 끓여서 밥에 말아먹는데, 후루룩하면 끝이다. 너무나

1945년 10월 19일자 미군이 촬영한 후지코시강재 소녀들의 귀국 모습. 오른쪽에 '귀환 전라북도여자근로정신대'라고 쓰인 깃발을 들고 있다(木村秀明, 〈進駐軍が寫したフクオカ戰後寫眞集〉, 西圖協出版, 1983)

배가 고팠다.

    밤마다 미국 비행기가 와서 막 때리던 어느 날, 지진인지 공습인지 무슨 일이 일어났는지 갑자기 땅이 흔들리고, 스레이트 쌓은 것, 벽돌 쌓은 건물이 휘딱 휘딱 넘어가고, 담도 넘어갔다. 불더미가 훌렁 훌렁 흔들어 제치면서 건물이고 뭐고 다 넘어갔다. 공장이 불에 타버리고 공장 울타리마저 사라지니 난리가 났다. 회사에서는 소녀들을 오야마에 있는 후지방적이라는 공장으로 데려갔다. 오야마공장은 누마즈공장과 비교도 안될 만큼 작았다. 일단 사람을 옮겨놓기는 했지만 시국이 이런데 제대로 일이 될

리 없었다. 일 시키는 사람도 뭘 어찌할 줄 모른다. 그렇게 서너 달 있다가 전쟁이 끝났다.

전쟁이 끝나자 일본 사람들이 와서 나가라고 했다. 더 이상 밥 주고 재워 줄 수 없으니 가라고 했다. 오고 싶어 온 것도 아닌데, 갑자기 푸대접이다. 가라고 하면서 돌아갈 배를 마련해주는 것도 아니었다. 함바에서 일하던 전라도 사람(여성)과 함께 시모노세키까지 와서 밀배를 얻어 탔다. 정부에서 허락받은 배가 아니라고 도둑배라고 불렀다. 제대로 된 연락선은 힘 있는 남자들이나 탈 수 있었다. 여자들은 배 구하는 것도 쉽지 않았다. 가진 돈이 없으니 뱃삯이 없어 망설이고 있는데 전라도 사람이 뱃삯도 내주었다. 전라도 사람은 공장 함바 식당에서 일하면서 돈을 좀 모은 모양이었다. 필시 아이들 먹을 식량 줄여서 빼돌린 돈일 텐데, 당시에는 그런 줄도 모르고 고마워했다.

간신히 배는 구했지만 배가 어찌나 작은지 바다 한 가운데에서 어디로 갈지 모르고 그저 흔들거렸다. 처음에는 멀미를 했는데 배 안에서 사흘을 굶다보니 더 이상 토할 것도 없었다. 배에 물이 들어오니 바다 한 가운데에서 물 퍼내는 것이 일이다. 그저 목숨만 구하면 좋겠다는 심정으로 열심히 배에서 물을 퍼내며 오다가 쓰시마^{對馬島}에 멈췄다. 바람이 심해서 하룻밤 쉬어 가야 한다고 했다. 하룻밤을 쉬었다가 다시 새벽에 출발해 간신히 부산에 도착했다. 빈손으로 왔지만 그런 것을 생각할 여유도 없었다. 무사히 온 것만으로도 감지덕지하며 집으로 갔다. 지금 생각하면, 배 곯고 일본 사람들에게 천대를 받았지만 군인들 시중드는 위안부로 가지 않은 것은 얼마나 다행인가 싶다. 그때도 공장 주변에 그런 일 하는 조선 사람들이 많이 있었다고 했다. 다행히 그런 험한 꼴을 당하지 않은 곳에 갔다가 무사히 돌아왔다.

세상을 향한 외침, 법정에 새긴 진실

몇 명이 갔는지, 어디로 갔는지, 가해자인 일본정부는 모른 척하고, 한국정부에서는 진상도 파악하지 못한 여자근로정신대 피해자들. 이들은 빈손으로 돌아왔다. 떠날 때 가졌던 꿈과 기대감도 일본 땅에 놓고 돌아왔다. 고향 산천은 변함이 없었지만 세상인심은 달라졌다. 이상한 소문이 돌더니, 가족들은 외면했고, 소녀들은 절망했다. 숨어 지내야 했던 세월은 너무도 길었다.

왜들 이럴까. 이해할 수 없었다. 가고 싶어서 간 길도 아닌데, 왜 우리가 자책하며 살아야 할까. 억울하고 원통했다. 그렇다고 하소연할 곳도 없었다. 깊고 어두운 터널에 갇힌 듯 어떻게 해야 할지 몰랐다. 일본군위안부 할머니들의 참상이 알려지면서 오히려 근로정신대에 대한 오해는 깊어졌다. 일본군위안부피해자를 지원하는 단체 이름에 '정신대'라는 단어를 사용하면서 오해는 증폭되었다. '정신대 할머니=일본군위안부 할머니'라는 등식은 공고해졌다. 일본군위안부 할머니들의 명예를 회복하자는 움직임은 사회적으로 확산되었지만 근로정신대 피해자의 명예는 회복될 기미가 보이지 않았다.

이런 막막함 속에서 세상으로 나오도록 이끌어준 이들이 있었다.

도쿄 미쓰비시중공업 본사 앞에서 금요행동 행사를 하기 전, 다카하시 대표의 뒷모습(나고야 미쓰비시 조선여자근로정신대 소송을 지원하는 모임 제공)

일본 시민과 재일동포들이었다. 숨어 사는 이들을 찾아내 세상을 향한 문을 열어주고 당당하게 외치도록 해주었다. 일본 법정에서 소송을 제기하고 기자회견을 열어 이들의 사연을 속 시원하게 털어놓도록 해주었다. 십년이든 백년이든 피해자만 지치지 않는다면, 끝까지 도와주겠다고 했다. 그저 양심에 따라 살고 싶어서 하는 일이라고 했다.

　일본정부와 기업을 상대로 관부재판과 기업별 소송을 제기했다. 후지코시강재(주) 1차 소송을 제외하고 모두 패소했다. 일본 법원은 1965년 한일협정을 체결했으니 피해자들이 청구해야 할 대상은 일본이 아니라고 했다. 한국정부가 답해야 할 차례라는 말인데, 한국정부는 무엇을 했는가. 2005년부터 피해자로 판정을 내리고 현지 사망자와 행방불명자에게 1인당 2천만 원의 위로금을 지급했다. 생존자에게 연 80만 원의 의료지원금을 지급했다. 그뿐이다.

후생연금이란 것이 있다고 했다. 소녀들이 일하는 동안 월급에서 매달 11%씩 떼어서 적립한 돈이라 했다. 현재 한국의 건강보험과 국민연금을 합한 것과 같은 것이라 했다. 보험에 가입할 동안에는 다치거나 사망하면 보험금을 주고 보험에서 탈퇴할 때 그 동안 낸 돈은 찾아가는 것이라 했다. 보험 제도를 만든 목적은 노무자를 위한 것이 아니라 전쟁을 하는데 돈이 많이 들어가니 보험금을 모아서 전비에 사용하려는 것이라 했다. 또한 보험이 있다고 하면 일을 열심히 하게 되니, 일종의 당근으로 사용하려는 것이라 했다. 당시 일본에서 일하던 사람은 일본인이든 조선인이든 모두 가입했다고 했다. 일본 사람들은 전쟁이 끝난 후 다른 보험으로 전환되었는데, 고향으로 돌아간 조선인들은 보험을 탈퇴하지 않았다고 했다. 소녀들은 그런 보험이 있었다는 것도, 월급에게 보험금을 떼어갔다는 사실도 몰랐다. 보험자증이 있었다고 하는데, 본 적도 없었으니 보험금을 탈 리 없었다. 지진으로 죽거나 공습으로 다친 아이들도 보험금을 받은 적은 없었다.

위원회에서 일본에 후생연금탈퇴수당금을 조회해보더니 이름이 있다고 했다. 2009년에 어떤 이가 후생연금보험탈퇴수당금을 신청했다. 그런데 일본 사회보험청 연금보험과에서 보내온 돈은 달랑 99엔이었다. 가입 당시 액면가 그대로 금액이라고 했다. 일본 사람들이나 재일동포들에게는 액면가를 지급하지 않고, 지급할 당시 물가상승 정도를 고려해 상향 지급했다고 했다. 그렇다면 99엔을 2009년도 당시 물가와 비교해서 주어야 할 것이 아닌가. 그런데 왜 한국인들에게는 가입 당시 액면가로 지급하는가.

항의해도 소용없었다. 99엔은 일본에서는 아무 것도 살 수 없는 돈이다. 생수 한 통을 사려고 해도 110엔은 있어야 한다. 일본 보험청 담당자 앞에서 99엔을 던져버리고 돌아섰다. 임금을 주지 않은 것도, 후생연금이 있다는 것을 알려주지 않은 것도 괘씸하다. 그런데 달랑 99엔을 주는 일본정부의 처사는 정말 분통 터지게 만들었다. '사람을 놀려도 유분수지, 우리가 사람인가 개돼지인가', 그런 생각이 들었다.

처음에는 외로운 목소리라 생각했다. 그러나 이렇게 외치고 외치다보니, 돌아보고 달려와 주는 이들이 생겼다. 중앙 정부에서 주는 돈이 적다고, 매달 의료지원금을 주는 지방도 늘었다. 이런 이들의 지원과 격려 속에 노구를 이끌고 2013년부터 한국 법원에서 소송을 시작했다. 위원회가 수백 명을 피해자로 판정해주니 큰 힘이 되었다. 더구나 한국 법원은 우리 편 아니던가. 그런데 5년이 지나도록 소송은 끝나지 않았다. 한국정부와 법원이 짜고 소송 판결을 늦추기로 했다는 말도 들렸다. 한일 외교관계를 걱정해 그렇게 했다고 한다. 그렇게 기다리다보니 2018년 말부터 결판이 났다. 승소였다.

참 오래 기다렸다. 기다림. 누군가에게 기다림은 희망이고 기대감이다. 그러나 기다림의 과정에는 불안감도 있다. 피해자들은 그런 복잡한 심경 속에서 기다림을 이어갔다. 그러다보니 승소의 기쁨을 맞았다. 만세를 불렀다.

이제 모두 끝났다고 여겼다. 아니, 아직 끝나지 않았다. 희망고문의 시작인가. 판결은 났지만 일본 기업은 꿈쩍도 하지 않는다. 기업의 재산을 압류한다는 소리에 일본정부는 펄펄 뛰는데, 한국정부는 변변치 못하게 군다. 소송을 시작할 때 이런 걱정을 하지 않은 것은 아니다. 승소한다 해도, 일본 기업이 한국 법원이 내린 판결대로 따를 것인가. 기대와 함께 걱정도 있었다. 그 걱정이 현실이 된 것 뿐이다.

그러나 중요한 것은 위자료 액수만이 아니다. 피해자들이 스스로 세상을 향한 문을 열고 나섰다는 점이다. 판결문을 통해 이들의 진실은 법정에 새겨졌다. 세상을 향해 외친 이들의 목소리는 헛된 것이 아니었다. 게다가 2019년에 국회에서 근로정신대 명예회복을 한다는 법안(김동철 의원 대표 발의)을 내고 통과시키겠다고 젊은이(박인규)가 뛰어다니고 있으니, 세상이 달라지는게 아닌가. 지금도 국가 권력 때문에, 또는 약하다는 이유로 고통 받는 여성이나 어린이가 있다면, 용기를 내보자.

제4장

나이는 어려도 엄연한 소년 채탄부

아이도 여성도 모두 탄광부로 만드는 법

사진이 한 장 있다. 1943년 10월, 후쿠오카현 야마다山田 탄광으로 동원된 여주 출신 조선 사람들이 탄광에 도착해 찍은 단체 사진이다. 위원회가 2005년에 발간한 구술기록집《당꼬라고요?》표지 사진이다. 위원회는 2015년 말 문을 닫았지만 지금 행정자치부 과거사지원단이라는 임시 조직 홈페이지(http://www.pasthistory.go.kr)에서 다운로드 할 수 있다.

2005년, 구술기록집을 만들 때 표지 사진을 보고 갸웃했다. 사진 속 곳곳에 어린 아이들의 얼굴이 보였기 때문이다. "여기 아이들이 있네!" 하는 내 목소리에 담당자가 사진을 찬찬히 들여다보며 말했다. "그러게요. 진짜 아이들이에요." "이 앞줄에도 있고, 오른쪽 구석에 있는 사람도 아이 같아요." 사진 속 인물이니 정확한 나이는 알 수 없지만 어린 티가 물씬 풍기는 얼굴이었다.

이런 사진은 일본 다큐멘터리 기록가 하야시 에이다이가 남긴 사진집,《청산되지 않은 쇼와 —조선인강제연행의 기록》에도 실려 있다. 헐렁한 국민복 속에 앳되고 조막만한 얼굴을 한 아이들은 단체 사진 맨 앞줄에 앉아 있다.

1943년 10월, 후쿠오카현 야마다(山田) 탄광으로 동원된 여주 출신 조선 사람들이 탄광에 도착해 찍은 단체 사진, 앞줄에 어린 소년들의 모습이 보인다(위원회 소장 자료).

신기했다. 어린아이가 탄광에서 무슨 일을 할까 싶었다. 그런데 피해조사업무를 하는 과정에서 많은 어린이 광부를 만날 수 있었다. 그뿐 아니라 열한 살 소년의 사망 사례도 있었다. '이 어린 소년은 탄광에서 무슨 사고로 목숨을 잃었을까? 참 안 됐어.' 소년의 죽음을 보고, 보통 사람이 할 수 있는 생각이다. 이런 궁금증이 들 수도 있다. '열한 살에 사망했다면, 도대체 언제 탄광부가 된 걸까?'

열한 살은 초등학교 4학년 나이이다. 초등학교 4학년생이라 해도 덩치가 큰 아이들은 있다. 그러나 70년 전 열한 살은 지금보다 훨씬 덩치가 작았다. 이런 어린이가 탄부라니 상상하기도 어렵다. 탄부는 얼마나 체력소모가 많은 직종인가. 장정들도 힘들어 하는 일이다. 그런데 열한 살 소년이 탄부가 되고, 목숨을 잃기도 했다.

상식을 가진 이라면, 어린이 탄광부의 존재 자체는 신기함과 안

타까움의 대상이다. 그러나 모든 이들이 상식적이진 않다. 2017년 개봉한 영화《군함도》를 둘러싸고 개봉 이전인 2월 8일 일본 우익 매체 산케이 신문 1면 머리기사는 "영화《군함도》는 거짓, 날조되었다", "소년 광부는 존재하지 않았다"였다. 이 주장은 산케이 신문만이 아니었다. 국내 유명대학을 졸업한 한국인 경제학자가 공개적인 자리와 SNS, 유튜브 방송을 통해 지금도 계속하는 주장이다.

아니, 이 무슨 소리인가. 소년 탄부가 존재하지 않았다니. 하시마 탄광에 동원된 소년 탄부 최장섭이라는 실존 인물이 생존해 있고, 인터뷰 화면이 국제적으로 알려진 마당에. 그들의 주장대로 소년 탄부가 존재하지 않았다면, 이 분은 가상의 인물인가. 위원회가 인정한 수많은 소년 탄부 피해자들은 모두 오류의 산물인가.

그뿐 아니다. 열다섯 살에 후쿠오카현 미쓰비시광업 소속 가미야마다上山田 탄광에 동원되어 갱에서 채탄작업을 했던 생존자의 수기(사지를 넘어 귀향까지, 2011)가 국내에서 출간되었고, 일본에서도 번역 출간됐다. 자신의 경험을 공개한 저자(이상업)는 33년간 전남에서 교사로 재직한 교직자이다. 이 책에서 눈길을 끄는 내용은 전남에서 함께 갔던 50명의 소년 징용부대원들이다. 주인공도 포함된 소년 징용부대원들이 겪은 일은 참으로 비참하고 지독했다. 소년들은 모두 갱에서 채탄부로 일했다. 이 가운데에는 소아마비환자도 있었다. 무안에서 온 소년은 철판을 가져오라는 사키야마*의 말을 알아듣지 못했다고 곡괭이 자루로 두들겨 맞다가 목숨을 거두었다. 영암에서 온 소년도 심한 독감을 앓으면서 먹은 약 기운에 취해 일을 제대로 못한다고 사키

---

* 숙련된 광부(先山, 前山)

갱 속의 조선인 탄부

야마에게 명치 끝을 채였는데, 갱 안에 뭉툭한 바위에 부딪혀 즉사했다. 그러나 이들의 주검을 보며 소년들은 '지옥 같은 노동과 굶주림과 구타에서 비로소 해방되었다'며 차라리 부러워했다. 매질에 목숨을 잃은 소년들은 모두 '병사病死' 처리되었고, 가해자인 사키야마들은 아무런 제재도 받지 않았으며 매질도 멈추지 않았다. 이상업이 표현한 소년 징용부대의 고초는 해방될 때까지 끝나지 않았다.

소년 탄부는 있었다. 하시마에도, 남사할린에도, 조선에도 있었고, 일본 3대 탄전이라는 홋카이도北海道와 규슈九州, 죠반常磐 탄전에도 있었다. 소년만이 아니라 소녀도 있었다. 갱 밖에서 탄을 고르는 선탄부選炭夫도 있었고 갱 안에서 탄을 캐는 채탄부도 있었다. 모두 위원회가 판정한 피해자들이다. 피해자만 존재하지 않았다. 소년 탄부가 없다고 주장하는 이들도 알고 있겠지만, 일본정부가 어린 아이들을 탄광부로 만들고자 만든 법과 제도가 있었다. 인정하고 싶지 않더라도, 역사를 왜곡하고 싶어도 이러한 사실을 부정해서는 안 된다.

여자도 갱으로 들어가라

1941년 4월 19일, 조선총독부가 공포한 법은 '여자광부갱내취업허가제'를 가능하게 한 '광부노무부조규칙 특례 규정'이었다. 여기에서 광부는 탄광부를 의미한다. 법 제정에 즈음해 4월 19일 조선총독부 기관지인 매일신보에는 조선총독부 식산국장과 내무국장의 담화가 실렸다.

"종래 광산의 갱내 취로는 원칙으로 14세 이상의 남자에만 한해 허가했고 여자의 갱내 취로는 금지되었던 것인데, 작금의 정세와 업계의 요망에 따라 특별한 사정이 있는 광산에 대하여는 조선총독의 허가를 얻어 만 16세 이상의 여자는 갱내에서 일을 시킬 수 있도록 함에 따라 19일부로 부령으로 이를 발표하고 즉일부터 시행하기로 되었는데, 여자의 갱내 취로에 대하여는 보건, 위생, 풍기 등의 견지로부터 나 또는 작업의 종류와 그 장소에 대하여 남자와 꼭 같은 취급을 하기는 곤란한 사정이 있다. 그럼으로 이 같은 특수사정에 대하여는 충분 고려하기로 되었는데, **하여간 이 제도를 실시함으로써** 현하 광산 노무 정세는 상당히 완화될 줄로 믿는 바이다."(굵은 표시 —인용자)

담화 내용에 따르면, 이미 14세 이상 남성이 갱에 들어가 일하는 법은 있었다. 그렇다면 그 법은 언제 만들었는가. 1938년 5월 12일자로 제정 공포한 광부노무부조규칙이다. 이미 1938년 4월 국가총동원법을 공포해 일본이 전시체제기로 접어들자마자 '14세 이상 남자'가 갱에 들어가도록 법을 만들었다는 의미이다.

일본이 볼 때 조선은 금의 땅이었다. 조선 팔도 어느 곳이나 금광이 없는 곳이 없었다. 전봉관의 소설, 〈황금광시대〉는 한반도에 불어 닥친 금광열풍과 '한국판 골드러시'를 담았다. 금광열풍과 관련한 소설은 일제시기에 차고 넘쳤다. 사업가들은 물론이고 독립운동 혐의로 수감되었던 이도 출옥하자마자 금광으로 달려가 노다지의 맛을 보려 했고, 사회주의 여성운동가도, 소설가도 금광으로 몰려들었다. 그런데 한반도에서 가장 많은 금이 생산된 시기는 1939년이었다. 일본이 아시아태평양전쟁을 일으키고 전시체제기를 선포한 이후였다. 일본은 이렇게 많이 캐낸 금을 전쟁자금으로 충당했다. 조선의 금광에서 노다지를 캐서 이득을 본 사람은 일본 국가권력이었다.

또한 조선은 무기 재료인 광물 자원이 풍부한 땅이었다. 일제 말기 한반도의 탄광산은 5,500여 곳에 달했다. 같은 시기, 조선인이 동원된 일본의 탄광산은 887곳이었다. 한반도의 탄광산은 숫자와 규모도 컸지만 광물 종류가 일본과 비교할 수 없었다. 일본이 석탄과 철광, 구리가 대부분이라면 한반도 탄광산의 산출품은 다양했다. 알루미늄의 원료가 되는 명반석. 텅스텐, 아연, 니켈, 마그네사이트, 모나즈 등은 모두 군수품과 특수기계의 원료였다. 철강을 생산하는 철광석도 일본보다 훨씬 많은 양이 묻혀 있었다. 조선을 식민지로 차지한 후 일본은 한반도에 특수 광물이 많다는 사실을 알고, 지속적으로 조사에 나섰다. 매년 지역별로 묻힌 광물의 종류와 규모를 파악하고, 연도별 보고서를 발간했다. 새로운 광물이 묻힌 광산이 발견될 때 마다 조선총독부 당국은 쾌재를 부르며 보물이라도 발견한 듯 신문에 크게 보도했다. 그렇다. 그들에게 한반도에 묻혀 있는 특수 광물은 바로 보물이었다.

또한 조선총독부는 일본 기업들이 조선 각지의 탄광산에서 광물을 채취하도록 모든 뒷바라지를 다했다. 토지 매입에 혜택을 주고, 자금을 지원해주고, 수송철도를 마련해 주는 등 좋은 조건을 마련해주었다. 일본이 전쟁을 일으키기 전부터 했던 일이다. 그러다가 전쟁이 일어나자 법과 제도로 인력을 제공했다. 조선산금령(1937년 9월 7일 제정)과 조선중요광물증산령(1938년 5월 12일 공포)과 광부노무부조규칙이었다. 이미 1938년 법을 통해 열네 살 소년을 갱에 집어넣도록 한 것도 부족해 1941년에는 여성들까지 갱에 집어넣는 법을 만들었다. 1941년에 일본은 왜 이리 많은 탄광부가 필요했던가.

중국 전선을 돌파하기 위해 준비한 또 다른 전쟁

1941년은 일본이 중국 전선에서 고전을 면치 못하고 돌파구 마련을 위해 미국과 전쟁을 준비하던 시기였다. 1931년 만주 침략과 1937년 중일전쟁을 일으킨 후 승승장구하던 일본군은 교착상태에 빠졌다. 베이징北京 점령 후 상하이上海와 난징南京을 점령할 때까지는 좋았다. 일본군이 중국 민중을 수십만 명씩 도륙할 때마다 일본 국민들은 거리에 나와 만세를 부르며 환호했다. 야스쿠니신사에서 만든 칼을 들고 중국인 100명 목 베기 대회를 열어 우승한 군인의 사진은 신문에서 당당했다. 살해당한 중국인은 무기도 없는 민간인이었다. 사람을 죽이면서 기뻐하는 것은 스스로 인간이 아니라는 고백이다. 일본 국민들은 인간이라면 해서는 안 되는 짓에 박수를 보내며 승리에 도취했다. 그러나 좋은 시절은 1938년 10월 우한武漢 3진 점령을 정점으로 막을 내렸다. 1939년 2월 중국 남부의 하이난섬海南島을 점령했으나 중국 내륙에서 진군은 멈췄다.

왜, 천하무적이라는 막강한 황군의 진군은 멈췄을까. 이유는 많았다. 첫째, 중국의 저항 때문이었다. 중국 국민당과 공산당은 국공합작 후 격렬히 저항했다. 두 번째는 갑자기 넓어진 전선의 문제였다. 일본의 역량을 넘어설 정도로 전선이 늘어났다. 전선이 늘어나면 지켜야 할 방위선이 넓어지고, 군인들에게 물자를 보급하는 일도 만만치 않게 된다. 전쟁터가 중국 동북부 지역일 때에는 조선 북부와 만주에서 조달했지만, 중국 본토로 확산한 후에는 자체적으로 해결해야 했다. 무슨 방법으로 조달할 것인가. 중국인의 것을 빼앗을 수밖에 없었다. 식량은 물론, 땔감으로 쓴다며 민가의 문짝까지 떼어 갔다.

중국 민중은 분노했고 일본군은 민심을 잃었다. 일본군은 천황의 군대라 해서 황군皇軍이라고 했으나 중국인들은 메뚜기군대 황군蝗軍이라 조롱했다. 일본군이 나타났다 하면 메뚜기가 휩쓸고 지나간 듯 황폐해진다는 의미였다. 조롱으로 끝내지 않았다. 일본군의 수탈을 견딜 수 없던 중국 민중들은 군에 합류해 항일전선에 나섰다. 중국 병

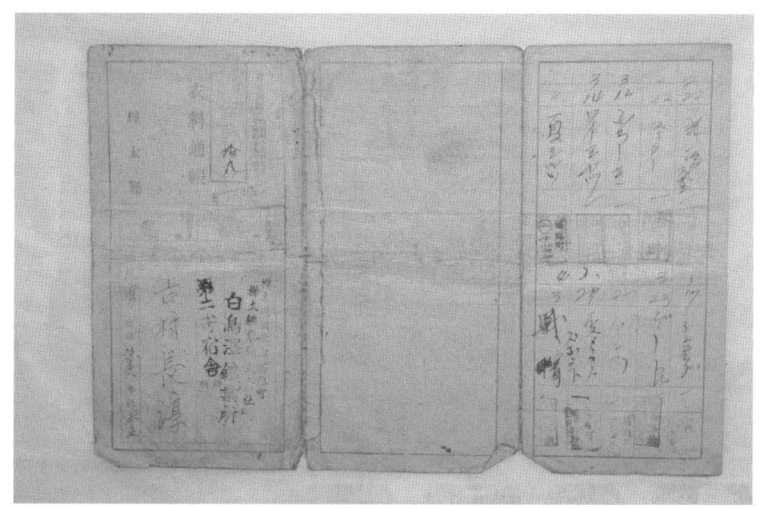

의류를 구매할 때 사용하는 의료책통장(위원회 소장)

력은 강해졌다. 민심을 잃은 결과, 벌통을 쑤신 꼴이 되었다.

환호하던 일본 국민들 사이에서 불만이 높아지기 시작했다. 부족한 물자를 전선에 우선 투입하려고 민간의 물자 통제와 배급제도가 강화되었기 때문이다. 1937년부터 일반인들은 철강이나 비료, 석탄, 석유 등 특정한 물자를 접하기 어려웠다. 1939년에 들어서는 식량과 일용품 배급 시대로 들어섰다. 돈이 있어도 사지 못하는 시절이 되었다. 인간 심리가 하지 말라 하면 더 하고 싶어지는 것 아닌가. 더구나 배급대상 물품은 쌀이나 간장, 설탕 등 서민들의 필수품이었다. 양말이나 수건도 배급통장에 없으면 살 수 없었다. 시장에서 사던 물품을 제한하니 민중들의 불편함은 이루 말할 수 없었다. 암시장에서 구하려면 엄청난 돈을 주어야 했고, 들통이라도 나면 철창신세를 면치 못했다. 단순한 소유욕을 넘어선 일상의 불편함이었다.

시간이 지나면서 국민들이 겪는 일상의 불편함이 늘어나자 전쟁에 대한 국민들의 염증이 시작되었다. 세상이 무서워서, '왜 전쟁을 벌려서 이 고생을 시킨담!' 같은 불평을 드러내놓고 하지는 못했다. 그러나 예전처럼 정부의 정책을 지지하고 고통을 감수하는 분위기는 줄었다. 반응이 심드렁했다. 동남아에서 망고나 고무공이라도 들어오지 않는 한 침체한 분위기는 바꾸기 어려워 보였다.

또한 그동안 미국에서 수입하던 석유도 바닥을 보이기 시작했다. 미국이 수입을 금지하는 금수조치를 내렸기 때문이다. 전쟁 수행에서 석유는 필수적인 물자였다. 전차나 탱크를 움직이려면 석유가 필요했다. 전투기를 띄우려면 원료가 있어야 했다. 바로 석유였다.

어떻게 해야 할까. 일본의 고민이 시작되었다. 고민은 일본 관료와 군부의 몫에 그치지 않았다. 당시 일본의 군사권을 쥔 '대일본제국의 대원수' 천황 히로히토裕仁의 고민은 깊었다. 어전회의를 열어 논의했으나 결론을 내리기가 쉽지 않았다. 전쟁을 통해 활로를 개척하자는 측과 외교로 풀자는 측의 의견은 팽팽했다. 가상으로 연출한 어전회의 모습이다.

―폐하! 교착된 전선을 뚫는 길은 새로운 전쟁밖에 없습니다. 당초 우리 제국은 중국을 점령한 후 동남아시아를 거쳐 태평양으로 가려 했습니다. 이 전략은 오래 전에 우리 군이 폐하의 재가를 얻었고 제국이 최종적으로 승리하는 세계대전의 결말입니다. 그런데 지금 200만 황군은 중국에 갇혀 더 이상 전진하지 못하고 발

이 묶여 있습니다. 200만 장병을 버려둘 수 없습니다. 만약 우리 일본이 중국을 통해 태평양을 건널 수 없다면, 직접 가는 수밖에 없습니다.

―그것은 안 됩니다. 육군대신 주장대로 일본이 태평양으로 나선다면, 필리핀을 차지한 미국이 가만히 있을 리 없으니, 전쟁이 일어날 것입니다. 그보다 외교 교섭에 나서는 것이 필요하다고 생각됩니다.

―그게 무슨 망발입니까. 필요하다면 전쟁을 해야지요. 일본 제국이 언제까지 유약하게 외교에 목을 매고 있어야 한단 말입니까.

―그것이 어찌 유약한 방법입니까. 지금 일본의 인구와 국력, 그리고 무기 수준으로 미태평양함대를 감당하기란 난망합니다. 식민지의 모든 자금과 인력을 끌어 모아도 어렵습니다. 미국과 전쟁을 하려면 엄청난 양의 항공기와 무기가 필요합니다. 당장 석유 재고량이 줄어들고 있는데, 무슨 수로 비행기를 띄우며, 탱크를 움직이겠습니까. 전쟁은 피하고 외교로 풀어야 합니다.

―그렇습니다. 폐하! 일단 미국과 협상을 통해 고비를 넘기시지요. 지금은 태평양으로 나서지 않고, 전략을 수정해 후일을 도모하는 방법을 고민해야 할 때라고 생각합니다. 일본이 세계를 재패하려면 미국과 전쟁은 반드시 해야 합니다만 지금은 시기가 좋지 않

습니다. 일본의 국력이 강해진다면, 기회는 얼마든지 만들 수 있습니다.

―그러면 경은 구체적으로 어떻게 하겠다는 것인가. 나중에 미국과 어떤 기회를 만들 수 있다는 말이오. 일본의 국력이 미국과 맞설 정도가 될 시기를 언제로 생각하는가.

―장기적인 그림을 그리는 것입니다. 일단 일본이 점령한 만주를 이용해 국력을 키운 후 다시 미국과 전쟁을 벌이는 방법입니다. 물론 시간이 걸리겠지만 지금으로서는 미국과 전쟁을 피해야 합니다.

―폐하! 절대 불가합니다. 저 주장은 중국 본토에서 퇴각하자는 이야기입니다. 미국의 요구는 '전쟁을 중지하고 점령지에서 물러나라!'입니다. 우리 일본이 미국과 전쟁을 피하려면 미국의 요구대로 중국 본토에서 퇴각해야 하는데, 지금 무슨 명분을 내세워 퇴각하겠습니까. 미국 요구대로 중국 본토에서 물러나면 그 다음은 만주에서도 나가라고 할 판입니다. 남양군도도 내놓으라고 할 것입니다. 미국은 태평양으로 나서려 하는데, 남양군도를 그대로 보고 있겠습니까. 이러다가 어렵게 차지한 만주까지 내준다면 일본 제국의 치욕은 이루 말할 수 없습니다. 그 치욕을 어찌 감당하시겠습니까.

―그렇다면 이미 획득한 만주에 대한 점유권을 미국으로부터 인정받고 중국 전선에서 자연스럽게 퇴각하는 방법은 없겠는가.

―현재 미국의 국민 여론은 전쟁에 반대하는 반전여론이 높은 편입니다. 우리가 선제공격으로 미국을 건드린다 해서 곧바로 참전은 어렵다고 봅니다. 일단 미국을 건드려 놓으면, 일본의 만주 지배를 인정하고 중국 본토에서만 철수하라고 할 것으로 보입니다. 그렇다면 못 이기는 척 중국에서 퇴각한 후 만주의 점유권을 인정받고, 만주에서 열심히 국력을 키워 다시 미국과 한 판 겨뤄보는 것입니다.

―그거야 이론적으로 가능한 말씀이겠지요. 그렇게 된다면야 다행이겠지만, 그렇지 않을 수도 있습니다. 만약 우리의 생각과 달리 미국이 참전한다면 어찌하겠습니까.

―만약 미국이 참전한다면 전쟁을 해야지요. 도리가 없지 않겠습니까. 그러나 그렇다 해도 승산이 있다고 생각합니다. 무엇보다 우리에게는 강한 정신력이 있습니다. 그동안 황군은 정신력으로 청나라와 러시아를 이겼습니다. 미국이 가지지 못한 점입니다. 또한 미국은 일본과 달리 실전 경험이 많지 않습니다. 덩치만 클 뿐이지요. 그러므로 우리 군이 기존에 해온 방식대로 속도전을 펼쳐 동남아의 석유 매장지역을 선점해나가면 승산이 있다고 봅니다. 미국의 석유 매장량이 엄청나지만 미국 대륙을 횡단해 태평양으

로 가는 수송로를 만들려면 수 년은 걸릴 것으로 보입니다. 수송로가 없으면 동남아시아 전선 보급에 어려움이 있습니다. 만약 일본이 동남아시아로 진격해 필리핀을 점령하면, 미국은 큰 타격을 입습니다. 필리핀을 잃으면 미국은 전투기 급유를 받을 수 없어 제공권을 잃으니 일본을 공습할 수 없습니다.

―그렇습니다. 폐하! 또한 우리 군은 단기전에 강합니다. 해군이 먼저 선제공격을 하고 6개월 정도 버텨주면 육군이 중국 전선의 군대를 일부 이동하고 인원을 보충해서 전선을 돌파하겠습니다. 그러면 미국이 참전을 하더라도 전쟁을 오래 끌지는 않을 것입니다. 거기는 민주국가이니 반전여론을 의식하지 않을 수 없습니다.

―우리 해군이야 6개월은 버틸 수 있습니다. 그런데 육군이 이후의 일을 감당할 수 있습니까.

―당연히 가능하지요. 황군에게는 패배도 후퇴도 없습니다. 오직 폐하의 의지와 보살핌 아래 승리한다는 마음으로 전진할 뿐입니다.

―경들의 이야기를 종합하면, 결국 미국과 전쟁은 피할 수 없다는 말인가. 크든 작든, 길든 짧든 새로운 전쟁을 시작하는 것은 쉬운 일이 아니다. 일단 미국과 협상 가능성을 타진하면서 전쟁에 대비한 전력을 점검할 필요가 있다. 오늘은 그만하고 다음에 다시 논의하기로 하겠다.

결론은 쉽게 나지 않았다. 전쟁은 불가피했다. 전쟁을 피하자는 의견에 대해 강경파들은 미국과 일본의 함재기(항공모함에 실은 비행기) 생산 규모가 차이 나지 않는다는 이유를 내세웠다. 1941년 12월 7일, 일본이 미국 하와이 진주만을 공격할 당시 미국의 함재기 수는 일본보다 약간 많은 정도였다. 이 결과를 가지고 일본의 강경론자들은 '현재는 밀리지만 조금만 노력하면 미국보다 더 많은 비행기를 만들 수 있다'고 주장했다. 미국 군수산업 수준을 생각하지 않은 착각이었다. 당시 미국은 독일과 영국에 무기를 팔아 이득을 챙기고 있었다. 자원은 넘쳐났고 군수공장을 돌릴 노동력도 풍부했다. 실제로 전쟁이 발발하자 미국의 함재기 생산 규모는 곧바로 일본의 13배로 늘어났고, 1945년 7월 양국의 격차는 무려 150배로 벌어졌다.

또한 일본 관료와 군부는 조선의 광산에 묻혀 있는 엄청난 양의 철광석과 특수 광물에 노동력이 뒷받침되면, 항공기나 선박 생산이 가능하다고 생각했다. 문제는 노동력이었다. 매장량이 아무리 많아도 캘 사람이 없다면 그림의 떡이다.

일본 침략 전쟁을 위한 기지, 한반도의 역할

조선총독부 당국은 고민했다. 일본정부는 제1차생산력확충계획을 수립해 1938~1941년간 조선에서 공출해야 할 석탄과 철광석, 철도차량, 전력, 석유 및 대용품, 경금속과 비철금속의 양을 정해주었다. 공출량은 매년 늘어났다. 일본에서 요구하는 공출량을 맞추려면 남성만으로는 감당할 수 없었다. 특히 철광석과 석탄의 공출량을 맞추려면 여성 노동력이 필요했다. 그런데 당시 조선의 탄광산은 금녀禁女의 영역이었다. 갱 밖이라면 모르지만 여성이 갱에 들어가는 것은 금기사항이었다. 이러한 인식은 지금도 크게 달라지지 않았다. 그럼에도 여성노동력을 포기할 수 없었다. 밀어붙이기로 했다. 밀어붙여야 했다.

이런 배경에서 나온 법이 바로, 16세 이상 여성을 광업 전사로 만드는 '광부노무부조규칙 특례 규정'이다. 이 법을 만든 지 몇 달 되지 않아 실제로 여성들은 갱 안으로 들어갔다. 조선총독부 기관지인 경성일보는 일본어 신문이다. 이 신문의 1941년 8월 18일자에는 갱에 들어가서 일하는 조선 여성들의 모습이 실려 있었다. '죽도록 부끄러워하시오. 놀고먹는 무리들 —여갱부의 웅장한 자세'라는 제목의 기사였다. 이미 갱내에서 일하는 여성들이 있다는 의미다. 여성들 속에는 소녀들도 포함되어 있었다.

소녀들은 갱 안에서 무엇을 했을까. 채굴을 하는 곳이니 당연히 소녀들도 채굴 작업을 했을 것이다. 또한 갱내는 항상 사고의 위험이 도사리는 곳이다. 당국에서도 '남자와 꼭 같은 취급을 하기는 곤란한 사정'이 있다고 인정하면서도 법을 만들어 갱 속으로 몰아 넣었다.

탄광과 광산은 무슨 일을 하는 곳인가

도대체 탄광과 광산은 무슨 일을 하는 곳이기에 어린이들이 일하기 어렵다고 하는가. 탄광과 광산은 지하자원을 채굴한다는 점에서는 같은 곳이지만 채굴 과정에서 약간의 차이점이 있다.

탄광

탄광일은 크게 갱 밖에서 하는 일과 갱 안에서 하는 일로 구분된다. 석탄을 캐는 과정은, 먼저 갱 입구를 뚫어 안으로 들어가면서 동발을 세우는 일에서 시작한다. 동발은 갱목坑木이라고 한다. 그런데 동발은 계속 세워두는 것이 아니라 어느 정도 시간이 지나 흙이 단단해져서 무너질 염려 없다고 판단되면 빼내서 재활용한다.

갱 안으로 들어가는 과정은 굴진掘進이다. 이 과정에서도 동발은 필요하다. 갱 입구를 파면, 위에서 흙이 쏟아질 수 있으므로 나무로 지지대를 만들어 세운다. 이 지지대가 동발이다. 또한 얇은 궤도도 설치한다. 밀차가 다니는 길을 만드는 것이다. 갱의 입구는 하나가 아니다. 여러 군데에 입구를 만들어서 파 들어간다. 안으로 들어가면 또 더 파 들어가고, 또 더 파 들어간다.

탄부들은 지지대를 세워가며 갱 안으로 조금씩 파 들어가면서 탄맥을 찾는다. 탄층은 마치 시루떡같이 바위가 한 층이면 그 아래 석탄이 한층 있고, 다시 바위가 한 층 있고, 다시 탄층이 있다. 탄층을 확인하는 일이 탄맥을 찾는 일이다. 탄맥을 찾는 일은 경험이 많은 사람 담당이다. 탄맥을 찾아내면, 발파전문가가 폭약을 이용해 발파를 해서 탄을 캘 수 있도록 한다.

발파를 한 후에는 탄부들이 들어가서 벽에 붙어 있는 석탄을 곡괭이로 끌어내리고 삽으로 퍼서 밀차에 싣는다. 자동 시설이 갖추어진 탄광에서는 권양기를 이용해 밀차를 끌어올려 갱 밖으로 내보내지만, 그렇지 못한 곳은 도르래를 이용해서 끌어올린다. 이 과정에서 사고가 일어날 수 있다. 끌어올리는 사람의 힘이 딸려 밀차가 거꾸로 곤두박질 칠 수 있기 때문이다. 동력 시설 고장으로 갑자기 올라가던 밀차가 떨어지는 사고도 있었다.

갱 안에서 탄맥을 찾아 석탄을 캐고, 캔 석탄을 갱 밖으로 내보내는 일이 가장 힘들다. 석탄을 판 지 얼마 되지 않는 탄광은 갱구가 넓고 갱 안의 넓이도 넓다. 남사할린의 탄광이 그렇다. 그러나 일본 규슈나 홋카이도 지역과 같이 19세기말부터 파기 시작한 탄광은 수십 년 동안 탄맥을 찾아 깊이 들어가다 보니 1940년대에 들어서면 매우 비좁아져서 탄부가 서서 작업을 할 수 없을 정도로 좁은 갱도 많았다. 이러한 갱은 수갱竪坑이나 사갱斜坑이라고 한다. 비스듬하게 누워서 파야하는 갱이라는 뜻이다. 군함도의 하시마탄광이 대표적이다. 어깨가 넓은 어른은 갱 안으로 들어가기도 어려울 정도로 좁은 갱도를 기어가야 한다. 수갱에서 일하는 탄부들은 비스듬히 누운 상태에서 12시간 탄을 캐고 끌어당겨 조금 넓은 공간으로 옮긴 후 밀차에 실어 날랐다.

갱 안으로 들어간 탄부들은 하루 일과를 마칠 때 까지는 나오지 못한다. 환자가 발생하거나 위급사항이 일어나지 않으면 갱 안에서 하루를 보낸다. 식사도 도시락으로 해결하고 대소변도 대충 해결한다. 갱 안은 온도가 높아 옷을 입고 있을 수 없다. 갱 안으로 들어선 지 얼마 되지 않아 옷은 땀과 탄가루 범벅이 되어 버린다. 당시 일본 탄부들의 사진을 보면, 훈도시라는 기저귀를 찬 상태로 일을 하는 모습이다. 천정에서 탄 부스러기가 도시락에 떨어지기도 하지만 피할 방법도 없다.

갱 밖으로 나온 석탄덩어리는 밖에서 분류작업을 거친다. 석탄 덩어리는 곧바로 석탄으로 사용할 수 없다. 불순물 덩어리가 섞여 있기 때문이다. 그러므로 석탄과 찌꺼기를 분류하는 작업을 하는데, 탄을 골라낸다 해서 '선탄選炭'이라고 한다. 선탄 작업은 주로 힘이 약한 여성이나 노인과 아동의 몫이다.

일제 말기는 지금과 같은 컨베이어 시스템이 아니어서 골라낸 석탄과 찌꺼기를 운반하는 일도 필요했다. 골라낸 석탄은 다시 밀차에 실어 탄광용 전용 철로를 통해 항구의 선착장이나 역으로 보내 필요한 지역으로 보낸다. 석탄이 아닌 찌꺼기는 인근 공터에 버리는데, 시간이 지나면서 찌꺼기인 폐석廢石이 산을 이루게 된다. 이 찌꺼기 산을 홋카이도에서는 '즈리'라 부르고 후쿠오카에서는 '보타야마'라고 한다. 어디든 탄광 주변에는 어김없이 높은 찌꺼기산이 둘러싸고 있다. 이 산의 높이는 탄광의 역사와 비례한다. 오래된 탄광일수록 찌꺼기산의 높이는 높다. 세월이 지나니 그곳에도 나무가 자란다.

광산

탄광에서 탄을 캐는 갱은 모두 지하이다. 서서 캐는 탄광이든 누워서 캐는 탄광이든 채탄작업은 모두 지하에서 한다. 그러나 광산은 다르다. 광산은 광상 형태에 따라 노천과 갱내 채굴로 구분한다. 노천과 갱내 가운데 어느 곳이 더 힘들까. 경험자들은 노천이 훨씬 힘들다고 말한다. 뙤약볕을 그대로 받으면서 일을 해야 하고, 산

탄부가 밀차를 미는 모습(규슈대학부속도서관부설 기록자료관 설립기념 전시회 '기억과 기록' 도록, 2006, 7쪽)

계곡에서 미끄러지거나 굴러 떨어지기 쉬워 매우 위험하기 때문이다.
  노천이든 갱내든 광산에서 광석을 캐는 채광 과정은 채굴·선광·제련·정련 등 4단계이다.
  갱내 채굴의 경우에는 굴진掘進 방식이 필요하다. 광산에서도 광맥을 찾아들어가야 한다. 갱내 채굴인 경우에는, 광부들이 착암기鑿巖機를 메고 좁은 갱 안에서 길과 돌계단을 만들면서 조금씩 안으로 들어간다. 광맥을 찾으면, 발파 전문가가 구멍을 뚫고 화약과 전기 등으로 발파한 후 광부들이 광석을 채굴한다. 갱내 광산은 밀차를 이용해 외부로 광석을 운반한다. 모든 과정이 위험하다. 갱내 광산에서 많이 발생하는 사고는 천정에서 돌이 떨어지는 낙석이다. 사고는 밀차를 끌어올리는 과정에서 일어나기도 한다.
  채굴한 광석은 파쇄작업을 통해 선광작업에 들어간다. 선광작업은 광석에 섞여 있는 불필요한 광물을 제거해 광석의 품위品位를 높이고 유용광물을 종별로 분류

하는 작업이다. 광석의 품위란 광석에 함유된 유용광물의 실수량을 바탕으로 하는 광석 등급이다.

분류 다음은 제련이다. 제련은 광석 덩어리에서 골라낸 광석(粗鑛)을 정리(정광精鑛)하고 필요한 광물과 원소를 추출하는 과정이다. 필요에 따라서는 불순물을 더 제거하고 순도를 높이기 위한 정련과정을 거치기도 한다. 이 작업을 위해 광산에서는 자체적으로 제련장을 설치하기도 하지만, 제련장이 없는 광산에서는 제련소에 보낸다.

선광이나 정광, 제련은 모두 전문적인 기술이 필요한 작업이다. 발파도 전문적인 일이다. 그러나 채광은 간단한 실습만으로도 충분히 할 수 있다. 그러므로 강제 동원된 조선 사람들은 대부분 채광이나 운반 작업을 담당했다.

탄광이든 광산이든 강제로 동원된 조선 사람들이 하는 일은 힘이 많이 들고 위험하며 사고가 많이 날 수 있는 일이었다. 힘이 약한 여성이나 아동, 노인이 할 수 있는 일이 아니었다. 그렇지만 당국은 이런 일을 여성이나 소년에게 시키려고 새로 법을 만들고 신문을 통해 강요했다. 믿기 어렵지만 사실이다.

우리가 바로 일본의 소년광부요!

일제강점 말기 조선 사람이 강제로 동원된 일본의 탄광산은 887곳이었다. 이 가운데 탄광은 364곳이였고, 나머지 523곳은 광산이었다. 숫자로만 보면 탄광에 비해 광산이 많아 보인다. 그러나 탄광과 광산의 매장량을 보면 탄광의 규모도 만만치 않았다.

일본의 광산은 조선에 비해 광물의 종류가 다양하지 않다. 철이나 구리, 은광산이 많고, 특수 광물은 드물었다. 일본의 광산 지대는 일본 열도 북단의 홋카이도에서 남쪽의 규슈를 거쳐 바다 건너 오키나와까지 분포 지역이 매우 넓다. 일본 전역에서 광산이 없는 지역은 2개 도도부현에 불과했다.

탄광이 모인 곳을 탄전이라고 하는데, 일본의 주요 탄전은 홋카이도와 규슈, 죠반(이바라키와 후쿠시마 지역) 등 세 군데였다. 탄광이든 광산이든 노동력 부족은 마찬가지였다. 조선 소년은 탄광과 광산을 가리지 않고 동원되었다. 소년들을 일본 탄광산에 동원한 시기는 주로 1944년 말에서 1945년 초였다. 이 무렵은 이미 마을에서 장정들의 모습을 찾기가 어려웠고, 일손이 워낙 부족하다보니 꼬맹이들이라도 데려가야 했다. 했다. 열네 살 태순이 가야했던 이유였다.

열네 살 광부 태순

태순은 1930년 7월 충남 부여군 홍산면에서 태어났다. 주말마다 청년훈련소˙에서 제식훈련이나 총검술 등 '전쟁놀이훈련'을 받으며 지냈다. 그러다가 1944년 가을, 홋카이도 미쓰비시광업 소속 신시모카와^{新}$_{下川}$광산으로 끌려갔다. 열네 살 때였다.

태순이 일본에 가게 된 것은 형님 몫의 징용장 때문이었다. 형님은 지시마^{千島}에 가서 비행장 닦는 일을 하고 왔는데, 돌아온 지 6개월 만에 다시 동원 명령을 받자 어디론가 숨어 버렸다. 이미 지옥 같은 생활을 경험했는데, 다시 가라니 달아날 밖에. 형님이 사라지자 면 직원은 형님 대신 태순에게 가라고 했다.

태순은 할 수 없이 따라 나섰다. 한 동네에서 다섯 명이 갔는데, 그 가운데 한 사람은 등을 펴지 못하는 척추장애인 성씨였다. 원래 동원 대상자는 아버지였는데, 부친이 워낙 고령의 노인이다보니, 면직원이 장애인이지만 아들을 대신 데리고 갔다. 성씨는 광산에서 일할 때, 반장에게 통증을 호소했다가 호되게 매를 맞기도 했다.

면직원은 남면에서 모인 사람들을 데리고 부여군청으로 갔고, 군청 직원은 여러 면에서 모인 사람들을 인솔해 논산으로 갔다. 다들

* 초등과정 수료 후 상급학교로 진학하지 않은 자나 초등과정 미수료자들에 대해 실시한 훈련제도. 군대에 가기 전에 필요한 교육을 하는 제도였다. 처음에는 조선에 거주하는 일본인을 대상으로 실시했으나 1937년 육군특별지원병제도가 마련되어 조선인들이 지원병으로 입대하게 되면서 조선인도 대상이 되었다. 더욱이 1942년 일본정부가 조선인을 징병 대상으로 결정하면서 청년훈련소는 조선인들이 당연히 가야 하는 곳이 되었다. 1929년 조선총독부가 제정 공포한 청년훈련소규정에 따르면 청년훈련소에서 훈련을 받아야 하는 기간은 4년이었다. 4년간 총 800시간 동안 교련(400시간)과 수신, 공민과, 보통학, 직업학 등 과목을 이수하도록 했다. 1938년에 법령을 개정해서 총 700시간으로 줄어들었으나 교련은 350시간으로 여전히 높은 비중을 차지했다. 일본인은 16세 이상이 청년훈련소 입소 대상자였으나 조선인은 4년제 소학교 졸업자나 동등 이상의 학력소지자로 연령을 낮추었다.

훗카이도 신시모카와광산 지적도와 소화시대 후반 광산 전경

신발도 없이 맨발이었다. 인솔자는 논산에서 태순 일행을 줄 세우더니 짚신을 스무 개 들고 와서 한 켤레씩 나누어주었다. 나중에 도쿄에 도착했을 때 짚신은 다 늘어지고 떨어져서 신을 수 없게 되었다. 옷은 집에서 입고 온 그대로 입고 출발했다. 짚신을 신고 일행이 2층으로 된 계룡여관에 들어가니 일본 회사에서 나온 사람이 면직원에게 "어디서 이렇게 꼬맹이들을 데려 왔냐!"고 한다. 보기에도 어처구니가 없었던 모양이다.

여관에서 대기하라고 하더니 한밤에 기차를 태우고 대전에 가서 여관에 들여보내 잠시 쉬게 하고는 다시 밤중에 깨워서 기차를 태웠다. 열차시간을 맞춰야 한다고 했다. 사람이 타는 객실이 아니라 화물칸에 짐짝처럼 타고 갔다. 몇 시인지는 알 수 없었지만 날 밝을 무렵 부산에 도착했다. 부산에 가보니 부여 사람만 있는 것이 아니라 청양 사람도 있었고, 공주 사람도 있었다.

인솔자들은 군청 직원도 있고, 회사 사람도 있었다. 일본 사람도 있었고 조선 사람도 있었는데, 엄청나게 많았다. 일본 사람보다 조선 사람 인솔자가 더 많았다. 부산에서 이름 모를 여관에 들어가 대기하다 나와서 신체검사를 받았다. 옷을 홀랑 벗기고 검사를 마치자 목욕을 시킨 후 배에 태웠다. 밤인지 낮인지도 모르는 시간이었다. 태순은 산 같이 큰 배를 보고 기겁을 했다. 신발도 없이 맨발로 떠난 고향인데, 이렇게 큰 배를 탄다고 하니 놀라지 않을 아이가 있겠는가.

배에 올라타니 선실은 넓은 다다미방인데, 태순 일행은 귀퉁이 자리였다. 선실은 배 밑바닥에 있어서 밖을 내다 볼 수 없었다. 밖이 보고 싶어서 일어서서 까치발이라도 할라치면, 어디서 나타났는지 인솔자가 막대기로 머리통을 때렸다. 배에는 조선 소녀들도 탔는데, 처음에는 큰 소리로 울더니 나중에는 '회심가' 같이 구슬픈 노래를 불렀다. 경상도 소녀들이었는데, 공장으로 간다고 했다. 태순 일행은 어디로 가는지도 모르고 정신없이 배멀미에 시달렸다.

시모노세키에 도착한 후 줄곧 기차로 북쪽까지 갔다. 가는 도중에 기차를 갈아탄다고 도쿄역에 내리니 딸깍! 딸깍! 하는 일본 게다 소리에 정신을 차릴 수 없었다. 궁성이 빤히 보이는 데 가서 궁성을 향해 절을 하고, 역 앞 광장에서 한참 기다린 후 여관에 들어가 밥을 먹고 저녁에 다시 기차를 타고 북으로 올라갔다. 여러 날 기차를 타고 가는데, 창밖에서 논에서 일하던 여성들이 일하다 말고 손을 흔들어주었다. 논에 남성은 없었고, 여성들만 있었다.

일본 본섬 최북단인 아오모리^{靑森}에 내려 잠시 쉰 후 다시 배를 타고 5시간 정도 걸려 홋카이도 하코다테^{函館}에 도착했다. 밤이었다. 항구에서 바라보니 빨갛고 파란 불을 켠 배들이 보였다. 아름다웠다. 학교에서 배운 생각이 났다. 하코다테는 홋카이도의 구부러진 곳이던데…. 그 밤에 기차를 타고 삿포로^{札幌}를 지나고 아사히카와^{旭川}를 지나 내륙 깊숙한 곳으로 들어갔다. 자다 깨다 하며 기차를 타고 나요로^{名寄}에 도착해 다시 기차를 갈아타고 두 번째 정거장인 시모카와^{下川} 역에 내려 탄광에 들어갔다. 참 긴 여정이었다. 낮밤 가리지 않고 배 타고 기차 타고 다시 배 타고 기차 타고 도착한 것이다.

광산은 매우 컸다. 태순은 처음에 갱내에 배치되었다가 3일 만에 선광장으로 옮겼다. 나이가 어리다보니 갱(굴) 속에서 광석 파는 일을 제대로 하지 못한 것이다. 굴 속에서는 고층 건물 공사장에 올라가듯 높이 올라가며 돌을 캐는데, 올라가다가 죽은 사람도 있다고 했다.

선광장은 광산 너머 큰 고개에 있었는데 기계가 엄청나게 많았고, 주로 여성들이 일했다. 여성들은 손으로 광석을 골라냈다. 노란색이 아주 고운 광석은 등급에 따라 좋은 거, 나쁜 거, 아주 버릴 것, 성한 놈을 가린 후 각각 다른 밀차에 담아 삭도^{索道}에 실고 운반했다. 운반한 광석(성한 놈)은 선광장 안에서 곱게 갈아 녹여 구리를 만든 후 어디론가 실어 보냈다. 삭도는 매우 무서웠고 공중에 매달린 밀차인지라 위험했다.

광물 캐는 일은 3교대, 선광장은 2교대로 일했다. 작업복을 입고 머리에 미쓰비시 마크가 달린 모자를 쓰고 일했다. 광산일 교육은 받은 적 없지만 군사 훈련은 받았다. 1주일 정도 총검술도 하고 우향우, 좌향좌도 했다. 선광장일은 어렵지는 않았는데, 다친 사람도 있었다. 난로가 폭발해서 같이 간 소년의 팔에 파편이 박혔다. 근처에는 회사에서 운영하는 광산 병원이 있었는데 의사와 간호사가 한 명씩 있었다. 태순도 치료 받은 적이 있었다. 치료라고 해봐야 소독 정도였다.

숙소는 무척 추웠다. 널빤지로 붙인 임시 건물이었는데, 옹이가 있는 나무 널빤지 사이로 바람이 숭숭 불고 눈이 들어와 방에 눈이 수북했다. 실내에 난로는 있었으나 나무가 없다고 때주지 않았다. 온돌도 없이 이불 하나에 의지해서 자는데, 이불에 이와 빈대가 많이 붙어 있어서 북석 북석하는 소리가 날 정도였다. 그런 방 한 칸마다 열댓 명씩 들어가서 잤다.

회사는 태순의 임금을 하루 50전씩 계산해주었다. 대부분은 한 달에 10원 정도 받았고, 제일 많이 받을 때는 18원을 탄 적도 있다. 선광장에서 같이 일하는 일본 여성들보다 훨씬 적은 돈이었다. 어느 날, 감독에게 왜 여자들보다 적게 주냐고 따졌더니 '네 나이와 여러 가지를 봐서 그런 것이니 앞으로 일만 빨리 빨리 하면 더 준다'고 했다. 월급을 받으면 회사 안의 판매점에 가서 몽땅 다 사먹었다. 밥이 너무 부족했기 때문이었다. 식사는 호박이나 감자를 쪄주었는데, 많이 주지 않아서 배가 너무 고파 판매점에서 사먹어야 했다. 고향에는 딱 한 번 100원을 보낸 적이 있을 뿐이다. 옷도 작업복 한 벌과 내복 한 벌 외에는 주지 않아 외출 나갈 때에는 장항에서 온 어른에게 빌려 입었다. 외출허가를 받으면, 나요로 시내에 나가 사진 찍고 오는 일이 전부였다. 그것도 큰마음 먹어야 가능했다. 일단 외출허가 받기가 쉽지 않았다. 홍성에서 온 사람들과 같이 사진관에 가서 사진을 박았다. 광산에 온 지 한 해가 지났건만 사진 속의 모습은 여전히 완연한 어린애였다.

태순이 보기에 광산에는 민간인이 없어 보였다. 노무자를 부리는 이들은 모두 '제복 입은 자'들이었다. 경찰이나 형사들이 파견 나오기도 했다. 도망가는 사람은 없었다. 도망가봐야 멀리 갈 수도 없으니 포기한 듯 했다. 화장실 바닥을 통해 달아나려다 붙잡힌 사람이 있었다는 이야기는 들었다. 도망가는 사람이 없으니 감시는 심하지 않았지만 도망가는 사람을 집어넣는 징벌방은 있었다. 다코베야(문어방)라고 했다. 거기 들어간 사람은 일을 시킬 때도 발에 쇠사슬을 묶어 놓는다고 했다. 문 밖에 강아지만큼 큰 자물쇠를 채워놓는다고 했다.

선광장에서 일하는 여성들은 단체로 온 듯했다. 다들 누나뻘 되는 사람들이었다. 평소에 귀여워해주고, 작업복을 기워 입고 오면, 막 웃으며 놀리기도 했다. 그런데 어느 날, '여기 왜 왔느냐'고 해서, 아무 생각 없이 '오기 싫은데 끌려왔다'고 했더니 갑자기 표정이 변하면서 싫은 내색을 했다. 속으로 역시 일본인이구나 싶었다.

광산 노무자 가운데 홍성시장에서 장밥 날라주는 일을 하다가 온 노인이 있었다. 장바닥에서 큰 사람이라 농민들보다 똑똑했다. 이 노인이 어느 날 식당에서 보니, 밥 푸는 사람이 가마니 하나를 메고 가는 것이었다. 따라가 보니 보리쌀 가마니였다. 그래서 어디로 가느냐고 물으니, 료장(기숙사 반장)이 가져 오라고 한다는 것이었다. 료장이 광부들 먹을 식량을 빼돌리는 것이었다. 노인은 화가 나서 기숙사에 돌아와 사람들에게 '료장이 보리쌀을 빼간다'고 폭로했다. 그 대가는 지독한 매질이었다. 맞는 것을 보고 선광장 누나들이 '무서우니 근처에 절대 가지 말라' 했다. 그래도 호기심에 가보았더니 파견 나온 형사가 노인을 흠씬 두들겨 패고 있었다. 다들 료장의 비리를 폭로한 대가라고 수근 거렸다.

그렇게 일 년 반이 지난 어느 여름 날, 선광장의 일본 누나들이 '내일 천황폐하가 무슨 중요한 방송하는데 들으러 가자'고 했다. 들어봐야 뭐 하겠나 하는 생각에 안 간다고 했다. 다음날 점심을 먹으러 갔다 오는데 방송을 들은 사람들이 나왔다. 누나들에게 '방송에서 뭐라고 했냐'고 묻자, 일만 빨리빨리 하자고 했다. 별 이야기가 없었나 생각하고 지나갔다. 당시 일본이 항복한다는 것은 상상하지도 못했다. 늘 전쟁에서 이기고 있다고 하니, 그런 줄 알았다. 그렇게 한 달이 지난 어느 날 외출 나갔다 온 조선 사람이 이미 일본이 항복했다고 알려주었다. 그래도 믿지 않았다. 그런데 또 다른 사람도 같은 이야기를 했다. 전쟁이 끝난 것도 모르고 한 달 넘도록 일을 하고 있었던 셈이다. 일본 누나들은 알면서도 모른 척 했으니 참 얄궂은 사람들이었다.

일본이 항복했다는 사실을 알고, 조선 사람들은 노무주임에게 몰려갔다. 그동안 조선 사람에게 밥도 제대로 안 주고 옷도 제대로 안 입히고 고생시킨 것을 따지니 노무주임 할아버지가 30분 정도 땀을 뻘뻘 흘리고 듣고 있다가 요령 좋게 빠져나갔다. 나중에 생각해보니 위험한 짓이었다. 산 속에서 일본 사람들이 잘못 마음먹으면 조선 사람들을 모두 죽일 수도 있었는데 그 생각을 못하고 따졌던 것이다. 그동안 일본 사람은 조선 사람을 직접 때리거나 혼내지 않고 반드시 조선인 반장이나 료장에게 때리도록 했다. 꼽추아저씨를 때린 사람도 홍성에서 약장사하던 동포였고 태순을 데려간 사람도 조선의 면서기였다. 일본 사람들이 요령 있게 조선 사람을 부려먹은 셈이다.

해방된 것을 알고 나서는 일을 하지 않고 배를 기다리는데 일본에서 조선으로 가던 배가 파손되었다는 소문이 들렸다. 소련 어뢰에 맞아서 부서졌다는 소리도 들렸다. 소문만 아니라 실제로 배를 구할 수 없었다. 그러다가 추운 12월에 간신히 고향길에 나섰다. 각자 약간의 돈과 일본 군복, 내복 한 벌, 모포 2장, 그리고 주먹밥을 다섯 개씩 받아서 기차를 타고 하코다테로 갔다. 미군의 지시로 주는 거라고 했다. 사람들은 항구에서 모포를 팔아 조선 돈 300원으로 교환했다. 태순도 모포를 팔았으나 300원 못 되는 돈을 받았다. 아이라고 제대로 값을 쳐주지 않은 것이다.

광산으로 갈 때는 시모노세키에서 아오모리까지 기차로 왔는데, 고향에 갈 때는 오던 길을 되돌아가지 않고 하코다테에서 배를 타고 곧바로 동해를 건너 조선으로 갔다. 사람이 타는 여객선이 아니고 탄을 실어 나르는 화물선이었다. 출항을 했으나 사람을 너무 많이 실어 화물이 무너지면서 사람이 죽는 사고가 일어났다. 배는 다시 하코다테로 들어갔다가 이틀 후에 출항했다. 그 사이 주먹밥이 얼어서 얼음

밥을 먹으며 동해에 내려 다시 기차를 타고 부산역으로 가서 고향으로 돌아왔다. 추운 겨울에 홋카이도 광산에 갔다 다시 추운 겨울에 돌아왔건만, 소년은 열여섯 살, 여전히 앳된 모습이었다.

"내가 비록 어린 나이에 광산에 끌려가서 고생은 했지만, 만약 광산에 가지 않았더라도 다른 곳으로 붙들려갔을 거야. 일본이 워낙 힘든 시절이니 내버려두지 않았을 거야. 더 힘든 곳으로 가서 아주 험한 꼴을 당했을지도 모를 일이지. 그렇게 생각해야 속이 편하지, 안 그러면 속상해서 못 살아."

가마니 짜다가 끌려간 영빈

부여에서 일본의 광산으로 간 소년은 한두 명이 아니다. 그 가운데에는 외삼촌과 같은 광산에 끌려간 소년도 있었다. 징용장을 받은 어린 동생을 지키려 농업학교에 다니던 형이 대신 홋카이도 탄광으로 갔으나 동생의 징용은 피할 수 없었다.

충남 부여군 충화면에서 태어난 영빈(1929년 9월)은 1945년 1월 이와테현에 있는 일본제철(주) 가마이시釜石광산에 동원되었다. 7남매 중 셋째로 태어난 영빈은 학교 문턱에도 못 가보고 농사를 도우며 살고 있었다. 1944년, 면에서 징용 가야 한다고 영빈을 데리러 왔다. 그러자 농업학교에 다니던 형이 "네가 어린데 가면 되겠냐? 내가 간다!"며 나섰다. 형님은 그날로 트럭을 타고 홋카이도로 떠났다. 참, 정 깊은 형이었다. 가족들은 한 집에서 한 명씩 가면 된다며 안심했다.

형이 떠난 후 일 년이 지난 어느 날, 새벽에 사랑방에서 가마니를 짜고 있는데, 면서기가 와서 나오라고 하더니 일본에 가야 한다고 했다. 어처구니가 없었으나 빠져나갈 도리가 없었다. 1945년 1월, 열네 살 때였다. 형이 그랬던 것처럼, 이번에도 그길로 바로 출발했다. 부여 군청을 거쳐 논산에 가니 수백 명 일행 중에는 외삼촌도 있었다. 영빈이 살던 마을에서 세 명이 같이 갔는데, 그 중 한 사람은 광산에서 탄차 운전하다가 다리가 잘린 채 돌아왔다.

논산에 집결했을 때 회사에서 나온 일본 사람이 '중학교 나온 사람 손들어라, 심상학교 나온 사람 손들어라!' 하더니, 대대장, 중대장, 소대장 이런 감투를 씌운 후 회사 사람은 감독만 하고 소대장과 중대장, 대대장이 인솔하도록 했다. 논산에서 뽑힌 이들은 광산 현장에서 엄청나게 동포들을 닦달하곤 했다. 얼마나 모질고 무서운지 눈도 마주치지 못할 정도였다. 아파서 일을 나가지 못하는 사람을 끌어다 사무실로 데려가 매질을 했다. 눈밭에 패대기를 치고 밟기도 했다. 병원에 가야 할 정도로 아픈 사람들을 인원수 채워야 한다며 억지로 끌고 갔다. 그런 짓을 모두 동포들이 했다. 일본 사람은 절대 손을 대지 않고 늘 같은 조선 사람이 때리도록 했다. 같은 조선 사람이 때렸으니 일본 사람은 책임 없다는 식으로 핑계대려는 속내였을 것이다. 참 잔인했다.

일행은 대전에서 기차를 타고 부산에 가서 연락선을 탔다. 연락선을 타기 전에 몸에 소독약을 뿌려 이를 잡았다. 시모노세키에 내려 본사가 있는 도쿄로 갔다. 도쿄에서는 회사 밖에 모두 세워놓고 옷을 갈아입힌 후 기차에 태워 이와테^{岩手} 현의 광산으로 데려갔다. 광산은 엄청나게 큰 철광산이었다. 굴속에서 철을 파내 밀차에 싣고 나오면 크러셔^{Crusher}라는 분쇄기에 넣고 빻아 제철소로 보내 철을 만들었다.

조선인들은 광산에서 일하는 사람과 제철소에서 일하는 사람으로 나뉘는데, 대부분은 광산에서 일했다. 영빈은 광산 소속이었는데 어리다 해서 굴속에는 데려가지 않고 분쇄기에 기름 나르는 일을 했다. 다들 소년을 '아부라사시(기름 치는 도구나 사람)'라 불렀다. 기름 치는 일은 어렵지 않은데, 산 아래 창고에서 기름을 운반하는 일이 힘들었다. 기름통을 짊어지고 산길을 오르려면 힘이 부쳐 숨 쉬기도 어려웠다. 하루 2교대였으므로 12시간씩 일했다. 쉬는 날은 없었고, 시내는 물론, 광산과 제철소를 벗어난 적도 없었다. 밖에는 못 나가도 광산 안에서는 나다닐 수 있었으나 매주 일하는 시간이 다르니 잠이 귀해 그저 시간만 나면 숙소에서 잤다.

아침에 조회를 하고 인원수를 파악한 후 반장이 인솔해서 일하러 갔다. 반장은 조선 사람도 있고 일본 사람도 있었다. 광산에는 연합군 포로가 참 많았다. 700~800명은 되는 것 같았다. 중국 포로들도 있었다. 숙소는 모두 달랐다. 포로들의 수용소도 각각 달랐다. 백인 수용소는 2층으로 잘 지은 집이었는데, 중국 수용소는 돼지우리 같았다. 포로들과 한 번도 말을 섞어 본적은 없었다. 늘 헌병들이 포로를 데리고 다니는 통에 무서워서 곁에 가지도 못했다.

미국이나 영국 포로들은 공장에서 기계 고치는 일을 하고 기술 노동을 했다. 그런데 중국 포로들은 정말 개 취급을 당했다. 중국 포로들은 매일 죽어나가곤 했다. 아침이 되면 중국인들이 동료들의 시

이와테 현 옛 가마이시광산의 전경과 갱 입구 모습

체를 메고 조선 사람 기숙사 앞을 지나갔다. 어떻게 하면 저렇게 사람이 매일 죽어나갈까 하는 생각이 들 정도였다. 포로들은 헌병이 인솔했다. 백인 포로들이 일을 나갈 때는 그냥 앞뒤에 서서 인솔만 했는데, 중국 포로들이 나갈 때에는 개 잡듯이 매질을 하고 걷어차곤 했다. 소년이 보기에도 불쌍하고 비참했다. 중국 포로들이 당한 일에 비하면 조선 사람들은 호강했다고 할 정도였다.

조선 사람들 숙소는 제1노무, 제2노무 이런 식으로 불렀는데, 영빈과 소년들은 제2노무에 묵었다. 외삼촌과 같이 갔지만 기숙사가 달라 만나기 어려웠다. 숙소는 방이 12개인데, 한 방에 20명씩 들어갔다. 가운데 통로를 놓고 양쪽에 다다미*를 올린 숙소는 참 추웠다. 눈이 얼마나 많이 오는지 아침이면 창문밖에까지 소복하게 쌓여 있었다. 난로도 온돌도 없이 이불만 여러 개 덮고 버텼다.

식당은 광산 옆에 있었는데, 조선 사람과 일본 사람 식당이 각각 달랐다. 식사는 주로 보리밥에 간장에 졸인 미역 반찬을 주었다. 아침과 저녁은 식당에서 먹었지만 점심은 나무 도시락을 받아갔다. 도시락에는 노무자별로 꼬리패가 달려 있었는데, 광산에 나가면 곧바로 아침 도시락을 다 먹어 버렸다. 아침밥이 너무 적었으므로 아침에 점심밥까지 모두 먹어버리고는 저녁이 될 때까지 굶으며 일했다. 광산에 떡을 파는 사람이 있었지만 사먹을 여유가 없었다. 가끔 술이나 담배를 배급으로 주기도 했다. 돈은 한 달에 3~4원 정도 받았다, 나머지는 집으로 보내준다고 했는데, 고향에서 받았다는 소리는 들은 적이 없다. 굴에 들어가 일하는 사람은 조금 더 주었을 테지만, 영빈은 쉬운 일을 한다고 적게 받았다. 그 돈으로는 떡 사 먹기도 부족했다.

광산에서는 매질 소리가 그치지 않았다. 특히 탈출자가 발생하면 공장 게시판에 '도망자'라고 크게 써놓고 붙잡힌 사람들을 앞에 앉혀 두었다. 얼마나 많이 맞았는지 얼굴이 부어터진 상태였는데, 겨울 눈밭에도 앉혀놓았다. 탈출하면 저런 꼴이 된다고 보여주려 일부러 그

---

* 마루방에 까는 일본식 돗자리. 속에 짚을 5cm 정도 두께로 넣고, 위에 돗자리를 씌워 꿰맨 것으로 보통 너비 석 자에 길이 여섯 자 정도의 직사각형 모양으로 만든다. 우리말로는 왜돗자리라고도 한다.

랬다. 탈출에 성공하는 이들은 드물었다. 험한 산골에서 벗어나기는 쉽지 않았다.

폭격은 무서웠다. 광산 부근에는 제철소 외에도 여러 군수공장이 있어서 공습이 빈번했다. 특히 공장이나 제철소는 공습 대상이었다. 제철소와 통조림 공장이 폭격을 맞아 박살나기도 했다. 공습이 지나간 후 통조림 공장에 정리하러 가서 통조림을 주워 먹기도 했다. 아마 제철소에서 70~80미터 정도 떨어진 곳이었던 듯싶다.

1945년 여름이 되자 세상이 발칵 뒤집혔다. 일본이 항복했다는 사실을 알았기 때문이다. 조선 사람들도 방송 후 이틀 정도 있다가 항복 소식을 들었다. 일본이 항복하자 일본은 미군 세상이 되었다. 미군은 일본에 들어오자마자 일본군의 무기를 압수하고, 포로들을 해방시켰다. 미군 비행기가 포로들이 있던 지역에 온갖 물건을 떨어뜨려 주었다. 지프JEEP같은 자동차도 있었고, 양과자도 있었고, 별별 것들이 다 있었다. 주체하지 못할 정도로 많은 물건이 매일 떨어졌다. 영빈이 물건을 주워서 갖다 주면 미군 포로들이 과자나 통조림을 나눠 주었다. 일본에 가서 처음 경험한 즐거운 추억이었다.

조선 사람들은 자치연맹을 조직하고 귀향을 준비했다. 해방은 되었으나 고향 가는 길은 기다림의 연속이었다. 배가 없으니 계속 기다려야 했다. 어른들은 해방이 된 마당에 일본 사람에게 미운 감정을 가질 필요 없다면서 배 기다리는 3개월 동안, 산에 불을 놓아 밭을 만들어주었다. 일본 사람들이 먹을 것이 없으니 밭이라도 갈아 먹도록 해준다며 화전을 만든 것이다. 조선 사람들이 속이 없는 것인지, 마음이 착한 것인지. 그래도 일본 사람들에게 험하게 굴지 않고 온 것은 잘한 일이었다. 자치연맹의 도움으로 배는 구했으나 회사에서는 돈 한 푼 주지 않았다. 돈 받아올 생각도 못했다. 그저 고향에 갈 생각뿐이었다. 11월에 고향에 돌아왔다. 자치연맹 덕분에 기차도 무사히 타고, 시모노세키에서 배 타는 것도 어려움을 겪지 않았다. 영빈 소년의 고생도 8개월로 끝이 났다.

고향에 돌아오니 동생 대신 징용 떠났던 형도 돌아와 있었다. 탄광에서 고생을 많이 했다고 했다. 그래도 영빈은 나이가 어리다고 고생을 덜한 편인데, 형은 고생이 심했나보다. 형제가 많다고 하지만 한 집에서 두 명이나 데려갈게 뭐람. 참 못된 사람들이다.

군함도, 영광의 문이 아니라 지옥의 문이었다

2015년 7월, 일본 규슈와 야마구치^{山口}에 있는 스물세 곳 공장과 탄광 등이 유네스코 세계근대산업유산 등재될 당시 한국과 일본 언론을 통해 가장 관심을 끈 곳은 나가사키^{長崎}현 노모^{野母}반도 서쪽에 자리한 작은 섬, 하시마^{端島}였다. 군함도라는 이름으로 유명한 곳이다. 세계유산 등재 후에도 하시마에 대한 한일 양국 사회의 관심은 계속되었다. 2017년 영화 《군함도》가 개봉하고 소설도 나오면서 한국 사회의 관심은 늘어났다. 하시마가 이처럼 지속적인 관심의 대상이 된 이유는 무엇일까. 역사왜곡의 논란이 그치지 않고 있기 때문이다.

한국에서는 지옥섬으로 알려졌으나 일본 사회에서 하시마는 세계유산이라는 자부심의 주인공이다. 일본 사회는 세계근대산업유산

등재 과정에서 한국과 중국 등 관련국의 문제 제기를 정당하다고 여기지 않고, 왜곡한다고 생각했다. 역사적 사실을 몰랐기 때문이다. 2017년 한중일 3개 언어로 된 동영상이 공개되면서 논란의 불은 이어졌다. 하시마에 살았던 일본 주민들이 만든 동영상이라고 하는데, 확인할 길은 없다. 중요한 것은 한국과 중국의 주장을 반박하기 위해 만든 동영상이라는 점이다. 동영상의 주제는 '하시마에 강제동원은 없었다!'였다. 물론 그렇게 생각하는 사람도 있을 수 있다.

그렇다면 동영상을 제작한 일본인들이 주장하는 것처럼 하시마는 강제동원과 무관한 평화로운 섬이었을까. 왜 하시마는 군함의 모습을 하고 있으며 군함도라는 이름으로 더 많이 알려져 있을까.

탄광섬 군함도는 아시아태평양전쟁기에 최대 800명 정도의 조선인이 동원된 지역이자 중국인 포로들이 가혹한 생활을 하던 곳이다. 산케이신문은 하시마에 소년 광부가 없었다고 주장하지만, 소년 광부는 있었다.

군함도의 소년 광부 최장섭

일본이 하시마의 강제동원을 부정하면서 최장섭 노인은 2015년 이후 군함도의 상징적 인물이 되었다. 그는 국내외 언론을 향해, 그리고 2011년에 남긴 수기(미출판, 이혜민 기자가 지은 《기록되지 않은 기억, 군함도》에 수록)를 통해 하시마탄광의 강제동원을 증명했다. 최 노인이 전하는 하시마 소년 탄부 생활은 담담하다. 그럼에도 분노가 사라지지 않는 대목은 가족에게 절망을 안겨 준 노무계 윤가였다.

1929년 11월 전북 익산에서 태어난 최장섭은 1943년 하시마에

파도가 지키는 감옥섬. 살아서는 건널 수 없는 바다. 長崎游學4《軍艦島は生きている!》2010. 20쪽

끌려갔다. 어려서 한문 사숙에서 천자문과 사자소학을 배우고 여덟 살 때 낭산공립소학교에 입학해 졸업 후 농사일을 돕고 있었다. 3남 5녀의 식구들은 가난했지만 불행하다고 생각하지 않았다. 불행이 닥친 것은 큰형이 당국의 동원에 응하지 않고 몸을 숨겨 반역자 집 안이 되면서부터다.

노무계 윤가는 형을 대신해 장섭의 부친을 함북 경성의 아오지 탄광으로 동원했다. 부친은 동원된 지 몇 개월 지나지 않아 좌측 손가락 네 개가 절단되었으나 해방될 때까지 돌아올 수 없었다. 편지를 통해 소식을 들은 가족들은 깊은 슬픔에 빠졌다. 그러나 슬픔은 그것으로 끝나지 않았다. 부친을 저 지경으로 만든 윤가의 다음 목표는 열세 살 소년인 장섭이었다. 1943년 1월 28일 삼동의 추위가 뼈를 에이는 겨울, 윤가는 소년을 데리고 익산군청으로 갔다. 장섭을 본 군수가 "왜 많은 사람 가운데 어린애를 보내려느냐"고 묻자, 윤가는 "형이 당국의 지시를 거부했으므로 대신 일본에 충성을 다하고자 보내는 것"이라 했다. 기차를 타고 이리역에서 대전역으로 향할 때 기차가 잠시 고향인 함열역에 멈췄다. 기다리고 있던 어머니와 여동생은 기차가 떠날 때까지 손을 흔들고 기차에 절을 하며 무사 귀환을 빌었다. 참으로 눈물겨웠다.

부산역에서 하라다라는 일본 직원이 장섭 일행을 인수하면서 '좋은 일터로 가니까 안심하라'고 했다. 침몰에 대비해 잠수복을 입고 연락선에 올라 하카다역에 도착한 후 기차를 타고 나가사키항으로 가서 1시간 동안 배를 타고 28km를 달려 하시마에 도착했다. 파도가 방파제 주변 옹벽에 부딪치는 섬을 보고 '저기야 말로 창살 없는 감옥'이라는 생각이 들었다. 숙소는 지상 9층짜리 아파트 지하실이었는데, 햇볕도 들지 않고 물기가 항상 차 있는 곳이었다.

도착한 다음날, 소년은 검정색 반팔 상의와 반바지를 입고 지하실 연병장에서 주의 사항을 들은 후 탄광내 여러 곳을 견학했다. 해저 1천 미터 이상 내려가는 갱은 승강기를 이용해 2분이면 도착했다. 반장은 전기 모터를 가리키며 갱 안의 개스가 외부로 나가는 유일한 창구이므로 전기 공급이 가장 중요하다고 했다. 전기 탄차가 오가는 갱 입구에는 포로로 잡혀온 이들이 탄차를 끌고 있었다. 갱 안의 모습은 참혹했다. 견학을 마치고 올라와 점심으로 콩깻묵밥 한 덩이를 먹고 2년 5개월간 소년 탄부 생활이 시작되었다. 사시사철

땀범벅이 되어 더위에 시달리며 탄을 캐고 고향을 그리워하는 생활이었다.

전쟁 말기에 탄광 측의 포악함은 극심했으나 그렇다고 기울어가는 전세를 막지는 못했다. 바다 주변은 온통 미군 잠수함 천지여서 탄을 실어내기도 힘들었다. 탄광을 지키겠다고 옹벽에 100kg 이상 되는 쇠뭉치를 수십 개 매달아놓고 방어태세를 하며 일본 해군함에 탄을 실어 보내려 했으나 적재가 끝나기만 하면 미군 잠수함은 기다렸다는 듯 어뢰를 쐈다. 반으로 쪼개지는 일본 군함을 보며, 소년은 속으로 통쾌했다.

1945년 원자폭탄이 투하된 후에도 군함도의 조선인 탄부들에게 해방은 오지 않았다. 8월 28일, 나가사키 시내에 가서 청소작업을 했다. 부두에 도착하니 미군 병원선을 비롯한 군함이 방송을 하고 있었다. 소년이 청소를 하는데, 미군이 시내에 전투식량과 초콜릿, 과자를 뿌리고 다녔다. 청소하다가 일본 식량고 쪽에서 콩자루 터진 가루를 발견했다. 2년간 굶주린 일행은 '원자탄의 독기를 먹으면 죽는다'는 소리를 들으면서도 콩을 튀겨먹었다. 귀국 길은 어렵게 구한 통통배에 의지했다. 침몰 위험성을 무릅쓰고 쓰시마에서 일박 하며 간신히 마산항에 도착하니 한국치안대가 환영하며 기차를 태워주었다. 가족 상봉의 기쁨은 잠시나마 소년 장섭 가족에게 윤가에 대한 원망을 잊게 해주었다.

하시마 탄광

하시마는 나가사키항에서 18km 떨어진 곳에 있는 섬이다. 먼 곳에서 보면 마치 바다에 떠 있는 한 척의 군함을 닮았다고 해서 군함도라 불렸다. 원래 남북으로 약 320m, 동서로 약 120m 크기의 작은 섬이었는데 1897~1931년간 여섯 차례에 걸쳐 매립·확장공사를 통해 군함 모습으로 만들었다. 현재 섬의 크기는 남북 약 480m, 동서 약 160m, 섬의 둘레는 약 1,200m, 총 면적은 6.3ha이다.

하시마는 애초부터 채탄을 위해 개발한 탄광섬이고, 탄광은 해저 광구鑛區인 다카시마탄전高島炭田 소속이다. 다카시마탄전의 탄광 가운데 하시마탄광의 경사가 가장 심해 30°~50° 정도나 되는 수직갱(수갱)이다. 1810년 무렵 처음 석탄을 발견했다. 1890년 미쓰비시사는 섬을 사들인 후 탄광 개발에 착수했다. 1893년 미쓰비시 합자회사를 설립한 후에는 다카시마탄갱의 지갱支坑으로 관리했다. 미쓰비시는 1918년 하시마의 제2수직갱(199m)과 제3수직갱(480m)에서 조업을 시작해 갱구를 늘려나갔다. 갱구가 늘어나면서 채탄량도 늘어 1920년대에 연간 20만톤 대의 채탄량이 1941년에는 411,100톤으로 늘었다.

하시마에 본격적으로 갱부들이 들어간 것은 1910년대 이후다. 높은 임금을 기대한 일본 하층민과 범법자들이 모여들었다. 조선인 노동자도 1917년부터 일하기 시작했다. 돈을 벌기 위해 온 노동자들이었다. 하시마탄광은 1890년대 개발 초기부터 노동환경이 열악하기로 악명 높아 일본인들이 '감옥섬' 또는 '지옥섬'이라 불렀다. 갱부들이 선착장에서 섬으로 들어가는 입구에 걸린 팻말 '영광의 문'을 '지옥의 문'이라 부를 정도였다. 노동환경이 좋지 않으니 사고도 빈번했다. 1935년 3월 26일, 갱내 가스 폭발로 20명 이상의 탄부가 사망했는데, 9명이 조선인이었다. 아시아태평양전쟁이 본격화한 이후에는 조선인과 중국 포로를 동원했다.

조선인과 중국인 포로는 열악하고 가혹한 작업 환경을 경험했다. 하시마는 해저 탄광일 뿐만 아니라 누운 채 탄을 캐야 하는 '사갱斜坑'이었다. 탄부들은 한 사람이 간신히 통과할 정도의 작은 갱구를 600~1000m까지 기어 들어가 물에 젖은 상태에서 하루 12시간 이상 채탄했다. 이렇게 열악한 상황의 탄광이었으나 당국의 정책에 따라 계속 출탄량을 늘려 나갔다. 출탄량을 늘리면 회사 이득도 늘었다. 당국이 탄부를 조달해주고, 석탄 가격을 높이 계산해주었기 때문이다. 이득을 챙기려 탄부들을 쥐어짠 결과, 1941년 후쿠오카 감독국 소속 탄광 가운데 출탄률 1위를 했다. 얼마나 가혹했을지 짐작할 수 있다.

석탄 증산을 강요하는 강도 높은 작업과 열악한 식량사정, 일상의 폭력을 견디기 어려웠던 조선인들은 석탄 상자 파편을 잡고 건너편 노모반도를 향해 헤엄쳐 탈출을 시도했다. 탈출 성공 가능성은 매우 낮았다. 대부분 거친 풍랑에 익사하거나 간신히 바다를 건넌다 해도 성공 가능성은 보장할 수 없었다. 다카시마에 도착하기 전에 회사 사람들이 기다리고 있었다. 다카시마 땅을 밟는 순간, 기다렸다는 듯 휘두르는 무서운 폭력에 목숨을 부지할 수 없었다. 탈출 시도가 멈추지 않자 일본인 주민들로 구성된 재향군인회원이 총을 들고 경비를 서기도 했다. 그러나 조선인들의 탈출시도는 멈출 줄 몰랐고, 바다에 수장되는 시신도 그치지 않았다. 죽음의 행렬이었다.

하시마가 자유롭고 평화로운 곳이었다면 왜 조선인들은 죽음을 무릅쓰고 탈출을 감행했을까. 강제가 아니었다면 왜 자유롭게 나가지 못했을까. 지극히 상식적인 의문이다.

해저탄광인 하시마는 육지 탄광과 비교해 채굴 조건이 나빴고 가스폭발사고가 일어나기 쉬운 환경이었다. 동원된 조선인들은 대부분 농촌 출신으로 탄광 노동에 익숙치 않았으나 하루 이틀의 간단한 교육을 받고 갱내 노동에 투입되었다. 충분한 훈련을 받지 못한 조선인들의 현장 투입은 사고 위험을 높이는 요인이었다. 조선인

세상으로 통하는 군함도의 창구(2017년 11월 촬영, 역사문화콘텐츠 '공간' 제공)

노무자의 대부분은 갱내에서도 위험한 채탄현장에서 주로 일했다. 갱 속은 40도가 넘는 고온이었고, 바닥에는 물이 질퍽거렸다. 일만 힘든 것이 아니었다. 조선인 노무자들의 생활환경도 열악했다. 바닷가에 위치한 조선인 숙소에는 바닷물이 늘 들이닥쳤고, 파도에 휩쓸리기도 했다.

전쟁 말기로 갈수록 식량 배급도 줄었다. 갱내의 격한 노동으로 체력이 소모된 조선인들에게 주어지는 식사량 적었지만, 내용도 열악해 밥의 20%는 현미, 80%는 콩깻묵이었다. 조선인 합숙소였던 '요시다^{吉田} 함바'에서는 배급 식량의 절반을 간부가 가로채기도 했다. 하루 할당량을 채우지 못하면 구타와 함께 밥을 주지 않거나 병으로 입갱하지 못하는 사람에게는 한 끼만 주었다고 한다. 이러한 환경은 조선인 건강에 악영향을 끼쳤고 질병으로 또는 사망으로 이어졌다.

하시마의 조선 사람은 다양한 이유로 사망했다. 그러나 현재 정확한 사망자 규모는 알 수 없다. 122명의 사망자 명단이 알려져 있고, 1943년 이후 사망자 수가 급증했다는 정도만 알 수 있을 뿐이다. 122명의 사망자 명단이 있다는 것이지 122명이라는 의미는 아니다. 사망자는 하시마 바로 옆에 있는 나카노시마^{中ノ島}에서 화장했다. 하시마에서 소학교를 다녔던 소년 구연철이 처음 갔을 때는 나카노시마 화장장

연기가 가끔씩 피어올랐는데, 전쟁 막바지에 달하자 거의 매일 피어올랐다고 했다. 화장장에서 재가 된 조선 사람들의 유골은 어디로 갔을까. 알 수 없다. 위원회 조사를 통해 15명의 유골이 고향으로 돌아왔다는 사실만 확인했다. 그렇다면 나머지 유골은 어디로 갔을까. 죽어서도 고향으로 돌아가지 못하는 억울한 혼백이다.

일본 패전 후 미쓰비시는 설비를 복구해 석탄 생산을 계속했으나 1955년 이후 전성기는 오지 않았다. 1974년 1월 15일, 폐광하고 하시마는 무인도가 되었다. 미쓰비시가 2001년 다카시마쵸^{高島町}에 무상양도한 후, 2005년 시정촌^{市町村} 합병에 따라 나가사키시로 이관되었다. 나가사키시는 폐허가 된 섬 내부에서 건물이 붕괴되고 위험한 곳이 늘어나자 일반의 출입을 금지하다가 2008년 남쪽을 정비해 견학로를 조성한 후, 견학로에 한해 2009년 4월부터 관광객의 섬 상륙을 허용했고, 근대산업유산 등재 후 대표적 관광지로 자리 잡았다.

2015년 7월, 유네스코 세계유산위원회에서 사토 구니^{佐藤地} 주 유네스코 대사는 공식 발언("…there were a large number of Koreans and others who were brought against their will and forced to work under the harsh conditions…")을 통해 일본 최초로 세계 공식기구에서 강제성을 인정했다. 또한 유네스코 세계유산위원회 권고 내용(강제노동 역사를 기록할 것)을 지키겠다고 약속했다. 그러나 다음 날부터 바로 일본정부는 '합법적인 정책의 일환'이었다며 강제성을 부정했다. 권고 내용을 준수하겠다는 약속도 지키지 않고 있다. 오히려 하시마 석탄을 '블랙 다이아몬드'라며 산업화에 기여했다는 긍정적 의미를 강조해 홍보하고 '가족 같은 분위기'였다며 노동실태를 왜곡하고 있다.

화태의 소년광부

화태華太라고 불렀다. 일본 말로는 가라후토라고 했다. 일본 땅이라고 했다. 홋카이도에 속한 곳이라고 했다. 조금만 나가면 바다가 나오는 섬이라 했다. 그러나 아니었다. 홋카이도가 아니라 홋카이도 북쪽 꼭대기에서 배를 타고 들어가는 곳이었다. 섬이라 했지만 남한 땅만큼 넓었다. 당시는 일본 땅이었지만 이전에는 소련 땅이었다. 이름도 화태가 아니라 사할린이었다.

화태가 어딘고 하니, 소련 땅 사할린이여

사할린Sakhalin은 아이누 말로 '자작나무의 숲'이다. 몽골 사람들은 '검은 강으로 들어가는 바위'라 불렀다. 이름만 들으면 참 낭만적이다. 하기야 사할린의 자작나무숲은 아름답다. 몽골이 중국과 동북아시아를 평정하기 전까지 역사 기록에서 사할린이라는 존재는 찾을 수 없었다. 몽골 멸망 후 사할린은 관심에서 멀어졌다가 1852년 석탄을 발견하고 석탄 외에도 자원이 풍부하다는 사실이 알려지면서 주목을 끌었다.

일본 제국과 화태(국무총리 소속 일제강점하 강제동원진상규명위원회, 『강제동원명부해제집1』, 2009)

 제정 러시아와 일본이 관심을 보였다. 그것도 보통 관심이 아니라 적극적 관심이었다. 관심이 깊다보니, 영토 문제가 되었고 갈등으로 번졌다. 그렇게 시작된 양국의 갈등은 형태와 대상을 달리한 채 오늘까지 이어지고 있다.
 1869년, 제정러시아는 사할린을 공식 유배지로 공포한 후 유형자의 가족 동반을 허용하고, 형기를 마친 유형자들(정치범과 형사범)을 섬에 남도록 했다. 그 결과 매년 수백 명의 러시아인들이 사할린에 정착했다. 러시아인들은 1879년 이후 이주하기 시작해 1895년에는 147개 촌락을 건설했고, 러일전쟁 이전까지 4만 명이 넘게 살았다. 그러나 러시아인들에게 사할린은 낭만적인 '자작나무의 섬'이 아니라 '악마의 섬'으로 각인되었다. 러시아 최고의 단편작가로 꼽히는 안톤 체홉이 경험한 사할린도 마찬가지였다. 1890년 4월, 사할린을 여행한 체홉이 받은 첫 인상은 생경함이었다. 사할린의 죄수들은 유럽화된 러시아에서 온 체홉 일행을 외국인 보는 듯했다.

제정러시아의 영토였던 사할린 가운데 남사할린이 일본의 영토가 된 것은 1905년 러일 전쟁과 이듬해 러일강화조약의 결과였다. 이 조약에 따라 북위 50도 이남의 사할린과 인근 도서(면적은 36,090km^2, 남북 길이 455.6km)를 일본에 양도하고, 거주하던 러시아인들은 철수했다. 남사할린을 장악한 일본은 지명을 가라후토^{樺太}로 정하고 1907년 도요하라^{豊原}*에 화태청^{樺太廳}을 설치했다. 남사할린을 통치하는 최고 행정기관이었다.

일본은 러일전쟁 승리로 남사할린을 차지했으나 일본인들은 만족하지 않고 분노했다. 1906년 9월 5일, 조약을 체결하자 대중은 도쿄 한복판 히비야^{日比谷}공원에서 강화조약 반대국민대회를 개최하고 거리로 나섰다. 메이지유신 후 최초의 대중 폭동이었다. 정부고관 저택, 정부계 신문사, 파출소, 기독교회 등에 불을 질렀다. 시민들이 방화에 나선 9월 6일, 일본정부는 도쿄시와 도쿄부 관내 5개 곳에 계엄령을 선포하고 강화조약에 반대하는 신문 발간 정지명령을 내렸다.

일본 국민들은 왜 그랬을까. 전쟁의 결과 얻은 전리품인 남사할린이 성에 차지 않았기 때문이다. 그들은 외쳤다. '힘들게 전쟁비용을 마련하고, 귀하게 키운 자식들이 전쟁 중에 목숨을 잃었는데, 고작 남사할린이냐!'고, '더 큰 땅을 가져오라'고. 흔히 일본이 군국주의로 치닫게 된 원인은 군부 때문이라고 생각한다. 그러나 일본 국민들의

* 원래 지명 블라디미로프카, 현재 유즈노사할린스크

엽서에 남은 오지제지 도요하라 공장(유즈노사할린스크)

이같은 격렬한 반응이 있었기에 강경한 군부가 가능했다.

물론 강화조약 체결 당시, 일본이 눈독을 들인 곳도 북사할린이었다. 북사할린은 러시아 대륙과 강 하나를 사이에 둘 정도의 거리였다. 일 년에 반은 얼어 있어서 걸어서도 블라디보스톡으로 갈 수 있었다. 또한 북사할린 유전은 석유가 필요한 일본에게 매력적인 곳이었다. 당연히 일본이 탐낼만한 곳이었다. 그러나 러시아는 물론, 전쟁비용을 대주고 강화조약을 주선한 열강은 일본의 요구를 무시했다. 그렇다고 전쟁을 이어갈 수도 없었다. 전쟁비용은 바닥이 났고, 병력도 한계치에 다다랐다. 일본은 아쉬움을 삼키고 강화조약에 서명했다. 이런 속도 모르고 일본 민중들은 폭동을 일으켰다.

일본은 남사할린을 차지한 후 농민들을 이주시켜 둔전병으로 삼았다. 둔전병이란 평상시에는 경작을 해서 군에 식량을 공급하고 유사시에는 전투에 동원하는 병사를 말한다. 초기에는 제정러시아에 대한 대응이라는 군사전략상 필요성이 강했으므로 둔전병제도를 운영했다. 그러다가 전쟁 위협이 줄어들자 어업, 임업, 펄프공업, 석탄채굴 등 산업적인 면에 관심을 기울이기 시작했다. 산업을 개발하려면 많은 인력이 필요했다. 1912년부터 일본 본토에서 일반인을 대상으로 이민을 모집했다. 개별적인 이민만으로는 넓은 땅에서 자원을 채취하기 힘들자 1926년부터는 집단 이민을 실시했다. 주로 홋카이도에 살던 일본인들이 대거 이주했다.

일본정부는 남사할린 진출을 꺼리던 기업을 유치하기 위해 도로와 철도 등 대규모 인프라를 갖추고, 기업에 여러 혜택을 주었다. 미쓰비시를 비롯한 일본 대기업들이 몰려들었다. 대규모 탄광과 제지공장이 곳곳에 들어섰다. 남사할린 각지에 비행장을 만들어 민간인들이 소형 비행기를 이동수단으로 삼을 정도였다. 황량했던 남사할린은 북적거렸다. 사람이 늘었고, 자본도 풍족해졌다. 화태청이 있는 도요하라는 풍요로움의 상징이었다. 넓고 잘 정비된 도로와 즐비한 상점들은 계획도시의 위용을 자랑했다. 사할린의 일본인은 급속하게 늘어나 1920년에 10만 명이 1940년에는 38만 명으로 늘었다.

아시아태평양전쟁이 발발하자, 이곳에도 전쟁의 여파가 미치기 시작했으나 그래도 번영했다. 1937년부터 전쟁 특수가 시작되었다. 남사할린에 진출한 기업들은 엄청난 이득을 챙겼다. 1939년부터 당국이 조선에서 조달해준 노동력으로 캔 석탄은 이득으로 돌아왔다. 일본정부

사할린 샥죠르스크에 있던 미쓰비시탄광(2005년 7월 촬영)

가 질이 좋은 남사할린의 역청탄을 비싼 값으로 사들였기 때문이다. 정부가 설비를 갖춰준 남사할린의 탄광은 시설이 좋고 갱구도 넓었다. 갱에서 캔 석탄은 권양기를 통해 지상으로 올라온 후 간단한 선탄작업을 마치면, 호퍼^{Hoppe*}를 통해 밀차에 실어 곧바로 항구로 향했다.

조선 사람은 언제부터 화태에 살기 시작했을까. 가장 먼저 들어간 곳은 북사할린이었다. 1870년대에 수십 명의 어부들이 북사할린에 정

* 석탄·자갈·시멘트 등을 임시로 저장해 놓고 필요할 때 아랫구멍을 열어서 조금씩 나오게 하는 깔때기 모양의 장치인데, 탄광에서 탄을 끌어올려 외부 탄차에 옮기는데 사용

착했고, 1905년 이후에는 정치망명자들이 터전을 잡았다. 정치망명자들은 토지를 구입하고 상호부조협회도 조직해 파업을 주도하기도 했다. 이후에도 블라디보스톡 등 소련에서 이주한 조선 사람들이 거주하다 1937년 소련정부의 강제이주 정책으로 북사할린을 떠났다.

남사할린에 처음 들어온 조선인은 1919년 500명의 광부다. 1920년대 중반에는 연해주나 북사할린에서 온 조선인들이 거주하기도 했다. 당시 남사할린과 북사할린은 북위 50도를 국경으로 일본과 소련 땅이었으나 국경이 허술해 사람들이 어렵지 않게 드나들 수 있었다.

조선인의 사할린 이주 현황

조선인 이주 과정(북사할린)	조선인 이주 과정(남사할린)
1870년대, 1880년대 조선인 어부 수십 명이 정착	
1905년 이후, 조선인 정치망명자들이 이주	
1910년, 조선인 정치망명자들이 '상호부조협회'를 조직하고 토지를 구입. 도우에 광산에서 조선인과 중국인 노동자 500명이 파업을 일으켰으나 군부대에 의해 진압. 이후 조선인 광부들의 활동(파업 등)이 조직적으로 이루어짐	1919년, 조선인 광부 500명이 취로
1920년, 일본의 북사할린 점령 이후 남사할린 지역의 조선인들이 북사할린으로 이주하여 광산과 유전에서 노동자로, 어부로 일을 함(1920년 609명/ 1923년 1,431명/ 1931년 1,767명)	1920년대 중반 이후, 연해주나 북사할린에서 온 조선인들이 거주
1937년, 소련정부에 의해 북사할린 거주 조선인 1,155명이 소련 대륙으로 강제 이주됨	1938년 국가총동원법에 의거한 강제동원 개시
	1941년 1943년, 탄광개발을 위해 조선인 성인남자 16,113명을 동원
	내무성, 1943년부터 정책적으로 탄광노동자의 생산성 증대를 위해 가족 이주 조치(가족모집)
	1944년 9~12월 : 주요 탄광(12개소)을 폐산하고 조선인 탄부 3,191명을 일본 본토로 이동(전환탄부, 재징용). 가족을 강제적으로 분리

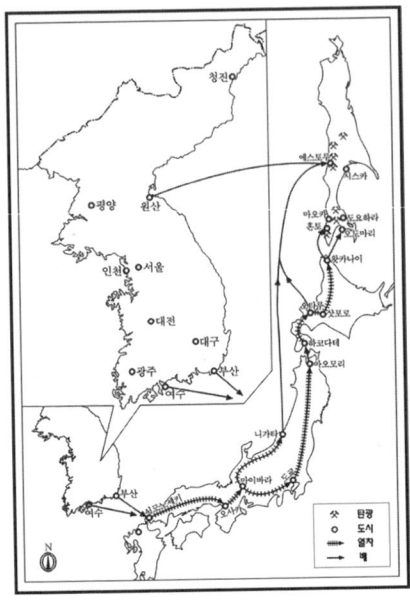

일제 말기 일본을 거쳐 화태로 가는 이동 경로(김명환 작성)

가장 많은 조선 사람이 남사할린에 들어간 것은 강제동원 시기였다. 약 3만 명 이상의 남성들이 남사할린 땅을 밟았다. 이들은 석탄광산, 금속광산, 토목건축, 제지공장 외에 삼림채벌이나 고래잡이에 동원되었다. 화태에 있었던 35개 탄광 가운데 30군데가 조선 사람들이 일하던 탄광이었다.

탄광에 일을 나갈 때에는 양말을 너댓 개씩 겹쳐 신고 그 위에 신발을 두 개씩 신고 나서야 했다. 양말을 두 개 끼워 신고 그 위에 지카타비地下足袋라는 신발을 신은 후 모포로 발을 싸고 다시 고무장화를 신어서 바람을 막았다. 지카타비는 노동자들이 신는 노동화의 일종인데. 발목이 긴 장화 모양의 고무신발이다. 엄지발가락과 나머지 발가락이 두 갈래로 갈라져 있다. 머리에는 선탄모選炭帽라는 모자를 쓰고, 얼굴에 마스크(방한대)를 하고 장갑은 두개를 끼고, 눈만 뻥 뚫고 밖으로 나가야 한다. 이렇게 하고 나가면, 입김이 나오면서 눈앞에 고드름이 매달릴 정도로 추웠다. 이렇게 추운 곳에 소년 광부가 있었다. 길에서 납치당한 소년이었다.

역 앞에서 납치 당한 소년 용암

용암은 1928년 5월 강원도 고성군 장전읍에서 태어났다. 장전 바다에서 배를 타던 부친을 도우며 중학교 입시준비를 하고 있었다. 1943년 11월, 아버지 심부름으로 속초에 밧줄과 어망 등을 사러 갔다. 속초역 앞을 지나는데, 모여 있던 경찰 중 한 사람이 불러 세웠다. 조선 사람이었다.

"너, 이리 오라. 너 몇 살이니?"
"열다섯 살입니다"
"어디서 왔니?"
"장전에서 왔습니다."
"뭐 하러 왔니?"
"배에 쓸 물건을 좀 사러 왔습니다"
"그래?"

소년을 위 아래로 훑어보던 경찰은 잠깐 따라오라고 했다. 잠깐이면 된다고 했다. 어린 나이에 어른이, 더구나 경찰이 가자는데, 내뺄 도리가 없었다. 소년이 따라간 곳은 여관이었다. 여관 마당에 들어서니 사람들이 옹기종기했다. 소년을 데려간 경찰은 다른 사람들과 이야기를 하더니 방으로 들어가라 했다. 아버지가 기다리시니 물건을 사서 집에 가야 한다고 사정하자 엉덩이를 차며 방에 집어넣었다.

방에는 20대 초반이나 30대 정도의 어른들이 예닐곱 명 정도 있었다. 이들은 소년에게 어떻게 왔냐고 묻더니 "너도 걸렸구나!" 했다. 어리둥절한 소년에게, 세 사람은 영장을 받고 나왔고, 나머지는 영장 없이 납치당한 사람이라고 알려주었다. 그렇게 여관방에 갇혀 시간을 보낸 후 다음날 오후 일행은 속초역에 가서 다른 사람들과 합류했다. 오십 명은 되었다. 기차 앞에서 소년은 아버지에게 가야 한다며 안 타려고 버텼다. 그랬더니 어느 새 경찰이 와서 배를 차고 몽둥이질을 했다. 흠씬 두들겨 맞은 후 기차에 실려 부산으로 갔다.

속초역에서 소년 일행을 태운 경찰은 부산에 도착한 후 다른 이들에게 인계하고 돌아갔다. 일행은 새로운 인솔자에 이끌려 연락선을 타고 바다를 건넜다. 배를 타고 가면서 소년이 인솔자에게 물었다. 도대체 우리가 무슨 목적으로 가는 줄은 알아야 하지 않겠느냐고 했다. '너희는 근로보국대'라고 했다. 무슨 말인지 몰랐다.

시모노세키에 도착해 기차를 타고, 하루 낮 밤을 걸려 아오모리까지 가서 다시 배를 타고 홋카이도에 도착했다. 삿포로에서 여관에 집어넣고 하룻밤을 재운 후 배를 타고 다른 항구로 갔다. 그렇게 바다를 세 번이나 건너서 화태에 도착했다.

11월의 화태는 이미 겨울이었다. 길이 얼어서 다른 교통편은 없고 눈썰매 마차가 있었다. 사람들은 스키를 타거나 개썰매를 타고 다녔다. 자동차는 눈 때문에 다닐 수 없다고 했다. 인솔자는 눈썰매 마차에 여덟 명씩 태우더니 이불을 덮으라고 주었다. 얼마나 추운지 눈을 감았다 뜨면 눈이 딱딱 붙어버렸다. 여름에도 산꼭대기에는 얼음이 박혀 있었다. 그렇게 추운 땅에서 눈썰매 마차를 타고 산을 넘어 탄광으로 들어갔다. 소년 탄부 생활의 시작이었다.

소년은 아무 교육도 없이 갱에서 탄을 캤다. 화태 탄광은 일본 본토 탄광보다 수월하다고들 한다. 그러나 소년에게는 힘들었다. 채탄도 힘들었지만 입갱 때 허리에 매는 커다란 배터리가 문제였다. 배터리를 매면 몸이 휘청거렸다. 배터리를 맨 허리에 종기가 나서 붓더니 나중에는 혹이 되어 버렸다. 갱에서 화약 발파할 때 튀어 오른 탄덩어리에 이마를 다쳤으나 아무 치료도 해주지 않아 지금도 흉터가 남아 있다. '목숨 건지고 받은 훈장'이었다.

화태의 석탄은 성냥불로만 불을 붙여도 탈 정도로 화력이 좋았다. 불어오는 바람에 야적장에 쌓아둔 석탄에서 불이 날 정도였다. 탄광에서는 감독 1명이 30~40명 정도의 탄부를 거느렸다. 감독은 탄부들을 여러 조로 나누고 일본인 조장을 두었다. 4명인 조도 있고, 7명이나 8명인 조도 있었다. 조장은 사키야마^{先山}라 했다. 조장이 앞장서 들어가면서 표시를 하면 따라가는 사람들이 구멍을 뚫어 폭약을 설치할 수 있도록 하고, 발파전담자가 발파를 한 후 곡괭이로 탄을 캤다. 탄을 캐는 일이 탄부의 몫이었다. 탄부들은 모두 하루에 해야 하는 일의 할당량이 있었다. 소년에게도 있었다. 탄광 이름도 지명도 아무 것도 모르고 지냈다. 물어볼 생각도 하지 않았고 가르쳐주는 이도 없었다. 그저 화태라는 것만 알고 지내는 판이니 달아날 생각은 하지도 못했다. 길도 모르는 머나먼 섬에서 달아나봤자 육지로 가지도 못하고 붙잡힐 게 뻔했다. 식사량은 충분치 않았지만 견뎠다.

1944년 여름이 되었다. 하루는 군인 신분인 사장이 식당으로 모이라고 했다. 사장은 늘 긴 칼을 차고 군복에 망토까지 걸치고 다녔다. 사장은 모인 사람들 가운데 스무 명을 선발하더니 나머지는 돌아가라고 했다. 스무 명에 용암도 들어 있었다. 사장은 "그동안 추운 곳에서 고생했으니 좀 따뜻한 데 가서 일해라!"고 했다. 가족들과 같이 살던 탄부들에게는 곧 가족을 데려다준다고 했다. 다들 아무런 대답이 없었다. 무슨 말이 필요하겠는가. 오고 싶어서 온 것도 아니고, 집에 보내준다는 것도 아닌데.

나오라는 날짜에 맞춰 항구에 나가니 경찰이 지키고 있었다. 행여 가족들이 거칠게 항의라고 할까봐 그런 듯 했다. 항의하는 가족도 있었으나 소용없었다. 경찰 호위 아래 배를 타고 처음에 오던 길로 갔다. 홋카이도를 거쳐 아오모리로 해서 규슈로 가는 길이다. 조선에서 올 때는 시모노세키에 내렸는데, 이번에는 내리지 않고 기차가 바다 밑으로 해서 나가사키로 갔다. 신기했다. 나가사키에서 기차를 내려 다시 배를 타고 6~7 킬로미터를 더 가니 다카시마라는 섬이 나왔다. 고도촌高島村이라 부르는 길쭉한 섬이었다. 그곳에 소년이 일해야 하는 탄광이 있었다. 미쓰비시 탄광이었다. 조선 사람도 많았지만 중국 포로도 있었다. 일본 사람들은 중국 포로를 미개인 취급을 하고 무시했다. 제2국민이라면서 조선 사람들보다 더 무시하고 못살게 굴었다.

거기에서도 탄을 캤다. 처음 화태에 갔을 때에는 화태가 제일 힘든 곳이라 생각했는데, 아니었다. 다카시마의 석탄은 무연탄이었는데 덩어리가 아닌 가루탄이어서 눈에 들어가니 여간 불편하지 않았다. 더구나 갱은 바다 아래 깊은 곳에 있어서 엘리베이터를 타고 직선으로 내려갔다가 다시 사방으로 흩어져 걸어 내려가야 했다. 밀차를 끌어올리는 권양기도, 호퍼도 없었다. 탄부들이 밀차도 끌어올리고 퍼나르고 해야 했다. 좁은 갱에서 밀차에 가루탄을 담는 일도 힘들었지

하시마 탄광의 희생자들을 위한 다카시마의 공양탑

만, 끌어올리는 일은 정말 힘에 부쳤다.

　탄광 안에 파이프를 넣어 외부의 공기를 집어넣었는데, 전기가 끊어져 파이프가 돌아가지 않으면 폭발한다고 했다. 화태에서는 갱이 깊지 않아 그렇게 위험하지는 않았는데, 다카시마는 오래 된 탄광이어서 그렇다고 했다. 오래된 갱이다보니 천정이 무너져 깔려죽는 이도, 다치는 이도 있었다. 이곳에서도 달아날 생각은 하지 않았다. 섬을 벗어날 방법도 없었지만 간혹 배가 들어올 때는 감시를 철저하게 하니 몰래 타고 가지도 못했다. 간혹 헤엄쳐 달아난 어른들은 있었다. 달아났다가 잡혀 죽었다는 소문도 들려 왔다.

　늘 공습이 있어서 툭하면 방공호에 들어가야 했다. 미군 비행기는 소이탄이라는 폭탄을 퍼부어 사방천지를 불구덩이로 만들었다. 화염방사기를 뿜은 듯했다. 그래도 바다 건너 하시마에 가지 않은 것은 다행이라 했다. 하시마는 누워서 탄을 파야 하는 데다가 매질이 심하기로 소문난 곳이었다. 나중에 들으니 화태에서 하시마탄광으로 간 사람들 중 매질 후유증으로 죽은 사람도 있다고 했다.

물론 다카시마에서도 매질은 있었다. 사키야마는 이유 없이 자기 마음에 들지 않으면 때리고 발길질을 했다. 그렇게 탄을 캐며 지내다 원자폭탄이 터졌다. 원자폭탄이 터지던 날, 용암은 낮 근무 날이어서 갱에 있었다. 밤 근무를 하고 낮에 해변에서 쉬던 다른 탄부 한 사람은 원자폭탄이 터질 때 그 쪽을 쳐다보았다가 이내 사망했다. 등허리가 까맣게 타서 병원에 데려갔으나 며칠 못 버티고 세상을 떠났다. 쳐다보기만 해도 목숨을 잃을 정도니 참 무서운 폭탄이다.

해방이 되면서 소년의 탄부 생활은 끝났다. 일을 하지 않고 보름 정도 지나자 조선 사람을 모두 내보낸다는 소리가 들렸으나 내보내지도 않고 먹을 것도 주지 않았다. 당시 나가사키 조선소에는 중국 포로도 있었지만 미국 포로도 많았다. 미군들이 이들을 위해 비행기로 물건을 떨어뜨렸다. 그런데 조준을 잘못해서 많은 물건들이 다카시마까지 떠 밀려왔다. 열어보니 옷도 있고 먹을 것도 있었다. 그것을 먹으며 두 달 이상 버티면서 계속 회사에 고향에 보내달라고 했다. 열심히 졸라댄 결과, 10월에 배를 구해 고향으로 올 수 있었다. 100명 정도 타는 작은 배였다. 작은 배라도 구한 것이 어디냐며 서둘러 고향 길에 나섰다. 2년간 편지 한 장 보내지 못했던 고향이었다.

고향으로 돌아갈 때 소년은 15원을 받았다. 2년간 일한 대가였다.

그동안 어른들은 매달 담배 값 정도 받은 모양인데, 용암 같은 소년은 3원 정도 받았다. 3원을 받으면 어른들 틈에 끼어 청어 말린 것이나 돼지고기를 사먹곤 했다. 그나마 화태에서 경험한 추억이었을 뿐, 일본에서는 그런 일도 없었다. 회사에서는 모두 예금해준다고 했다. 물론 통장을 본 적은 없지만 회사에서 예금했다고 하니 그런가보다 할 뿐이었다. 고향에 가려니 예금한 돈이 생각나 회사에 돈을 돌려달라고 했다. 그러자 '은행이 문을 닫아 돈이 없으니 우선 이것이라도 장만해준다'며 15원을 주었다. 다른 어른들도 모두 15원씩 받았다. 열다섯 살에 속초역 앞에서 끌려갔던 소년은 열일곱 살에 고향으로 돌아왔다. 2년간 품삯 15원을 가지고, 마치 아무 일도 없었던 것처럼.

조선의 어린이 광부

조선은 일본보다 더 많은 탄광과 광산을 가진 나라이다. 5,504곳에 달한 탄광산 가운데 광산은 5,356곳이고, 탄광이 145곳이니 광산이 압도적으로 많은 셈이다. 조선의 광산은 숫자만 많은 것이 아니라 광물 종류도 다양하고 군수물자 제조에 필수적인 특수광물이 많았다. 이렇게 많은 탄광산이 있으니 당연히 많은 탄광부들이 필요했다. 조선총독부 당국이 법을 만들어 어린이와 여성을 탄광산에 동원한 이유다. 그런데 당국은 법 규정에도 없는 어린 아이들을 동원했다.

중천가곡광산에 끌려간 홍렬

1928년 경북 영양군 입암면에서 태어난 홍렬은 경북 영양군 일원면과 청기면에 걸쳐 있는 중천가곡광산으로 동원되었다. 일월면에 있다고 일월광산, 용화리에 있다고 용화광산이라고도 불렀다. 1939년 나카가와신中川滲이라는 일본 사람이 광산을 열었다 해서 중천이라는 이름이 붙었다. 금과 은을 캐는 광산이었다. 얼마나 큰 광산인지 광석을 골라 정제하던 선광장은 2006년 등록문화재로 지정되었다.

1944년 3월, 면사무소 직원인 왈수가 동네 소년들을 부르더니 면사무소 앞 마당에서 느닷없이 트럭에 태웠다. 스무 명 정도의 소년들을 태운 트럭 안에서 왈수가 광산으로 간다고 알려주었다. 전쟁터가 아니니 다행이기는 했으나 집에 알리지 못하고 나온 것이 찜찜했다. 홍렬과 친구들은 당시 마을에서 청년훈련생 교육을 받고 있었다. 청년훈련소에서 군인 나가는 훈련이라는 소리를 들었으니 늘 전쟁터로 간다는 불안감이 있었다. 그래서 그런지 광산으로 간다니 다행스럽게 여겼다.

왈수가 소년들을 넘겨주고 돌아간 후 광산에 남은 홍렬 일행은 광부가 되었다. 갱 안에서 채굴작업은 하지 않고 광산 밖에서 집터를 닦거나 길을 닦았다. 돌을 나르는 일도 소년들 몫이었다. 일본인 감독이 직접 지시하지 않고, 아래에 있는 조선 사람이 지시를 했다. 조선인 감독은 절대 개인행동을 하지 못하게 했다. 광산은 집에서 멀지 않은 영양군에 있었지만 숙소에서 단체로 생활했다. 1년 동안 한 번도 집에 갈 수 없었다.

간혹 달아나는 사람이 있었는데, 곧바로 주재소로 넘겼다. 그럼에도 탈출에 성공하기도 했다. 같이 갔던 친구 만원이는 달아났는데, 요령 좋게 잡히지 않았다. 홍렬은 집에 계시는 조부모님과 부모님, 형님에게 화가 미칠까 달아날 생각은 하지도 못했다. 그러다가 해방을 맞았다. 해방이 되니 아무도 뭐라는 사람이 없었다. 같이 일하던 동료들과 함께 당연한 듯이 집으로 향했다. 갈 때는 트럭을 타고 갔지만 올 때는 걸어 왔다. 일 년 반 동안 일했지만 돈을 받아야 한다는 생각을 한 사람은 아무도 없었다. 그저 전쟁터로 가지 않고 해방된 게 어디냐며 신나게 집으로 돌아갔다.

일광광산의 소년 소녀들

부산 기장군에는 국내 언론에도 알려진 일광광산이 있다. 일광광산이 알려진 이유는 광산마을 때문이다. 일광광산마을은 국내에 대표적인 일제말기 강제동원과 관련해 형성된 마을 가운데 하나다. 당시이곳은 동래군 일광면에 있었고, 일본 3대 기업의 하나였던 스미토모 소속이었다. 금·은·구리·철·텅스텐을 채굴했는데, 구리를 많이 캐서다들 구리광산이라 여겼다. 폐광 후 갱구는 커다란 바위로 막아두었으나 오랫동안 갱에서 광폐수가 흘러 나와 2017년까지 인근 토양과 도랑을 황토색으로 물들이기도 했다.

일광광산은 1944년에 군수공장으로 지정되어 광산의 사장부터 경비원까지 모두 피징용자가 되었다. 그런데 일광광산에 동원된 사람들 가운데에는 광산에서 일하다가 인근 오천비행장공사장(포항비행장)에 가서 일한 사람들이 많다. 원래 광부들은 굴을 파는 굴진 기술을 가지고 있었으므로 비행기 격납고나 무기저장고 등 군사시설물 공사장에 많이 동원했다. 비행장에는 당연히 비행기 격납고가 필요하니 군의 요청에 따라 광부들을 차출한 것이다. 광산에서 일하다가 비행장으로 가서 일했던 이들 가운데에는 소년들도 포함

부산 기장군에 남아있는 일제강점기 강제동원 현장 일광광산 사무실(역사문화콘텐츠 공간 제공)

되어 있었다.

광산에서 비행장으로 간 규환

동래군 일광면에서 태어난 규환(1926년 5월생)은 1942년 일광광산에 동원되었다가 1945년 오천비행장공사장으로 동원되었다. 광산에 갔을 때 규환의 나이는 열다섯 살이었다. 어린 시절 경험인지라 어떻게 일 다녔는지 잘 기억나지 않는다. 마을에서 열 명 정도 같이 갔다는 것만 기억했다. 광산은 마을에서 가까워서 점심 도시락을 싸가지고 출근했다. 광산 측에서는 월급도 주지 않으면서 식사도 주지 않았다. 처음에는 식당에서 점심으로 콩과 옥수수 섞은 밥을 주고 용돈 정도는 주었는데, 그것도 몇 달 주다 말았다. 참 야박했다.

새벽 5시 광산에 가서 밤 10시나 12시에 퇴근했다. 하루 열두 시간도 넘게 일했다. 가깝다고는 하지만 걸어서 30분은 가야 하는 거리였다. 규환 소년이 맡은 일은 갱에서 하는 채굴이었다. 감독관은 일본인이었는데, 매일 출근표에 도장을 찍어주었다. 광산 입구는 하나인데, 들어가면 여러 통로가 있어 길을 잃을 정도였다. 길을 잃지 않으려고 앞뒤 사람과 줄을 묶어 들어갔다. 물이 많이 고여서 물을 퍼내가면서 채굴을 했다. 새벽부터 일을 하러 나오니 늘 졸리고 피곤했다. 잠깐이라도 졸았다가는 바로 채찍이 날아왔다. 휴일은 별도로 없었다. 1년에 몇 번 없는 국경일이 쉬는 날이었다. 일이 힘들고 매질이 무서워서 출근하고 싶지 않았지만, 광산에 나오지 않으면 다른 곳으로 끌려간다는 소리가 두려워 새벽마다 빠지지 않고 나갔다.

그렇게 3년도 더 넘게 다녔다. 그러다가 해방되던 해, 규환은 광부들 200명과 함께 감독관 인솔 아래 오천비행장으로 갔다. 솔밭 안에 비행장이 있었는데, 비행기는 산속에 숨겨 놓았다. 비행장일은 광산 보다 힘들었고, 매질도 더 심했다. 같이 갔던 친구 토용이는 심한 매질에 오른쪽 다리가 부러졌다. 물론 쉬는 날은 없었고, 외출도 금지였다. 1개 반이 10명씩인데 반장은 일본인이었다. 비행장에서 활주로 공사장 닦는 일을 했다. 집에도 가지 못하고 숙소에서 지냈는데, 식당도 없어서 직접 밥을 해먹어가며 일했다. 그러다가 다시 광산으로 돌아온 후 얼마 되지 않아 해방을 맞았다.

일광광산에서 비행장 공사장에 가지 않은 어린이 광부가 있었다. 열세 살 소년 광부 종원이 비행장 공사장에 가지 않은 이유는 광산에서 일하다가 발가락이 3개나 절단되어 제대로 걷지 못했기 때문이다. 종원보다 한 살 어린 나이에 광산에 들어갔던 복득도 오천비행장공사장에 가지 않은 어린이 광부였다. 열두 살 소녀였기 때문이다.

열세 살 소년 광부 종원

동래군 장안면에 살았던 종원(1930년생)은 열세 살 때인 1944년 4월, 일광광산에 끌려갔다. 어리다고 선광장에서 일했다. 갱 속에서 광부들이 채취한 철과 아연을 골라내고, 기계에 집어넣는 일이었다. 매일 새벽에 광산으로 출퇴근했는데, 주야 2교대로 일했다. 쉬는 날은 없었고, 월급은 용돈 정도 받았다. 1주일에 두세 번은 장안청년훈련소에서 훈련도 받았다.

선광장에서 일한 지 몇 달 지난 12월 초 작업 도중 사고로 오른쪽 발가락 3개를 절단했다. 기계가 발에 떨어져 부상을 입은 것이다. 이듬 해 1월 중순까지 광산 병원에서 통원치료를 받고 진단서도 발급받았다. 처음에는 서 있기도 힘들었으나 일을 면하게 해주지는 않았다. 제대로 걷지 못하는 발을 가지고도 해방될 때까지 계속 일했지만 오천비행장 공사장 차출은 면했다.

열두 살 소녀 광부 복득

복득은 1929년 12월 일광면에서 태어났는데 1942년 초 부터 해방될 때 까지 일광광산에서 일했다. 열두 살 꼬맹이가 광산에 간 이유는 일광면 부면장을 하던 이모부의 권유 때문이었다. 이모부는 일광광산에서 일하면, 일본이나 만주로 가지 않아도 된다고 했다.

광산까지 10리 길이었는데, 아침 7시에 출발해 걸어가면 40분 정도 걸렸다. 도착하면 제일 먼저 체조를 하고 주의사항을 들었다. 광산은 엄청나게 넓고 일하는 사람도 많았다. 얼마나 많은지 다 헤아릴 수도 없었다. 소녀는 선광장에서 돌 고르는 일을 했다. 선광장에는 남자들도 있었는데, 주로 기계에 돌을 넣고 곱게 가는 사람이 많았고 기계고장 나면 수리하는 사람들도 있었다. 여자들은 남자들이 날라놓은 돌을 골라 리어카에 담아 다른 곳에 옮기는 작업을 했다. 반짝거리는 것은 남겨두고 반짝거리지 않는 것을 주워 운반하는 일이었다. 간혹 사다리를 타고 지하실에 내려가 뻘을 퍼내는 삽질을 하기도 했다. 일본인 감독은 남자든 여자든 발길질이 기본이어서 늘 맞았다.

점심은 집에서 가져온 도시락을 먹었고, 저녁 6시쯤 되면 일을 마치고 집으로 돌아갔다. 선광장의 남자들은 저녁 10시가 넘어서까지 일을 했는데 여자들은 저녁이 되면 집에 갈 수 있었다. 일한 대가는 없었다. 점심밥도 주지 않을 정도인데, 돈을 줄 리 없었다. 해방이 될 때까지 계속 다녔다.

나카가와청양 광산의 아이들

충남 청양군은 광산 밀집지역이다. 무려 75곳의 광산이 있었으니 광산 아닌 땅을 찾기 어려울 정도다. 금과 은 외에 텅스텐이라 불리는 중석 광산도 여럿이다. 그 가운데 하나가 장평면에 있었던 나카가와청양광산이다. 일제 때 부여군 은산면에서 청양군 적곡·장평면에 걸쳐 있던 대규모 광산이었는데, 나카가와(中川)광업(주)이 운영했던 곳이다. 금과 은을 채굴하는 광산이었는데, 일제 말기에는 중석을 주로 캤다. 인근 사람들은 중석을 캐는 광산이라 해서 청양중석광산이라 불렀다. 근무자가 3천 명이 넘는 대규모 광산이었고, 1944년 군수회사로 지정되어 모든 직원들이 피징용자가 되었다.

청양광산에도 많은 소년 소녀들이 일했는데, 눈길을 끄는 소년은 노무계에서 사무를 본 재준이었다. 장평면에서 태어난 재준(1926년 11월생)은 1943년부터 나카가와청양광산에서 사무를 보았다. 11월생이므로 광산에서 일을 시작한 나이는 만 열다섯 살 때였다. 광산에서 사무를 봤던 이력으로, 마을 사람들이 광산에서 무슨 일을 했는지, 어떤 고생을 했는지 잘 알고 있었다.

광산의 소년 사무원 재준

재준이 광산에 나가게 된 것은 일본에 징용 가지 않아도 되는 곳이었기 때문이다. 그런 이유로 광산에 온 사람이 재준 혼자였을까. 아니었다. 당시 열두 살이었던 응갑이는 물론, 동네 아이들도 대부분이 그런 이유로 광산에서 일했다. 1944년부터는 전 직원이 가슴에 응징사應徵士* 마크를 붙이고 일했다. 당국에서는 국민징용령에 따라 징용하면서도, 마치 스스로 징용에 응한 듯 응징사라 불렀다. 군인은 아니지만 군인과 같은 산업전사라는 의미라고 했다. 국민징용령에는 응징사의 마크 크기 까지 규정되어 있었다.

재준은 광산에 출퇴근하면서 처음에는 매달 30원씩 월급도 받는 좋은 조건으로 일했으나 1944년 광산이 군수공장으로 지정된 후에는 월급을 받지 못했다. 출근하면 조회에 참석한 후 아침 7시부터 저녁 6시까지 광부들이 일한 양을 기록하고, 사망자 기록을 정리했다.

재준의 눈으로 본 광산은 발파사고가 잦은 곳이었다. 광독으로 죽는 사람도, 갱으로 들어가다가 떨어져 죽는 사고도 있었다. 당시 법대로 하면, 군수공장에서 부상이나 사망을 당하면 수당과 위로금을 받게 되어 있었다. 그러나 사고로 다치거나 목숨을 잃은 사람에게 회사에서 수당이나 위로금은 준 적이 없다. 재준이 작성한 장부에는 한 동네에서 온 소년 소녀들의 기록도 가득했다.

백용, 동삼, 병천 소년과 영순

재준과 한 동네 소년인 백용(1928년 2월생)은 1943년 광산에 끌려왔다. 나이가 고작 열네 살이었지만 갱 안에서 일했다. 큰 힘은 쓰지 못하지만 갱에는 할 일이 많았고, 어른 광부들 뒤치다꺼리도 만만치 않았다. 발파하고 난 후 광석을 운반하는 일은 소년에게는 매우 힘들었다. 먼지와 광석 부스러기를 그대로 들이마시며

---

* 응징사란 1943년 7월 20일 공포된 국민징용령 제3차 개정에 따른 호칭으로서 '징용에 응한 전사'라는 의미다.

일 해야 했다. 2년 남짓 광산에서 일했을 뿐인데도 해방 후 진폐증을 앓기 시작해 70대에 세상을 떠날 때까지 병마에 시달렸다.

1926년 12월 은산면에서 태어난 동삼은 1940년 3월 광산에 들어갔다. 1940년은 광산이 군수회사로 지정되기 전이었지만, 징용을 피하려면 청양광산으로 가라는 소문이 퍼져 있었다. 동삼은 어린 아이였지만 갱에서 중석 캐는 일을 했다. 집에서 출퇴근하지 않고 광업소 숙소에서 지냈다. 열세 살도 못 되는 나이에 광산에 들어가 5년이 지나 장성한 청년이 되어 해방을 맞았으나 폐질환과 척추질환을 얻었다. 그저 일본 징용을 피하려 했던 소년에게 광산은 더 큰 후유증을 남겼다.

부여군 은산면 출신의 병천(1927년 3월생)은 1942년 광산에 끌려갔다. 호적으로는 1928년생이지만 실제 나이는 1927년 정묘생이다. 마을 이장이 가라고 해서 은산면에 갔더니 40~50명이나 되는 사람들이 모여 있었다. 광산은 집에서 걸어서 20분 정도밖에 걸리지 않았기에 아침마다 도시락을 들고 출근했다.

병천은 열네 살 소년이었지만 갱(제5광구)에 들어가 일했다. 다행히 채굴은 하지 않았다. 펌프를 관리하고, 밀차가 다니는 철길을 깔거나 철거하기도 하며 잡부처럼 일했다. 광산에서 캐는 텅스텐이 중요한 군수물자이다보니 광부들이 많았다. 기본적으로 인근 지역에 사는 사람들은 광산에 와서 일했다. 돈 생각을 하고 온 사람들도 있었고, 일본으로 징용 가지 않는다는 말에 온 사람도 있었다. 돈 생각을 하고 온 사람들은 임금을 제대로 계산해주지 않았기 때문에 불만이 많았으나 체념하고 일본에 끌려가지 않은

응징사 마크(위원회 소장자료)

것을 다행으로 여기며 다녔다.

영순(1927년 3월생)도 재준과 한동네 소녀였다. 1944년 광산에 들어온 영순은 선광장에서 중석 고르는 일을 했다. 월급은 받지 못했지만 월급 대신 보리쌀을 받았다. 영순이 광산에 들어온 이유도 다른 사람과 마찬가지였다. 일본이나 만주로 징용가지 않으려 그리 한 것이다. 영순은 가슴에 단 응징사 마크가 고향을 떠나지 않도록 지켜주는 귀중한 보물이라 여기며 광산에서 일했다.

광산의 기술직, 재호 소년

사무직에 있었던 재준 외에 기술직에 있었던 소년도 여러 명 있었다. 부유한 대농 집안의 아들이었던 재호도 그 가운데 한 명이었다. 1927년 11월 청양군 적곡면에서 태어난 재호는 형님 주선으로 1940년 나카가와청양광산에 갔다. 열두 살에 들어가 열일곱 살까지 다녔다. 광산은 집에서 50분 정도 걸어갈 거리에 있었다. 매일 출퇴근을 했고, 오전 7시부터 오후 6시까지 근무했다.

광산분석소에서 일하는 직원은 7~8명 정도였는데, 부감독만 빼고 모두 조선 사람이었다. 감독은 대학을 나온 분석 전문가였다. 재호는 잔심부름이나 분석에 필요한 광석과 화공약품 운반을 했다. 분석소에 있던 아이들 중에는 광산에서 캐 온 텅스텐을 갈아 약품 처리를 한 후 텅스텐 함유율이 몇 % 나오는지 정리하는 일도 했다. 1944년부터는 모두 가슴에 응징사 마크를 달았다.

응징사 마크는 광산이 군수회사로 지정되었으니 직원도 피징용자가 되었다는 표식이다. 징용이고 뭐고 아무 것도 모르고 다녀서 특별히 힘들었던 기억은 나지 않는다. 다만 주변에 보니, 갱에 들어가 일을 한 사람들 중에 오래 사는 이가 드물었다. 몇 해 못 살고 죽은 사람도 적지 않았다. 아마 텅스텐에서 독성이 나온 모양이었다. 재호도 화공약품을 지나치게 들이마신 탓인지 폐가 많이 나빠졌으나 진폐증으로 고생하다 죽은 아이들에 비할 바는 아니었다.

어리기에 더욱 피하기 어려웠던 죽음의 그림자

중천가곡광산에 동원되었던 소년 홍렬은 운이 좋다고 생각했다. 일광광산에 동원되었던 규환도 운이 좋아 살아 돌아왔다고 생각했다.

그러나 모두 운이 좋았던 것은 아니다. 탄광산에 들어간 지 한 달 만에 목숨을 잃은 소년이 있었다. 홍렬과 규환보다 더 어린 소년이었다.

1931년 2월 경북 영양군 입암면에서 태어난 세창은 1943년 7월 중천가곡광산에 동원되었다. 열한 살밖에 되지 않았던 소년은 광산에 들어간 지 한 달 만에 갱이 무너지면서 기계에 깔려 사망했다. 아이가 죽었다는 소식을 듣고 유해를 모셔간 가족은 사망신고도 하지 않았다. 부모보다 일찍 세상을 뜬 자식은 불효자 중에 가장 큰 불효자인데, 부모보다 먼저 사망신고를 할 수 없다고 생각했다.

어려서 사망한 피해자들은 기억할 수 있는 사연이 거의 없다. 세창 경우도 마찬가지다. 어떻게 광산에 가게 되었는지, 갱 속에서 무슨 일을 했는지, 왜 어린 아이를 갱에 집어넣었는지 아는 사람은 없다. 부모님은 이미 세상을 떠났고, 세 살이나 어린 남동생은 당시 상황을 전혀 알지 못한다. 그저 이장이 데려갔고, 부모님이 사망신고를 하지 않았다는 이야기만 들었을 뿐이다. 세창처럼 현장에서 즉사하지는 않았지만 해방 이후 몇 년간 고통 속에 투병생활을 하다 생을 마친 소년들이 있다. 여러 명이 있다. 그 가운데 한 형제가 있다.

길평과 상구 형제

청양군 장평면에서 태어난 길평(1928년)은 1942년 3월 중천가곡광산에 끌려갔다. 길평은 갱에 들어가 일했는데, 해방된 후 3년 만에 세상을 떠났다. 원인은 진폐증 때문이었다. 해방 이후 집으로 돌아온 후 기침과 각혈을 계속하다 고작 스무 살도 못 되어 세상을 떠났다. 길평의 죽음은 안타까운 일이다.

그런데 죽음의 그림자는 길평에 그치지 않았다. 길평의 동생인 상구도 같은 광산에서 일을 했는데, 역시 4년 만에 세상을 떠났다. 1930년생이었던 상구는 형과 같은 시기에 광산에 들어갔다. 어린 형제는 갱에 들어가 일을 했는데, 해방 이후 같이 진폐증을 앓다가 길평이 먼저 세상을 떠난 지 1년 후 동생도 형의 뒤를 따랐다. 형제의 죽음은 우연이 아니었다. 해방 후 죽음에 이르는 기간 동안 어린 형제는 기침과 천식, 각혈의 고통에서 벗어나지 못했다. 고통을 멈추게 한 것은 죽음이었다.

사연을 알 수 없는 조선 탄광산의 어린이 사망자들. 70년이 지난 지금, 두세 줄의 짧은 사망 정보만이 남아 있다. 조선의 탄광산에 동원되었다가 사망한 15세 이하 어린이 탄광부의 사례들이다. 15세 이하만 소개해도 13명이 될 정도이다. 열한 살의 어린이를 동원해 죽음에 이르게 한 사례도 있다.

낙천 1931년 4월 전남 함평 출신. 1943년 1월, 함북 회령군 이와무라 岩村광업㈜ 소속 유선탄광에 동원(당시 11세). 동원 후 22개월만인 1944년 12월 20일, 갱내에서 사망. 유해는 고향으로 돌아오지 못했음. 사망 당시 12세

두섭 1926년 12월 충북 옥천 출생. 함북 경원군 소재 조선유연탄㈜ 소속 용덕 탄광에 동원. 동원 일자는 알 수 없음. 조선유연탄㈜은 아소麻生광산·동양척식회사·북선탄광·동양척식광업이 설립한 회사로 군수회사로 지정. 1941년 11월, 갱내 사고로 사망.

유해는 고향으로 돌아왔음. 사망 당시 14세

용희 1930년 2월 전남 고흥 출생. 1944년 8월, 함북 경흥군 소재 일본질소비료(주)가 설립한 조선인조석유(주) 소속 아오지탄광(군수회사 지정)으로 동원(당시 14세). 동원 후 11개월 만인 1945년 7월 20일, 갱내 사고로 사망. 유해는 고향으로 돌아오지 못했음. 사망 당시 15세

상준 1928년 1월 전북 김제 출생. 1943년 2월, 북한 지역의 이름을 알 수 없는 탄광에 동원(당시 15세). 동원 후 2개월 만인 1943년 5월, 갱내 사고로 사망. 유해는 고향으로 돌아왔음. 사망 당시 15세

한성 1927년 2월 전남 영광 출생. 1942년 1월, 큰형을 대신해 북한 지역의 이름을 알 수 없는 탄광에 동원(당시 14세). 동원된 지 4개월만인 1942년 5월, 갱내 붕괴로 인한 낙반 사고로 사망. 유해는 고향으로 돌아왔음. 사망 당시 14세

수남 1926년 7월 전북 정읍 출생. 1941년 2월, 함남 단천군 소재 탄광에 동원(당시 14세). 동원 후 5개월 만인 1941년 7월, 갱내 압사 사고로 사망. 유해는 고향으로 돌아오지 못했음. 사망 당시 14세

천경 1927년 3월 충북 괴산 출생. 평남 개천군 소재 일본제철광업(주) 소속 개천철산(군수회사 지정)에 동원. 동원 일자는 알 수 없음. 1943년 12월, 갱내 사고로 사망. 유해가 고향에 돌아왔는지에 대해서는 알 수 없음. 사망 당시 15세

영구 1925년 1월 충북 보은 출생. 1938년 7월 황해도 봉산군 소재 일본제철 계열 메이지^{明治}광업(주) 소속 사리원탄광(군수회사 지정)에

동원(당시 13세). 동원된 후 2년이 지난 1941년 2월, 제1갱에서 사고로 사망. 유해는 고향으로 돌아왔음. 사망 당시 15세

우선 1926년 3월 전남 나주 출생. 1940년 함남 단천군 소재 이름을 알 수 없는 광산에 동원(당시 13세). 동원된 후 2년이 지난 1942년 9월, 갱외 작업 중 낙하물체에 머리를 맞아 즉사. 유해는 고향에 돌아오지 못했음. 사망 당시 15세

우석 1928년 2월 전남 영암 출생. 1942년 평남 순천군 소재 조선무연탄(주) 소속 신창 탄갱에 동원(당시 13세). 조선무연탄(주)은 미쓰비시광산·동양척식회사·메이지탄광·미쓰이물산·동척광업이 설립한 회사로 군수회사로 지정. 동원된 후 2년이 지난 1944년 12월, 제4갱에서 사고로 사망. 유해는 고향에 돌아왔음. 사망 당시 15세

동양 1928년 11월 충남 보령 출생. 1942년 함북 회령군 소재 조선합동탄광(주) 소속 회령탄광에 동원(당시 13세). 동원 후 2년이 지난 1944년 8월, 갱내 사고로 사망. 유해는 고향에 돌아왔음. 사망 당시 15세

동환 1927년 5월 전북 고창 출생. 1942년 함북 경성군 소재 이름을 알 수 없는 탄광에 동원(당시 14세). 동원된 후 1년이 지난 1943년 6월, 갱내 붕괴사고로 사망. 유해가 고향에 돌아왔는지에 여부는 알 수 없음. 사망 당시 15세

향호 1927년 12월 전북 정읍 출생. 1943년 1월 평북 강계군 소재 장연 탄산으로 동원(당시 15세). 동원 후 3개월만인 1944년 6월, 갱내 사고로 사망. 유해는 고향으로 돌아오지 못했음. 사망 당시 15세

이 짧은 사망 정보를 통해 알 수 있는 내용은 빈약하다. 대부분 갱내 사고로 사망했다는 점, 동원 후 얼마 되지 않아 목숨을 잃은 소년이 많았다는 점이 우리가 알 수 있는 내용이다. 갱내 사고 사망자가 다수인 까닭은 갱 밖보다 훨씬 사고 위험이 많았고, 하야시 에이다이 말대로 '어린이들이기에 사고에 무방비 상태로 노출'될 수밖에 없었기 때문이다. 사회적으로 보호받아야 할 어린이가 사고에 그대로 노출되던 시절, 참혹한 시절이었다.

제5장

공사판의 어린아이들

어린이가 가야 했던 토건공사장

강제동원 노역장 중에서 탄광과 버금가게 힘든 곳은 토건공사장이다. 철도나 도로를 닦는 일도 힘들었지만, 수력발전소나 군부대 공사장은 장정들도 버거워하는 곳이었다. 해가 쨍쨍 내리쬐는 뙤약볕에서 변변한 도구도 없이 맨몸으로 흙과 돌을 나르고 굴을 파야 했다. 군수공장이나 탄광산에서 생산한 생산품을 수송하기 위한 철도와 도로 건설 현장, 전기를 생산하는 수력발전소, 군부대에서 필요로 하는 각종 군 관련 시설공사(비행장, 방공호, 지하진지 등), 항만건설 공사장, 군수공장 건설과 저수지 공사장 등 토건공사장은 매우 다양했다.

○ 일본의 토건공사장 : 1,624곳. 군 소속 작업장(비행장 포함), 발전소, 도로, 일반 토건공사장, 지하공장. 이 가운데 다른 지역과 가장 특징적인 토건공사장은 미쓰비시 등 비행기와 무기를 생산하기 위해 지하에 건설한 지하공장 건설현장
○ 남사할린의 토건공사장 : 12곳(비행장 11곳, 철도공사장 1곳)
○ 중국과 만주의 토건공사장 : 54곳. 이 가운데 46곳이 철도공사장

이고 4곳이 비행장. 토건공사장 가운데에서 철도공사장이 압도적일 정도로 수송로 확보를 위한 공사현장이 다수
- ○ 태평양의 토건공사장 : 52곳. 이 가운데 34곳이 비행장이고 나머지는 수송을 위한 항만과 도로 공사장
- ○ 조선의 토건공사장 : 853곳. 군 소속 작업장(특공 기지를 포함한 비행장, 진지동굴, 방어진지, 방공호 등 351곳), 발전소(33곳), 철도와 도로(217곳), 항만공사장(24곳)과 신사·저수지·공장 건물·노동자 숙소 등 기타 토건공사장

토건공사장은 일본 본토는 물론, 조선, 남사할린, 만주, 태평양 등 모든 강제동원 지역에 다 있었다. 본격적인 전투가 있던 1944년 동남아시아와 태평양지역에서 건설한 비행장이나 군공사장 현황은 너무 많아 정확하게 파악하기도 어렵다.

여러 지역 가운데 어린이 사망자 비율이 가장 높은 지역은 조선이다. 가장 많은 공사장이 있었고, 주로 노인과 여성·어린이들을 동원했기 때문이다. 장정들이 일본과 태평양, 남사할린, 만주 등 한반도 밖으로 동원된 후 남은 사람은 힘이 약한 노인과 어린이, 여성이거나 형무소 죄수들이었다.

조선의 토건공사장 가운데 압도적인 다수는 군공사장이다. 군 당국은 전남과 경남·제주도 등 남해안 일대와 충북과 경북 등 내륙지방에까지 촘촘히 방어진지를 조성했다. 그 중에는 자살특공대용 배를 감추어둘 특공기지 작업 현장도 있었다. 군공사장에는 기술력을 갖춘 광산의 광부들을 동원했는데, 기술이 없는 잡부들도 많았다.

철도와 도로, 그리고 항만은 조선의 군수공장과 탄광산에서 생산한 군수물자와 공출물품을 실어 나르기 위한 필수 수송로였다. 조선 각지에서 철도와 도로, 항만을 닦고 넓히는 작업은 계속되었다. 부산항은 매축공사와 항만공사에 총 34년이라는 기간을 투입할 정도로 큰 공사였다. 그런 까닭에 조선총독부가 산출한 조선에 동원한 노무자 통계에서 가장 높은 비중을 차지하는 직종은 단연 토건이었다. 어린이가 토건공사장에 동원되었던 배경이기도 하다.

읍에 나갔다가 길거리에서 붙잡혀 일본 해군시설부 공사장에 끌려간 소년이 있었다. 150명 소년단의 일원으로 사할린 비행장공사장으로 간 열네 살 소년도 있었다.

시장에서 잡혀간 봉제 소년

1924년 4월 강원도 춘천에서 태어난 봉제는 1940년 10월 오사카에 있는 해군시설부 직속 도크공사장과 나라奈良현 덴리天理시에 있는 해군 야나기모토柳本 비행장 건설 공사장에 끌려갔다. 열다섯 살 때였다. 해군공사장으로 가게 된 이유는 읍에 나갔다 중앙시장 부근에서 붙잡혔기 때문이다. 소년은 순사에게 잡힌 후 가족에게 알리지도 못하고 해동여관에서 하룻밤을 자고 일본으로 떠났다. '중앙로 1가, 지금 강원은행 지점 옆', 소년이 70년이 다 되도록 생생하게 기억하는 해동여관 자리다. 춘천읍사무소 앞에서 잡힌 사람은 스무 명 정도 됐다.

해동여관에서 하루를 보낸 다음날 춘천역에서 기차를 타고 성동역에 내려 기차를 갈아타고 부산으로 갔다. 성동역은 청량

야나기모토비행장 방공호(위원회 『강제동원 구술기록집6 - 수족만 멀쩡하면 막 가는거야』, 2007, 193쪽)

리역과 멀지 않은 곳에 있었다. 춘천역과 성동역을 오가는 철도는 1937년에 개통했다. 부산에서 부관연락선을 타고 시모노세키로 간 후 일단 히로시마현 구레^吳 해군시설부에서 옷을 갈아입고 다시 오사카로 갔다. 해군시설부 소속이었으니 군무원이라고 하지만 하는 일은 노무자와 같아 소속만 해군 소속일 뿐, 노무자와 한가지였다. 다만 다른 점은 사고를 친다거나 잘못한 일이 생기면 군법재판을 받는다는 것.

200명 정도의 일행이 오사카부 센난^{泉南}군 다니카와^{谷川} 마을의 해군 도크공사장에 갔다. 배를 수선하는 곳이었다. 폭 80m 길이 150m의 큰 도크였다. 망가진 배가 들어오면 고쳐서 내보내는 일이었다. 이런 도크는 계속 필요했으므로 폭약을 터트려 산을 부수고 바다를 메꿔 도크를 만들었다.

이곳에는 많은 조선인들이 있었다. 목공소에서 일하는 사람,

전기공사 기술자도 있었다. 조선 사람 가운데 가장 많은 사람들은 손수레로 산을 파헤쳐 흙을 실어 바다를 메꾸는 고된 일을 했다. 주로 전라도와 경상도에서 동원된 사람들이 했다. 나이가 어린 소년은 공사일은 면하고 손수레를 확인해 '만보'라 부르는 전표를 끊어주는 일을 했다. 토공들에게는 할당량이 정해져 있었는데, 전표를 통해 할당량을 확인했다. 소년은 12원씩 월급을 받아 매달 용돈으로 5원 정도를 쓰고 나머지는 집으로 보냈다.

해군시설부 소속이라 그런지 대우는 나쁘지 않았다. 일 년에 한 번씩 작업복도 새로 주었고, 밥에는 쌀도 많았다. 매주 하루씩 쉬는 날도 있었다. 근처 마을에 구경 가기도 했다. 강원도 출신자들에게만 허용하고 전라도와 경상도 출신자들에게는 외출을 금지했다. 탈출자가 많았기 때문이다. 다른 곳보다 자유로운 분위기였으나 사고사는 있었다. 수면부족으로 고압선에 타죽은 전기공이 있었다. 소년의 학교 친구였는데, 사고는 한순간이었다. 화장장도 없이 소년이 직접 구덩이를 파고 친구의 시신을 나무로 덮어 화장했다.

1944년이 되니 오사카에 공습이 시작되었다. 미군은 폭격하기 전에 상공에서 도시 전체에 뺑 돌아가며 기름을 뿌린 후 소이탄을 투하했다. 그렇게 하면 도시 전체가 불바다가 된다. 해군 도크공사장은 직접 공습 피해를 입지 않았지만 불타는 오사카 이야기는 계속 들었다.

만 3년이 흘러 1944년 가을이 되자 도크공사장에 있던 노무자들은 남양군도로 중국으로 흩어졌다. 소년은 나라현 덴리군에 있는 야나기모토비행장으로 배치받았다. 구레해군시설부 소속이었다.

비행장의 정식 명칭은 야마토大和해군항공대 야마토기지 비행장이다. 1944년 6월부터 공사를 시작했으나 공사 중 패전을 맞았다. 조선인이 3천 명 정도 끌려왔고 위안소까지 있었다. 소년의 기억으로는 위안소 조선 소녀 가운데 열세 살짜리도 있었다. 이 공사장은 자살특공대원들 훈련용 비행장을 만드는 곳이었다. 자살특공대원 대상자는 해군비행예과연습생인데 줄여서 요카렌了科練이라 불렀다. 잠자리비행기라는 작은 비행기에 폭탄을 싣고 미군 배에 돌진하는 젊은이들이었다. 조선 소녀들이 미쓰비시중공업 나고야 공장에서 만들었던 제로센도 요카렌이 타고 갈 비행기 가운데 하나였다.

비행장공사가 거의 끝나가는 마당에 갑자기 일본인들이 오더니 '다들 철수하라'고 했다. 일본 천황의 라디오 방송을 듣고 온 것이다. 어리둥절했다. 갑자기 어디로 철수하라는 말인가, 고향으로 가라는 말인가. 강원도에서 온 사람들을 다 모으니 280명 정도 됐다. 그 가운데 한학을 배운 어른이 있었다. 이 분이 알아보더니 시모노세키를 통해 조선에 돌아가려면 시간이 많이 걸린다고 했다. 큰 배가 있어야 하는데, 구하기 어렵다는 것이었다. 그래서 석탄수송선에 석탄을 실어주고 그 배를 타고 가기로 했다. 8월 20일 출발해서 9월 초에 고향에 왔다. 다른 사람들에 비하면 매우 빨리 돌아왔다. 280명이 함께 움직인 결과였다.

근로보국대 소녀 정자

봉제가 일했던 야나기모토비행장에는 근로보국대도 일하고 있었다. 1931년 8월 경남 함양에서 태어난 정자는 세 살 때 가족이 일본으로 이주해 나라현 야마베(山邊)군에 있는 학교에 다니다가 1944년 7월 근로보국대로 비행장에 끌려갔다. 부친은 일본에 와서 공사장 일을 하다 농토를 빌려 농사를 지었다. 원래 일본인들이 농사짓던 땅인데, 군대에 가느라 농사지을 사람이 없자 빌려주었다.

열세 살 정자는 비행장에서 모래를 이고 자루에 담거나, 흙을 나르는 일을 했다. 여름 내내 힘든 일을 하는 딸이 안쓰러운 아버지는 학교에 다니지 않으면 일하러 가지 않아도 될 것 아니냐며 중퇴하라고 했다. 학교에 가지 않고 근로보국대도 나가지 않은 지 며칠 후 이번에는 정신대로 시즈오카조선소에 가라는 통보가 왔다. 시즈오카(靜岡)는 나라현에서 먼 곳인데, 그곳으로는 보낼 수 없다며 아버지가 손을 써서 오사카에 있는 비행기부품공장으로 가도록 했다. 하루 12시간씩 하는 공장일은 힘들기도 했지만 위험했다. 공장에서 정자는 기계에 넘어져 얼굴에 부상을 입어 흉터가 남고 한쪽 귀가 들리지 않게 되었다. 비행장공사장을 피해서 갔는데, 오사카의 군수공장은 오히려 소녀에게 부상을 안겨주었다.

봉제 소년이 춘천읍에서 납치된 것은 불운했지만 도크공사장에서 전표를 끊어주는 비교적 쉬운 일을 했다. 열세 살 정자도 비행장공사장 일은 몇 개월 하지 않았다. 이런 사례만 보면, '그럼 그렇지, 공사장이 어떤 곳인데 어린이들을 데려다가 일을 시켰겠는가. 어린이들은 기껏해야 사무보조를 하거나 몇 개월 정도였구나' 생각할 수 있다. 그렇다면 얼마나 좋았겠는가. 그러나 현실은 그렇지 않았다.

1929년 1월 전남 장흥에서 태어난 낙홍은 1944년 5월 사할린 오도마리에 있는 비행장으로 끌려갔다. 열네 살 때였다. 혼자가 아니었다. 150명 소년단의 일원으로 간 것이다. 오도마리 비행장은 현재 콜사코프에 있는 비행장이었다. 이곳에서 활주로 건설공사를 하던 낙홍은 다시 일본 시즈오카에 있는 후지에다^{藤枝} 비행장으로 배치 받아 활주로 공사를 계속 했다. 해군항공대가 운영하는 비행장이었다. 일본군은 이렇게 150명이나 되는 소년들의 고사리 손으로 비행장 활주로를 만들었다.

스무 명의 소년 토공부

《모자^{母子}가 본 활주로와 소년토공부》라는 책이 있다. 1996년 홋카이도에 사는 교사 출신의 마쓰모토 시게요시^{松本成美}가 쓴 책이다. 홋카이도청의 의뢰를 받아 '조선인 강제동원 역사'를 조사하던 마쓰모토는 1986년 쇼코사^{正光寺}라는 절에서 조선인 19명의 사망기록을 열람했다. 쇼코사는 시베츠^{標津}군 나카시베츠쵸^{中標津町} 소재 게네베쓰^{計根別} 육군비행장공사장에서 사망한 조선인들의 유해를 모신 절이었다.

과거장^{過去帳}*을 열람한 후 쵸사무소(군청)을 찾아가 19명의 매화장인허증**을 살펴보던 마쓰모토는 자신의 눈을 의심했다. 만 8세 10개월짜리 토공의 사망기록이 있었기 때문이다. 아무리 다시 들여다보아도 매화장인허증에 적힌 기록은, 8년 10개월 된 조선인 '토공부' 박전일랑

---

* 사찰이 확인한 사망자의 기록. 불교식 이름, 사망 당시 나이, 소속, 직업 등 기재
** 화장할 때 지방지치단체장이 발급하는 허가증. 본적·생년월일·주소·직업 등 사망자의 인적 사항, 사망원인, 사망 장소, 화장연월일, 화장지 및 유골안치장소, 인허증교부신청자를 기록

朴田一郎(본적지 경북 의성군)의 것이었다. 1945년 6월 15일 사망한 소년의 사망 원인은 병사病死였고, 유해는 가와키타川北 공동묘지에 묻혔다. 일본인 관리인 '다기리小田桐'의 도장이 선명했다. 마쓰모토는 여덟 살 조선인 토공부의 죽음을 믿을 수 없었다. 호적담당 공무원에게 확인해보니 매화장인허증은 원본이었다. 위조문서가 아니라는 의미다. 그렇다면 어떻게 어린아이가 비행장공사장에서 일하다가 세상을 떠났을까. 궁금증을 넘어 사실을 알고 싶었다.

게네베쓰육군비행장은 일본 최대의 육군 경폭輕爆 비행장으로 1940년에 계획을 세우고 공사를 시작했다. 육군은 게네베쓰지역에 총 4곳의 비행장을 건설했다. 이들 비행장은 각각 유도로誘道路로 연결해 비행기를 원활하게 이동할 수 있도록 했다. 육군이 홋카이도 오호츠크 해안지역인 게네베쓰에 주목한 이유는 미국과 전쟁에 돌입할 경우의 주요 전략지였기 때문이다. 육군은 중일전쟁이 미국과 전쟁으로 이어질 것이라 예상하고 지시마열도 바로 앞에 있는 오호츠크해를 장악할 군사거점을 마련하려 했다.

일본 패전 후 이곳은 목초지가 되었으나 곳곳에는 비행기를 감춰두려 했던 격납고와 엄체호掩體壕가 남아 있고, 제4비행장 자리는 육상자위대가 자리하고 있다. 비행장 공사장에는 전국 각지에서 동원한 근로보국대와 여자 정신대, 학도근로대도 있었으나 조선에서 강제로 동원된 조선인들도 가장 많았다. 3천 명이 넘을 때도 있었다고 한다.

마쓰모토는 조선인 소년토공부의 정체를 알아내기 위해 인근 지역 재일동포와 일본인들을 대상으로 조사를 시작했다. 그러나 아는 사람이 없었다. 심지어 소년의 사망 장소였던 가와키타 공사장이 있던 지역의 기상대에 근무했던 일본인은 '그런 소년은 없었다'고 잘라 말했다. 오히려 "토공부는 밀차를 끌고 삽질을 해야 하는데, 어린아이가 무슨 그런 일을 할 수 있느냐"며 되물었다. 그러나 분명히 매화장 인허증에는 '토공부'라는 직업이 기재되어 있고, 관리인의 도장까지 있으니 소년이 없었다고 단정할 수도 없었다.

1991년 마쓰모토는 본적지인 경북 의성으로 유족을 찾아 나섰다. 소년의 호적등본을 확인해보았다. 호적에는 일랑이 1936년 8월 홋카이도 소라치^{公知} 아카비라^{赤平}에서 박태봉의 3남으로 태어났다고 적혀 있었다. 아카비라는 홋카이도의 대표적인 탄광마을인데, 박태봉은 1936년 이전에 아카비라 탄광에 돈 벌러 와서 세 번째 아들을 낳은 것이다. 그런데 위의 두 아들과 일랑은 어머니가 달랐다. 그런 이유인지 박태봉의 2남은 동생의 나이(출생 연도)를 알지 못했다.

가족들을 통해 확인한 사실은, 1943년에 박태봉이 일랑을 데리고 고향으로 돌아왔다가 1944년에 징용을 당해 일랑과 같이 비행장 공사장으로 갔다는 내용뿐이다. 징용을 가는데 왜 어린 아들을 데리고 갔을까. 의문점은 하나 둘이 아니었다. 혹시 조선의 아내나 이복형제로부터 따돌림을 받을까 걱정한 때문일까. 이해하기 어려웠다.

아쉬움과 궁금함을 안고 돌아온 마쓰모토는 1993년 다시 한국에 현지조사를 갔다. 이 자리에서 대구 근교에 사는 다른 경험자로부터 일랑이 사망한 가와키타 공사장에 소년토공부가 20명도 넘게 있었다는 말을 듣게 되었다. 1943년 지시마로 동원되었다가 1944년에 가와키타 공사장으로 전근되었다는 이씨였다. 그는 20명의 소년토공부가 어른들이 묵는 숙소와는 다른 숙소에 묵고 있었고, 숙소간 거리는 전신주 2개 간격이었다고 했다. 전신주 간격이 100m라고 했으니 200m거리에 있었던 셈이다. 소년들이 조선인이라는 사실은 어떻게 알았을까. 이씨가 일을 마치고 숙소로 돌아오는 도중에 지나치는 소년들에게 직접 들었다는 것이었다. 소년토공부들이 노란색 전선을 끌고 다니며 지하 케이블공사를 하는 모습도 보았다고 했다.

일본으로 돌아온 마쓰모토는 녹음테이프를 들고 한국어가 능숙한 재일동포에게 찾아가 확인하고, 공사 전문가에게 공사 내용에 대한 자문도 구했다. 다들 구술의 신빙성이 높다고 했다. 더구나 열 명도 넘는 일본인들 앞에서 이씨가 거짓말을 할 리 없었다. 20명의 토공소년부 가운데 일랑이 포함되었는지는 알 수 없다. 일랑의 실제 나이가 몇 살인지도 모른다. 그러나 분명한 것은 그 힘든 비행장공사장에 조선 소년 20명이 일하고 있었다는 점이다. 그래서 마쓰모토가 출간한 책의 제목은 《모자가 본 활주로와 소년토공부》가 되었다.

스무 명의 조선 소년들은 무사히 고국으로 돌아갔을까. 소년토공부의 존재를 알려준 이씨는 해방되기 한 달 전에 공사장을 탈출해 해방 후 소년들의 소식은 모른다고 했다. 마쓰모토의 궁금증은 여전하다.

조선 방방곡곡 공사장에 동원된 아이들

게네베쓰 육군비행장에 동원되었다는 20명의 조선 토공부들도 안타깝지만 일본의 소년 토공부 동원 사례는 조선에 비하면 나은 편이다. 물론 정확한 정부 통계는 없지만, 파악한 내용만으로도 노동 강도나 사망자 현황, 그리고 동원 연령에서 조선의 실태는 일본을 능가한다.

토건공사장의 숫자나 규모는 조선이 일본의 반 정도밖에 되지 않는데, 어떻게 어린이 동원 사례는 더 많을까. 이유는 부족한 장정 대신 아이와 노인, 여성이 동원 대상이었기 때문이다. 동아시아 최대 난공사로 알려진 수풍발전소 공사 현장 사진에는 하얀 두건을 쓴 여성들이 위험한 시멘트 구조물과 바위에 올라가 일하는 모습이 있다. 1940년 철도공사장 사진에도 앳된 모습의 아이와 금방이라도 쓰러질 듯한 노인의 모습이 담겨 있다.

근로보국대, ○○정신대, ○○봉사대, 학도근로대. 이름은 다르지만 다들 토목공사장에 동원된 이들 앞에 세운 깃발에 적힌 이름이다. 이들은 모두 당국이 만든 근로보국제도 아래 동원되었다.

"보국대 갔다 왔어!"

1940년대에 어린 시절을 보냈던 이들이 흔히 하는 말이다. 근로보

철도공사를 위해 1940년 광양에서 동원된 '산업전사대'. 앞줄에 어린이들의 모습이 보인다. '황기 2600년'은 1940년이다.(위원회 소장)

국대는 당국이 조선인들을 일상적으로 강제동원했던 방법이다. 학생, 여성, 농촌 인력 등을 동원하기 위해 만든 제도다.

근로보국대라는 이름으로 조선인을 동원하기 시작한 것은 1938년 6월이다. 6월 11일, 조선총독부 오노 정무총감이 '학도근로대 구성과 운영에 관한 통첩'을 내리자 경기도 중등학교장들이 적극 호응했다. 그리고 7월 1일 내무부장은 '국민정신총동원 근로보국운동에 관한 건'을 발표했다. 행정단위(도, 부, 군, 읍, 면)에 따라 각 지역별로 구성한 일반근로보국대, 학교별로 구성한 학생근로보국대, 각종 단체에서 구성한 각종연맹근로보국대를 만들었다. 종교단체와 각 관공서도 있었다.

이름은 다양했다. 청년 근로보국대, 노동봉사대, 부인 노동단, 이앙단(모내기 하는 근로보국대), 노동봉사대, 학교 근로보국대, 아동 근로보국대 등의 명칭으로 불렀다. '남방파견보국대, 흥남 제1·제2·제3보국대, 강선보국대, 안주보국대, 여수보국대'는 형무소의 수형자들을 동원하기 위해 만든 이름이다. 이 이름에도 보국대가 붙었다.

그러면 '근로보국勤勞報國'이란 무슨 뜻인가? '근로로서 나라의 은혜에 보답한다'는 의미이다. 일본은 조선인들에게 근로를 최고의 덕목이자 절대적 의무라고 강조했다. '생활 속에서 천황에 대한 복종과 감사의 마음을 가지고 근로를 실천하는 것이 근로보국이며 근로보국대'라는 궤변이었다. 실상은 '자발적' 형태를 가장한 강제 동원이었다.

1941년 11월 22일 '국민근로보국협력령國民勤勞報國協力令'을 제정했다. 법적 근거에 따라 '국민근로보국대'라는 이름도 생겼다. 처음에는 남자 14~40세, 여자 14~25세 중 미혼여자가 대상이었다. 그러다가 점차 확대했다. 동원할 사람들이 더 많이 필요했기 때문이다. 1943년 12월에는 남자 14세 이상 50세 미만이 되었다. 1944년 11월에는 남자 16세 이상 60세까지, 여자 14세 이상 40세(배우자 없는 여성)로 확대했다. 동원 목표는 조선인 약 400만 명이었다.

지역 제한도 없이 전 조선 땅에 동원했다. 아니, 근로보국대라는 이름은 조선만이 아니었다. 1939년 일본, 만주, 사할린 등지로 단체를 구성하여 보국대라는 명칭을 붙여 동원하기 시작했다. 일본은 '농업보국청년대'라는 형태가 있었고, 만주는 '흥아청년근로보국대', '만주

건설근로봉사대', '만주개척여자근로봉사단' 등이 있었다. 사할린으로 간 보국대 이름은 '화태개척근로대'다.

근로보국대로 동원된 사람은 몇 명이나 될까? 명확한 자료가 남아 있지 않아 전체 규모는 알 수 없지만, 1940년에 동원한 근로보국대가 652,481명(연인원)이었다. 해를 거듭할수록 더 많은 인원을 근로보국대라는 이름으로 동원했으니 숫자는 더욱 늘어났을 것이다. 1944년에 이르면 어린아이와 노인들까지 동원해야 했다.

이들은 무슨 일을 했을까. 법에 따르면, 물자공출, 군사원호, 군사 혹은 국가에서 필요한 토목건축 및 운반 작업, 방호를 위한 작업, 물자증식 작업, 농산어촌과 광산공장의 경비, 기타 각종작업을 했다. 이 가운데 공사장이 가장 많았다.

1938년 7월 1일 조선총독부 내무부장이 내린 근로보국대 관련 지시사항에는 30일 동안 동원하도록 되어 있다. 그러나 의미 없는 지시사항이었다. 한 동네에서 하는 일이라고 해도 2년이 다 되도록 공사장에서 벗어나지 못한 아이가 있었기 때문이다.

공사장의 소녀 금례

1929년 전남 보성에서 태어난 금례는 열두 살인 1942년 4월부터 1944년 4월까지 계속 공사장에서 일했다. 같은 동네 도로공사와 저수지 제방공사장이 소녀의 일터였다. 자갈과 돌을 짊어지고 운반했다. 특히 저수지공사는 산속에서 하는 일이어서 위험했다.

어린 금례가 공사장에 나갔던 이유는 동원대상자였던 부친이 연로한데다가 몸이 불편했기 때문이다. 더구나 오빠는 일본에 징용을 간 상황이어서 대신 갈 사람이 없었다. 당시 구장이라 불리던 마을 이장은 금례가 나이가 어려 미달이지만 사람이 없으니 대신 나가라 했다. 나가지 않으면 식량배급을 끊겠다고 했다. 소작농으로 겨우 생계를 유지하고 있던 상황에서 거절할 수 없었다.

금례는 점심을 싸 가지고 매일 두세 시간씩 걸어서 공사장에 다녔다. 오전 8시부터 오후 6시까지 하루도 쉬는 날이 없었다. 눈이나 비가 오는 날은 일은 쉬었으나 대신 교육을 받았다. 공사현장은 마을 이장이 직접 관리했다. 그나마 금례의 공사장 일이 2년으로 그친 것은 부모님이 시집을 보낸다고 이장에게 사정했기 때문이다.

군사용 토굴을 판 소녀 중인

1933년 제주읍 이도리에서 태어난 소녀 중인은 신제주 목석원 부근에 있는 정실오름 군사시설물 공사장에서 일했다. 당시에는 남주봉이라 불렀다. 열 살 소녀는 1944년 4월부터 10월까지 매일 도시락을 싸가지고 40분 넘도록 산길을 올라 군사용 지하토굴을 파고 흙과 돌을 날랐다. 면에서는 집집마다 한 명씩은 나가야 하는 상황이라며 어린아이를 공사장에 데리고 갔다.

정실오름에는 50여 명이 넘는 군인들이 막사를 치고 주둔하고 있었다. 남자들은 전봇대만한 통나무를 메고 굴속에 들어가 굴을 팠으나 중인은 굴속에 들어가지 않아 얼마나 큰 굴인지는 짐작도 하지 못했다. 중인은 굴 밖에서 흙과 돌을 나르는 일을 했다. 중인 외에도 여러 명의 여자들이 같이 일했다. 가을에 공사가 끝나면서 소녀의 공사장 생활도 끝이 났다.

공사장 일은 열 살 남짓한 소녀들에게는 중노동이었다. 그렇다고 소년에게 적당한 일도 아니었다.

삼촌 대신 가야 했던 소년 민용

경기도 과천에서 태어난 민용(1930년 5월 출생)은 1945년 4월 수원비행장으로 끌려갔다. 열네 살 때였다. 과천공립국민학교를 졸업하고 경성 흑석동 고모네 집에서 상급학교 진학 준비를 하고 있던 어느 날, 청계동 집에 와 있는데 삼촌에게 징용장이 나왔다. 당시 삼촌은 열병을 앓고 있었고 집안 형편도 좋지 않았다. 할아버지는 민용에게 삼촌 대신 가라고 하셨다. "너는 일본말도 할 줄 알고 똘똘해서 동작도 빠르니 틈을 봐서 도망쳐라. 징용 기차가 높은 고개를 올라갈 때 뛰어내려 도망치면 된다."고 하셨다. 당시 기차는 목탄차라 높은 곳으로 올라갈 때는 속도를 내지 못했다.

대가족 제도에서 할아버지의 말씀은 곧 법이었다. 부모님도 아무 말씀 못하셨고, 민용도 망설임 없이 순응했다. 집을 떠날 때 어머니는 보리를 볶아 미숫가루를 만들어 싸주셨다. 탈출할 때 먹으라고 싸주신 것인데, 양은 얼마 되지 않았다. 집결지에 가보니 민용 또래의 어린이는 없었다. 다행히 동원지역은 집에서 멀지 않은 수원비행장(현재 수원시 권선구와 화성시에 걸친 공군비행장)이었다. 비행장 숙소에서 지내며 활주로를 닦았다. 당시 수원비행장은 기본 활주로만 만든 상태였으므로 편편한 활주로와 비행기 격납고가 필요했다. 변변한 도구도 없이 흙을 롤러로 밀어 다지며 활주로를 만들어나갔다. 롤러는 나무를 연료로 불을 지펴 움직였는데, 롤러가 움직이는 동안에 불이 약해지지 않도록 연료통에 나무를 계속 넣어야 했다.

민용은 롤러 뒤를 따라가며 나무 넣는 일을 했다. 다른 사람에 비하면 쉬운 일이었으나 이른 아침부터 밤늦게까지 쉼 없이 하는 일은 힘들고 고된 일이었다. 여유라고는 전혀 없었다. 힘들고 배가 고팠으나 탈출할 방법이 없었다. 혼자 탈출한다는 것은 엄두도 내지 못할 일이었다. 음식도 형편없었다. 나무로 짠 사각 모판에 밥을 퍼주었는데, 형편없는 콩밥이었다. 민용은 끼니 때마다 콩밥을 모아서 양동이에 담아들고 비행장과 마을의 경계를 구분하기 위해 쳐 놓은 철조망으로 가서 건너편 마을 사람들을 불렀다. 콩밥과 찬밥을 바꾸기 위해서였다. 마을 사람들은 소에게 콩이 좋은 먹이가 되었기 때문에 찬밥을 들고 와서 콩밥과 바꾸어갔다.

그러던 어느 날, 수원비행장 하늘 위로 떠오른 비행기가 갑자기 수직으로 떨어지는 광경을 봤다. 이해할 수 없었다. 이유는 알 수 없지만 조종사가 비행기와 함께 자살한 것이다. 그런 일이 있은 지 며칠 후 동원 해제가 되어 집으로 돌아왔다. 그리고 얼마 지나지 않아 라디오를 통해 일본의 패망 소식을 들었다. 민용이 닦던 비행장은 지금 대한민국의 공군비행장으로 사용하고 있는데, 도시화가 진행되면서 다른 지역으로 이전 논의가 활발하다.

소년정신대 명주

1927년 9월 경남 진주에서 태어난 명주는 1944년 8월 소년정신대원의 일원으로 사천군 정동면 구암리에 있는 사천육군비행장에 갔다. 근로보국대는 여러 이름으로 인력을 동원했다. 각종 보국대와 정신대는 근로보국대의 또 다른 이름이었다. 소년정신대도 근로보국대의 일종이었다. 소년정신대원은 청년훈련소에서 훈련을 받으며 노무자든 군인이든 전쟁에 동원되기 위해 대기 중이던 소년들이었다. 상급학교에 진학하지 않은 명주도 10명의 친구들과 함께 청년훈련소 교육을 받았다. 비행장에 동원될 당시, 명주는 소년정신대원 중에는 일본으로 간 아이들도 있었는데 고향에서 멀지 않은 곳에 가게 되어 다행이라 여겼다.

사천비행장에서는 오전에 군사훈련과 언어훈련을 받고 오후에 비행장건설 작업현장에서 일했다. 사천비행장 공사장에 간 지 5일 만에 진주부 초전리에 있었던 진주육군비행장으로 배정받아 격납고공사를 했다. 비행장 옆에 흐르는 진양호라는 강 옆에 있는 부흥대라는 바위 밑을 파서 비행기 격납고를 만드는 작업이었다. 공사장 일을 하면서 목총으로 군사훈련도 받았다. 그 사이에 신체검사도 받았다.

공사장의 감독관은 현역 군인인 오장伍長*이었다. 어느 날 명주 친구들은 탈출 계획을 세웠다. 오장이 이들을 '영광스러운 소년병으로 보낸다'고 했기 때문이다. 영광스러운 소년병은 자살특공대였다. 폭탄을 안고 미군 적함으로 떨어지는 자폭단인데, 요카렌이라 불렀다. 사천비행장에서 받은 신체검사 결과, 명주와 친구 두 명이 대상자가 되었다. 소년병 대상이 되었다는 사실을 안 친구 두 명은 탈출에 성공했다.

---

* 1899년 일본 육군이 만든 부사관의 최하위 계급인 2등 군조軍曹. 1945년 일본 패망과 함께 사라졌음

친구들은 탈출에 성공했으나 그 피해는 남아 있던 명주에게 돌아왔다. 지휘관은 명주를 공모범으로 몰아 심한 매질을 했다. 매질의 대가는 지독했다. 고막이 파열되었다. 오장은 명주를 진주도립병원에 데려 갔으나 귀는 점점 들리지 않았다. 오장은 명주가 자살특공병 차출 대상자인데, 귀가 먹으니 어떻게든 치료를 해보려고 열심히 병원에 보냈다. 해방이 될 때까지 명주는 비행장에서 일을 하며 병원에도 다녔으나 결국 청각장애자가 되고 말았다.

명주가 격납고를 만들던 진주비행장은 완성을 보지 못한 채 해방을 맞았다. 명주가 처음 5일간 훈련받았던 사천비행장도 1941년부터 건설공사를 시작했으나 일본이 패망할 때까지 완성하지 못했다. 현재 예수마을에는 엄폐호가 두 군데 남아 있다. 해방 후 마을 사람들이 도동비행장이나 초전비행장이라 불렀던 진주비행장은 공군관할 비행장으로 한국전쟁 당시 중요한 공군기지 역할을 했다. 1969년 사천비행장으로 이름을 변경하면서 민간항공기의 정기노선이 취항하기 시작해 현재 민간항공 공항으로 운영되고 있다.

열네 살 소년이 경험한 네 번의 공사장

동원을 여러 번 당하기도 한다지만, 조선에서 네 번, 일본에서 한 번, 합해서 다섯 번이나 끌려간 소년이 있었다. 스스로 운이 지지리도 없다고 푸념했다. 너무 가난하다 보니, 피할 수 없었다고 했다. 면사무소의 노무계 직원이 다른 사람은 편의를 봐주고 자신만 계속 보냈다는 것이다. 소년의 불운은 열네 살 때부터 시작됐다.

1927년 전북 익산에서 4형제 중 맏이로 태어난 월섭은 학교 문턱에도 가보지 못하고 농촌의 품삯 일을 전전하며 살았다. 1942년 어느 날, 남의 논에서 일하고 있는데, 면에서 노무계 사람이 찾아와 보국대로 군산에 비행장 닦으러 가라고 했다. 군산은 익산과 비할 수 없이 큰 도시였다. 열네 살이었던 월섭의 체구는 비행장 공사일 하기에는 턱없이 왜소했다. 그런 소년에게 노무계는 군산에 가면 일본에 징용 안 가도 된다고 했다. 그래도 처음에는 가기 싫었다. 군산이 멀지 않지만 장남 처지에 집을 떠나는 것이 걱정스러웠다. 그런데 가만히 생각해보니, 일본 가는 것보다는 훨씬 나을 듯 해서 노무계 말대로 군산에 가기로 했다. 월섭의 소년토공부 역사는 이렇게 시작되었다.

당시 익산에도 일본 군부대가 있었고 비행장이 있었지만 군산과는 비교할 수 없었다. 군산에는 비행부대가 많았고, 조종사 양성학교도 있었다. 다치아라이^{大刀洗} 육군비행학교 군산분교소라 불렸던 조종사 양성학교는 일본 후쿠오카 다치아라이 비행학교의 분교였다. 이곳에는 비행기를 넣는 격납고와 기름 창고, 엄폐호, 방공호가 여러 군데 있었다. 지금은 미군부대가 주둔하고 있어 들어갈 수 없지만 해방 후에는 콘크리트로 만든 방공호와 나무로 만든 비행기 격납고가 아이들 놀이터로 사용되기도 했다.

군산 비행장은 '육군집중비행장'이라 했다. 당시 지역 사람들은

---

* 일본 육군은 1945년에 군산 육군비행장을 기동비행장으로 지정해 관리했는데, 당시 육군이 남긴 자료에 보면 '부산비행장과 함께 남선에서 가장 양호한 비행장'이라고 평가했다. 1937년 10월, 일본 육군대신 지시로 조선군이 옥구군 옥구면 선연리 일대 47만 773평 면적을 매입해 조성을 시작하고 당시 일본 굴지의 건설회사인 우메바야시구미가 근로보국대를 동원해 공사를 진행했다. 해방 후 미군이 소규모 파견대를 배치해 사용하다 1951년부터 미공군 전력을 본격 주둔. 1970년 8월 미군 비행장 한쪽에 민간공항시설을 개설해 운항을 시작했다가 오일쇼크로 1974년 3월 중단되었으나 1992년 재개. 현재 군산~제주노선 운항

'옥구 비행장'이라 불렸다. 비행장 규모가 커서 노무자도 많았다. 우메바야시구미梅林組라는 건설회사가 육군의 공사하청을 맡아 조선인을 부렸다. 남녀노소 할 것 없이 많은 조선인이 일했다.

군산비행장 공사장 일은 몇 달 만에 끝이 났고 월섭은 집으로 돌아왔다. 그러나 소년토공부의 일은 끝나지 않았다. 노무계는 기다렸다는 듯 월섭을 김제 비행장으로 보냈다. 김제군 용지면과 공덕면에 걸쳐 있었던 김제 비행장은 군산만큼 크지는 않았다. 공사장에 가서 일을 시작한 지 두 달 만에 감독이 집으로 가라고 했다. 공사를 한창 하던 중 갑자기 중단한 것이다. 같이 간 사람들 몇십 명과 같이 터덜터덜 걸어서 돌아 왔다. 갈 때는 면에서 트럭을 태워서 갔는데 고향에 돌아갈 때는 데려다 주지도 않았다. 참 야박했다.

세 번째는 신태인이라는 곳의 발전소 공사장이었다. 흙을 파내 굴을 뚫고 물을 넘기는 공사였다. 굴을 파서 조금 모양새가 나오면 동발이라고 해서 판자로 기둥을 세웠다. 흙이 떨어지지 못하게 판자로 벽을 쳤다. 그리고 판자에 못을 박는 일이 월섭의 몫이었다. 어른들은 쉬운 일이라 했지만 월섭에게는 힘들었다. 나이도 어린 데다 배가 고프니 망치질이 되질 않았다. 그곳에서 두 달 동안 일한 후 집으로 돌아왔다. 이번에도 역시 돈은 한 푼도 주지 않고 일본 노동자들이 신는 지카타비를 하나 주었다. 신발도 아니고 양말도 아닌 아무 짝에도 쓸모없는 물건이었다.

그런데 불평할 사이도 없었다. 신태인에서 돌아오니 이번에 갈 곳은 평북 강계라고 했다. 세 번이나 공사판에 다녀왔는데, 그것

1940년 전남 광양의 철도공사장에 동원된 주민들. 노인과 아이들도 보인다. (위원회 소장)

도 모자랐는지 멀고 먼 땅으로 또 가야했다. 기가 막혔지만 대꾸도 못하고 노무계를 따라나섰다. 면에 갔더니 여러 명이 나와 있었다. 면사무소에서 점심을 먹고 군청에 가니 군청 직원이 줄을 세우고는 문서를 가지고 한 사람 한 사람 확인하고 열차를 태웠다. 하염없이 간 후 평양역에 내려서 다시 화물열차로 바꿔 타고 남포까지 갔다. 남포부터는 기차도 트럭도 없이 걸어서 강계까지 갔다. 전북에서 출발한 4~5백 명 되는 청년들이 압록강가로 쭉 걸어갔다. 장관이었다.

강계는 거의 만주 땅 다 가서 있었다. 강계에서도 수력발전소

공사장인데, 신태인보다 일은 고되고 식사는 더 부실했다. 게다가 제대로 된 숙소도 없었다. 숙소는 있지만, 누우면 하늘의 별이 다 보일 정도였다. 지붕에 수수대를 살짝 덮어서 뚫린 거나 마찬가지였다. 하늘이 그대로 보이고, 비가 오면 그대로 비를 맞아야 했다. 그뿐 아니었다. 여름옷을 입고 떠났는데, 도착하고 얼마 안 있으니 추위가 닥쳤다. 압록강이 꽝꽝 얼어붙고 서리가 내리는 추위에 이불도 없이 지냈다. 추위 속에 얼어 죽지 않으려 가마니 속에 들어가서 잤다. 고향에서 신고 간 신발이 다 떨어졌는데, 새로 신발도 안 주니 한 겨울에 양말도 없이 맨발에 짚신으로 버텼다. 이런 이야기를 하면 다들 거짓말이라 한다. 거짓이 아니라 참말이다. 얼마나 고생을 많이 했는지 지금도 그 생각을 하면 억울하고 분해서 눈물이 절로 날 지경이다. 만약 강계에서 고생시켰던 사람들을 다시 만난다면 무슨 짓을 저지를지 모를 정도로 한이 맺힌 곳이었다.

  글을 아는 사람들을 반장으로 삼아 공사현장을 관리하도록 했다. 반장들은 일본 감독관을 대신해 일꾼들에게 매질을 하고 욕을 했다. 월섭은 다행히 맞지는 않았으나 늘 욕을 듣고 살았다. 감독은 나이가 어리고 체격이 작은 소년이 일을 제대로 하지 못한다고 욕설을 퍼부어댔다. 힘든 공사장 일을 하는데도 먹는 것은 너무 부실했다. 만주에서 가져온 콩깻묵을 한 공기도 되지 않게 주었다. 그것을 먹고 일을 할라치면 어지럼병이 일어나서 세상이 도는 것 같았다. 너무 배가 고파 풀을 뜯어먹다가 배탈도 났다. 공사장 일로 몸이 피곤해도 배가 고파 잠을 이룰 수 없었다. 어린 소년은 먼 타향에서 주린 배를 부여잡고 부모님 생각에 잠을 이루지 못했다.

처음에 6개월만 있으면 집에 보내준다고 했으나 도대체 보내줄 생각을 하지 않았다. 일 년이 지난 후 드디어 집에 보내주었다. 인솔자가 전북에서 온 사람들을 남포까지 데려다주고 표를 끊어 기차에 태웠다. 그런데, 종착역이 익산이 아니라 의주역이었다. 더 이상 차가 없다고 했다. 거기서부터 알아서 집에 가야 했다. 난감하고 막막했다. 평북에서 전북은 서울에서 부산보다도 먼 거리다. 그런데 알아서 가야 하니 기가 막혔다. 그래도 고향집에 간다는 희망으로 길을 물어가며 지나가는 차를 얻어 타기도 하고 걷기도 하면서 남쪽으로 내려왔다. 집에까지 오는데 아마 한 달 가까이 걸렸던 듯했다. 배고픈 것이야 이루 말할 수 없고. 다리는 얼마나 아픈지….

그렇게 고생 고생해가며 간신히 그리운 고향에 왔건만, 월섭의 고생길이 끝난 것은 아니었다. 일본 탄광 징용이 남아 있었다. 노무계는 처음에 월섭을 군산비행장에 보낼 때, '보국대 가면 일본 징용 안가도 된다'고 했다. 그런데 조선에서 네 번의 공사장 경험을 하고도 모자라 결국 일본 사가^{佐賀}현의 탄광으로 갔다. 다섯 번의 강제동원이 월섭이 세운 기록이다. 열네 살에 시작해서 4년간의 기록이다. 아니 소년의 기록은 여섯 번이 될 뻔했다. 탄광에서 채탄부로 일하던 중 징병영장을 받았기 때문이다. 영장을 받고 대기 중 해방을 맞아 기록은 다섯 번으로 마무리되었다.

아동들이 만든 경춘선 철도

'춘천본정소학교서도 아동이 근로작업 경춘철도공사장에서'

1938년 7월 24일자 매일신보 기사 제목이다.

"춘천 본정 소학교에서는 아동들로 하야금 근로보국 인고단련의 정신을 함양케 하고자 국책에 순응하야 지난번 근로보국대를 조직하였는 바. 첫 번 사업으로 지난 22일 오전 8시부터 3학년 이상 아동 전부가 전평리 강변에 나아가 경춘철도공사에 사용할 자갈을 줍는 작업을 하였는데, 폭염을 무릅쓰고 오후 1시까지 땀을 흘려가며 작업하고 있는 광경은 보는 사람으로 하야금 새삼스러운 감격을 느끼게 하였다"

기사 내용을 보면, 아이들이 잠시 나가서 단기간 노력 봉사한 것으로 생각할 수 있다. 그런데 당국은 일시적으로 소학교 아동을 동원한 것이 아니었다. 아동들을 반복적으로 그리고 지속적으로 철도공사장에 동원했다. 자갈 운반은 열 살 남짓한 아이들이 그저 잠시 하는 소일거리나 나들이가 아니었다. 소학교 아이들을 동원한 덕분인지 공사는 일사천리로 성과를 냈다.

경춘선 철도공사는 1937년 시작해 1939년 7월 완공했다. 강원도 내 금속광물과 지하자원을 반출 수송하기 위한 철도였다. 1936년 만철북조선철도회사가 청량리-춘천 간을 부설했고, 1939년 경춘철도(주)가 성동-춘천 간을 사설철도로 개통했다. 이때 부설한

매일신보 1938년 7월 24일자

    청량리-춘천 간 철도는 해방 후에도 각 지역 개발과 지하자원의 개발을 위해 건설된 영동선·충북선·경전선 등 횡단철도의 중간지점으로 자리했다.
    소학교 아이들이 동원된 공사장은 철도공사 외에도 많았다. 그 가운데에는 신사^{神社} 확장 공사장이 포함되어 있었다. 1940년 당국이 대대적인 신사 승격작업을 하면서 각지에서 신사 확장공사가 그치지 않았다. 신사 공사장에 근로봉사대라는 이름으로 학생과 주민들을 동원했다. 그러나 공사장 흙더미가 무너지면서 일어난 매몰사고로 일곱 명의 아이들이 목숨을 잃었다. 1944년 12월 14일, 경북 문경군 마성면 오천리에 있는 신사 조성공사장에서 일하던 마성국민학교 여학생들이 당한 참사다. 아이들은 공사장에 나간 지 이틀 만에 변을 당했다. 이 사고는 신문에도 나지 않았다.

불과 몇 년 전까지만 해도 경춘선은 서울에서 춘천으로 가는 유일한 철도이자 모꼬지 가는 대학생들의 필수 교통수단이었다. 주말에는 통로까지 빽빽한 승객들로 무궁화호 객실은 폭발 일보 직전이었다. 원래 간선철도였는데, 2010년 복선전철화 후 수도권 전철로 편입해 광운대-퇴계원-금곡리-마석-청평-가평-강촌-남춘천을 경유해 춘천역에 종착한다. 용산역에서 출발하는 ITX-청춘 열차도 2012년 2월부터 이 철도를 이용하고 있다.

지금도 기차를 타고 이 철도를 달리다보면, 서울과 인접한 대성리·청평·남이섬·강촌·춘천 등 관광지를 경유하는데 북한강을 끼고 달리니 경관이 매우 아름답다. 소학교 아이들이 자갈을 나르며 흘렸던 땀보다는 즐거운 재잘거림이 연상되는 철도다. 그런데 당시 아이들도 즐겁게 재잘거리고 있었을까. 아니면 울상을 짓고 있었을까.

너무 어려서 간 탓에 어디로 갔는지 모른다. 누구와 갔는지도 모른다. 그저 기억에 남는 것은 고향을 떠난 시기와 데려간 사람 정도이다.

군공사장에서 광산으로

1929년 경북 영양에서 태어난 행록은 1944년 4월 대구 부근 경산의 군공사장에 끌려갔다가 다시 고향 부근 나카가와일월광산에 갔다. 경산에서는 군軍 지시에 따라 돌을 나르고 구덩이를 파는 일을 했다. 언제 공사장을 나와 광산으로 갔는지는 모른다. 정확히 기억하는 것은 1944년 봄 영양읍사무소에서 나온 사람이 데려갔다는 점이다. 경산 하천변에서 천막을 치고 잠을 자며 일을 했다. 산에 가서 돌을 나르고 대포를 세울 구덩이를 팠다. 광산에 가서도 길을 닦는 일을 했다. 해방될 때까지 그렇게 지냈다.

열네 살 소년 행록은 동원된 토건공사장이 어디인지 알 수 없다. 당시 경산에는 안심면·압량면·자인면·하양면 등 4곳에 군공사장이 있었다. 달성군에도 가창면·공산면·성서면·옥포면·해안면·화원면 등 여섯 군데의 군사시설물 공사장이 있었다. 행록은 도대체 어디에서 일했다는 말일까. 알 수 없다. 행록은 그저 군인이 시키는 일을 한 것만 기억할 뿐이다. 그러한 행록이 또렷이 기억하는 이름이 있다. 자신을 끌고 간 읍사무소 사람, 김 창 규.

그나마 행록은 살아남았으므로 자신의 경험을 열 줄이 넘는 문장으로 남길 수 있다. 그러나 조선의 토건공사장에서 목숨을 잃은 어린이 사망자는 대부분이 서너 줄을 넘기지 못한다.

순하 1931년 3월 전남 신안에서 출생. 1943년 2월, 평북 강계군 소재 만포선 철도공사장에 동원(당시 11세). 동원된 후 며칠 지나지 않아 만포읍 문곡동 철도의무실에서 사고로 사망. 사고 내용은 알 수 없으며, 유해 봉환 여부도 알 수 없음. 사망 당시 11세

단오 1932년 5월 전남 해남에서 출생. 1945년 3월 전남 해남군 소재 아사다淺田화학공업(주) 소속 옥매광산에 동원되었다가 다시 제주

도 대정읍 군사시설공사장에 동원(당시 12세). 그 해 8월 20일, 해방을 맞아 고향으로 돌아오던 중, 청산도 앞바다에서 일어난 선박화재사고로 사망. 유해는 찾을 수 없음. 사망 당시 12세

세영(여) 1931년 3월 경북 문경에서 출생. 1944년 12월 14일, 마성국민학교 재학 중 문경군 마성면 신사(神社)조성작업에 동원되었다가 흙더미 매몰사고로 여러 명의 친구들과 함께 사망. 유해는 봉환되었음. 사망 당시 13세

유석 1930년 9월 경북 달성에서 출생. 1943년 10월, 경북 달성군 소재 동촌비행장공사장에 동원(당시 13세). 동원 후 5개월 만인 1944년 3월, 비행장 정문의 공사장으로 이동 중 사망. 사고원인을 알 수 없으며 유골은 가족에게 봉환되었음. 사망 당시 13세

명종 1928년 2월 전남 함평 출생. 1942년 6월, 함남 단천군 소재 공장건설공사장에 동원(당시 14세). 동원 후 1개월만인 7월 16일, 사고로 공사장 함바에서 사망. 사고 원인은 알 수 없으며 유골은 봉환되지 않았음. 사망 당시 14세

형충 1929년 1월 전남 무안 출생. 1943년 2월, 전남 무안 소재 망운비행장에 동원(당시 14세). 동원 후 3개월 만인 5월, 배식부족을 항의하다가 '구보다'라는 관리인이 가한 구타로 사망. 유골은 봉환되었음. 사망 당시 14세

선영(여) 1930년 12월 경북 문경에서 출생. 1944년 12월 12일, 마성국민학교 재학 중 문경군 마성면 신사조성작업에 동원되었다가, 14일 흙더미 매몰사고로 여러 명의 친구들과 함께 사망. 유해는 봉환되었음. 사망 당시 14세

노운 1929년 9월 충남 논산에서 출생. 1941년 2월, 논산 소재 탑정저수지공사장에 동원(당시 13세). 동원 후 2개월 만인 4월 15일, 사고로 사망. 사고 원인은 알 수 없고, 유해는 현지에 안장했음. 사망 당시 13세

정구 1930년 1월 경남 고성에서 출생. 1944년 7월, 경남 진해군 소재 군사시설물 방공호 공사장에 동원(당시 13세). 1945년 8월 8일에 발생한 붕괴사고로 들것에 실려 집으로 돌아온 후 치료 중 8월 18일 사망. 유해는 가족들이 안장했음. 사망 당시 14세

외생 1929년 4월 경남 산청 출생. 1944년 3월 부산부 전포리 소재 미야케구미三宅組 토취장에 동원(당시 13세). 동원 후 4개월 만인 1944년 8월 20일, 현장에서 사고로 사망. 유해는 가족에게 봉환되었음. 사망 당시 14세

건수 1927년 5월 전북 진안 출생. 1941년 함북 부령군과 만주에 걸친 청라선 철도공사장에 동원(당시 13세). 1942년 5월 터널공사 중 전염병으로 사망. 유골은 봉환하지 못했음. 사망 당시 14세

앞에서 소개한 어린이 사망자 외에도 조선의 토건공사장에서 목숨을 잃은 어린이는 매우 많았다. 개인적으로 확인한 14세 이하 어린이 사망자만 해도 11명이다.

이들이 사망한 곳은 신사 공사장과 같이 집에서 가깝고 학교의 친구들과 같이 일하러 갔던 곳도 있었으나 육군작업장이나 댐공사장, 철도공사장과 같이 낯선 곳이 더 많았다. 사망원인도 사고사가 대부분이었지만 배식부족을 항의하다가 매질에 목숨을 잃은 소년도 있었다. 고

향집에서 가까운 곳에서 사망한 아이들의 유해는 고향으로 돌아갔지만 먼 곳에서 일하다가 사망한 아이들은 유해로도 귀향하지 못했다.

비행장 공사현장에서 이동 중에 사망한 소년의 사망원인은 무엇이었을까. 열한 살 소년은 무슨 이유로 만포선 철도공사장에 동원되었다가 목숨을 잃었을까. 문경 신사공사장은 얼마나 위험한 곳이기에 7명이나 되는 소녀들의 목숨을 앗아갔을까. 겨우 열세 살과 열네 살 아이들이었다. 아이들은 소풍가는 마음으로 공사장에 일하러 갔을 것이다. 금쪽같은 아이들의 목숨을 희생해가며 문경신사를 완공했으나 일 년도 버티지 못하고 패망을 맞았다.

군부대에서 일했던 소년은 작은 몸으로 지게를 지고 포탄을 날랐다. 군사시설물 공사장에 동원된 아이는 별다른 도구도 없이 맨손이나 다름없이 굴을 파다가 목숨을 잃었다. 전쟁이 아니라면, 식민지 소년이 아니라면 하지 않았을 일이다.

제6장

징용을 거부한 아이들

소년형무소의 탄생

"1943년 6월부터 조선총독부가 조선농지개발영단을 통해 발주한 평안남북도에 걸친 청천강유역 간척사업을 벌이기 시작했는데 인력부족이 심각했다. 인근 학교 학생들을 동원했으나 어린 학생들에게는 무리한 일이었다. 여학생들은 돌 몇 개를 들고 비척거렸다. 당국은 작업성과를 위해 신의주 형무소 수인 400명을 동원하기로 했다. 안주 산기슭에 임시 형무소를 짓고 간수가 수인들을 데려와 감시하며 작업을 시켰다. 군대식으로 엄중하게 통제했으므로 탈출자는 없었고 식량도 형무소에서 조달해 회사의 부담은 전혀 없었다."

일제강점기 말 일본 건설회사 다나카구미^{中村組}의 중역으로 18년간 조선 전역의 토목사업을 주관했던 마쓰오 시게루^{松尾武}가 2002년 일본에서 출간한 책《내가 조선반도에서 한 일》의 한 부분이다.

마쓰오는 공사장에 수인^{囚人} 400명을 동원했다고 했는데 신의주형무소에서 보낸 안주보국대를 의미한다. 자료에는 신의주형무소에서 청천강공사장에 보낸 안주보국대가 400~500명이고, 평북 구성읍에 보낸 은곡보국대가 500명이라 기록되어 있다. 신의주형무소에서 두 곳으로 보낸 수인이 모두 1천 명인 셈이다. 총 5천 명 정도의 간척사업장 노무자 가운데 수인 500명은 10%나 되는 인원이었고, 힘이 약한 학생들에 비하면 우수한 노동력이었다. 그러나 다나카구미는 수인 동원을 통보받으면서 마냥 좋지만은 않았다. 고민이 있었기 때문이다. 고민은 수인들의 식량을 누가 조달하는가 하는 문제였다.

수인이란 수형자, 즉 '재판을 받고 복역 중인 자'를 말한다. 일제시기 형무소 수형자의 노동력 동원은 드문 일이 아니었다. 일본에서도 조선에서도 일반적이었다. 당시 수인을 감옥(1922년부터 형무소)에 가두는 목적은 '수형 생활을 통해 국민 된 자격을 얻고 노동으로 국가에 봉공'하도록 하는 것이었다. 일본 등 제국주의 국가들은 이런 이유로 수인 노동을 널리 활용했다. 세계근대산업유산의 하나인 미쓰이 미이케三井三池탄광의 출발도 수인 노동의 역사다. 발목에 커다란 족쇄를 찬 수인들이 훈도시 하나만 찬 채 채탄하는 사진은 탄광의 초기 모습으로 남아 있다. 이후 여러 탄광으로 확산된 수인 노동은 탄광 노동자에 대한 가혹행위가 정착하는 한 원인이 되었다. 점차 탄광노동자는 일반인으로 대체했지만 탄부들을 수인과 동등하게 취급하는 문화가 정착한 것이다.

조선에서도 '징역수에게 근검역행의 습관을 들여 석방 후 생활능력을 갖추도록' 한다는 명분 아래 수인들을 작업장에 투입했다. 통감부 시기 노역에 동원한 조선의 전체 수형자가 27%였는데, 1930년대 말에는 98%에 이르렀다. 당국은 1943년부터 강제동원 노역지에 수인 동원을 강화했다. 조선총독부는 1943년 8월 31일자 내무경찰부장통첩 '부로俘虜 사용에 관한 건'을 통해 조선에서 포로를 사용할 수 있도록 했다. 이때 사용하는 포로란 '신체가 건전하고 노동을 감내할 수 있는 사법보호대상자 중에서 유예자', 즉 형무소 수형자라는 의미다.

1943년 통계를 보면, 총 23,532명의 수인 가운데 60%를 보국대나 작업대라는 이름 아래 조선(50%)과 해외(10%)의 강제동원 현장에 동원했다. 해외 동원 수인은 중국 해남도의 비행장·도로 건설공사장과 광산 채광작업에 동원한 남방파견보국대가 대표적이다. 대부분 젊고 건강한 40대 이하를 동원했다. 흥남에 있는 비료공장에서 수인 노동자를 만났다는 사람은 여럿이었다. 이 같은 정책에 따라 수인들은 군수공장과 토목건축공사장에 동원되었다. 수인 가운데에는 소년수도 포함되어 있었다.

소년 죄수도 빼놓지 말고 동원하라

소년수는 전국 각지에 있는 소년형무소 수형자들을 의미한다. 조선총독부는 소년수를 18세 미만의 소년수와 20세 미만의 준소년수로 구분하고 소년형무소에 수감했다. 소년형무소는 독일이 1937년에 만든 소년행형령을 본떠 설치했다. 나치 독일은 이 법을 통해 범죄소년을 민족공동체에 재편성하고자 했는데, 이를 눈 여겨 본 일본 행형관계자들이 석방 직후 '근로공동체에 참가할 인력'으로 준소년(만 18세 이상 20세 미만) 행형 제도를 마련한 것이다.

이러한 배경 아래 조선 각지에 소년 형무소가 탄생했다. 1923년 5월, 개성소년형무소 설립을 기점으로 1924년 4월 김천소년형무소가 문을 열었다. 1936년에는 인천소년형무소, 개성소년형무소 서흥지소와 김천소년형무소 안동지소도 각각 문을 열었다.

일제강점기의 개성소년형무소

　소년수 가운데 소학교 3년 정도의 능력을 갖춘 소년수들은 따로 인천소년형무소에 수용했는데, 일제 말기에는 함흥형무소 소속 흥남 제1보국대로 편성했다. 그렇다고 소학교 3년 이하 학력 소지자들을 보국대에서 제외한 것은 아니었다. 개성소년형무소에 수감한 소년수들은 흥남 제2보국대로 편성했다. 김천소년형무소의 준소년수들은 진남포보국대라는 이름으로 평남 진남포제련소로 동원했다. 서흥지소와 안동지소는 체력이 약하거나 집단생활에 적합하지 않아 일반 노무동원이 어려운 소년수를 대상으로 수용했다.
　이상은 당시 당국이 정한 기준이지만 이밖에도 동원 사례는 다양했다. 함흥형무소 흥남 제3보국대는 성인이 동원된 것으로 알려져 있으나 18세 소년이 동원된 사례도 있다. 인천소년형무소 수용자 중에도 흥남비료공장으로 가지 않고 인천 학익동에 있는 다나카^{田中}공업 소속 공장에 동원한 사례도 있다. 다나카공업은 인천조병창의 하청공장이었다. 이처럼 알려지지 않은 사례는 많다.

이들은 무슨 이유로 소년수가 되었을까. 소년수가 된 이유는 다양하다. 그러나 이 책에서 다루는 소년수는 '징용을 거부'한 대가로 수형자가 된 소년이다. 징용을 거부한 아이들은 '국가총동원법 국민징용령위반(1945년 3월 9일까지)'과 '국가총동원법 국민근로동원령 위반(1945년 3월 10일부터. 1945년 3월 10일 국민근로동원령이 발효되면서 국민징용령이 폐지)'에 따라 수감되었다. 죄명은 달랐지만 모두 국가총동원법 제4조와 제6조를 위반한 대가였다.

국가총동원법 제4조 조항은 '정부는 전시에 국가총동원상 필요할 때에는 칙령이 정하는 바에 따라 제국신민을 징용하여 총동원 업무에 종사시킬 수 있다. 단 병역법의 적용을 방해하지 않는다.'이고 제6조 규정은 '정부는 전시에 국가총동원상 필요할 때에는 칙령이 정하는 바에 따라 종업자의 사용, 고용 혹은 해고 또는 임금 기타의 노동조건에 대해 필요한 명령을 할 수 있다.'이다. 이를 위반한 자는 제35조와 제36조에 따라 1년 이하의 징역과 1천원 이하의 벌금을 물도록 했다. 정식 재판 없이 약식명령으로 형 확정과 집행이 가능했다.

나도 모르게 소년수가 되었다

소년들은 어쩌다 수형자가 되었는가. 징용을 거부하거나 노역장에서 얻은 병으로 앓아누운 죄밖에 없었다. 수송 도중이나 현지 노역장을 탈출한 소년도 있었다. 그저 일본 공습이 무서웠을 뿐이다. 잠시 달아났다가 자수하면 용서해준다는 말을 믿고 자수했다가 형무소에 들어간 소년도 있었다. 그러나 그것이 국가총동원법 위반이라는 무서운 죄라고는 생각하지 못했다. 이들은 소년형무소 행을 면하지 못했다. 형무소 수감으로 그치지 않았다. 징용기피의 대가는 절대 가볍지 않았다. 국가총동원법 위반은 단순한 괘씸죄가 아니었다.

전쟁이 막바지에 접어들면서 인력 동원은 정점을 찍었다. 당국은 1943년 국민징용령을 개정하면서 '몽땅 동원'이라 표현할 정도로 사람들을 긁어모았다. 그런데 가장 큰 협력자가 되어야 할 일본과 조선에서 징용기피 사례는 오히려 늘어났다. 오사카에서는 징용을 가라는 명령이 부당하다며 관청에서 행패를 부리거나 자신의 손가락을 자르며 저항하는 일본인도 있었다.

천황의 신민들이 이러는 마당인데, 일본에 끌려간 조선인들은 오죽했겠는가. 현장 탈출은 빈번했고, 날로 늘었다. 일본 내무성 조사에 따르면, 1939년에 2.2%였던 탈출률이 1940년 18.7%, 1941년 34.1%, 1942년 38.3%, 1943년에 39.9%에 달했다. 조선내에서 저항도 심했다. 병으로 기피하는 것은 약한 방법이었다. 경찰관을 살해하거나 무기를 들고 산에 올라가는 등 저항은 당국의 상상 이상이었다.

"최근 일반징용실시의 취지를 발표하자 일부 지식계층과 유산계급 중에는 서둘러 중국 만주 방면으로 탈출하고 혹은 주거를 전전하여 당국의 주거조사를 어렵게 하거나 혹은 급히 징용제외부문으로 취직을 기도하고 일반계층도 의사를 농락하여 병으로 입원하거나 일부러 화류병에 걸려 질환을 이유로 면하려고 기도하며, 그 중에는 자기의 손발에 상처를 내고 불구자가 되어 기피하는 자, 심지어는 읍면직원 내지 경찰관의 전자專恣에 기인한 덕으로 곡단하여 이를 원망하여 폭행, 협박하는 등 실로 일일이 헤아릴 수 없고 최근 보고사범만으로도 20여 건에 헤아리는 상황이다. 특히 지난 번 충청남도에서 발생한 송출 독려차 부임한 경찰관을 살해한 사범事犯은 그간의 동향을 말해준다. 특히 최근 주목되는 집단기피 내지 폭행행위로서 경상북도 경산 경찰서에서 검거한 불온기도사건과 같은 것은 징용기피를 위해 청장년 27명이 결심대決心隊라는 단체를 결성해 식도, 죽창, 낫 등의 무기를 휴대하고 산 정상에서 농성하며 끝까지 목적관철을 기도하는 것에서 첨예화한 노동계층 동향의 일단을 알 수 있다."

1944년 조선총독부가 제85회 일본제국의회에 보고한 내용이다. 조선에서 벌어진 적극적 저항의 양상이 잘 나타나 있다. 또한 현재 경찰청에 해당하는 조선총독부 경무국 자료에서도, 1944년 1~6월간 국민 징용령 위반자 265건(270명) 가운데 134건(137명)이 징용거부자였다. 1944년 10월 16일부터 10일간 경무국이 실시한 일제조사기간에 잡아낸 징용 거부자는 무려 16,440명에 달했다. 이들은 모두 징용출두명령서를 받고 출두하지 않은 사람들이었다. 단 열흘간 단속 결과다.

이러한 조선인들의 저항에 대해 당국은 강력한 처벌로 대응했다. 수송과정에서 발생하는 탈출을 막기 위해 인력을 보강하는 등 다양한 조치를 취했다. 징용 거부자들에게 실형을 부과하고, 수형기간 중에도 사상범으로 취급해 강력하게 탄압했다.

당국의 강한 조치는 재소자들의 사망으로 이어졌다. 1935년 185명이었던 재소자 사망은 1943년에 2,121명으로 늘었다. 1943년 이후는 통계가 없어 확인하지 못했을 뿐, 얼마나 증가했는지는 상상 조차 할 수 없다. 사망하지 않고 가혹행위만 당한 수형자들은 통계 대상도 아니었다. 이러한 강경한 분위기에서 징용을 거부한 소년들은 수인이 되어 형무소에 수감되었다. 열두 살 아이도 있었다.

1943년 가을, 경북 의성의 어느 마을 이장은 1931년에 태어난 윤진을 경북 영주군에 있는 영동선 철도공사장에 끌고갔다. 열두 살 아이에게 철도공사장은 힘들었다. 그곳에서 4개월간 일을 하다가 병을 얻어 집으로 돌아왔다. 도망이 아니라 가라고 해서 온 것이다. 1944년 봄이었다. 윤진과 가족은 설마 이것이 죄가 될 줄은 몰랐다. 집으로 돌아온 윤진은 그 해 여름, 징용기피 혐의로 잡혀가 징역 1년을 언도받고 김천소년형무소 안동지소에 수감되었다. 꼬박 1년을 징역살이 한 후 해방을 맞아 간신히 출옥했다. 겨우 열두 살 아이가 무슨 잘못으로 죄수복을 입어야 했을까. 잘못이라면, 철도공사장에서 일하다가 병을 얻었을 뿐이었다. 그런데도 1년이나 징역을 살아야 했다.

탈출한 규상 소년

1927년 9월 전남 해남에서 태어난 규상은 1944년 12월 무안군 망운면에 있는 망운비행장에 끌려가 일하다가 이듬 해 1월 집으로 돌아왔다. 그런데 1945년 봄에 다시 일본으로 징용가라는 통보를 받고 따라 나섰다가 도중에 탈출했다.

1945년 여름부터 한반도 밖으로 가는 징용은 문을 닫았으니 막바지였던 셈이다. 1943년부터 한반도 남쪽 앞바다로 나서는 선박이란 선박은 모조리 미군 잠수함 공격으로 난파를 면치 못했다. 미군의 한반도 해상 봉쇄로 도저히 배가 나갈 수 없게 되자 당국은 1945년 4월부터 인력의 해외 송출업무를 중단했다. 6월까지 실어가기도 했으나 업무는 4월로 마감했다. 그러고는 죽으나 사나 일본 본토를 지키기 위해 조선이 희생해야 한다며 제주도로 군인을 몰아넣었다. 다 망해가는 판인데도 충성을 다한다며 물자 운반용 잠수함을 만들기도 했다. 조선에서 만든 물자를 일본으로 내갈 수가 없으니 잠수함으로 실어갈 심산이었다. 군의 지시로 인천에 있는 인천육군조병창 소속 군수공장인 조선기계제작소가 잠수함 4척을 육군에 납품했다.

이런 판국에 조선 사람들을 끌고 가겠다고 규상을 징용한 것이었다. 탈출한 규상은 7월에 체포되어 김천소년형무소에 들어갔다. 국가총동원법 국민근로동원령 위반 혐의였다. 김천소년형무소 수감자 가운데 18세 이상은 평남에 있는 진남포 제련소로 동원되었으나 17세였던 규상은 강제노역을 면했다. 수감된 지 한 달쯤 지나 해방을 맞았다.

응징사동맹사건의 주인공 인태

1927년 충남 서천에서 태어난 인태는 국가총동원법 국민징용령위반 혐의와 선동혐의로 1944년 평양형무소에 수감되었다. 1943년 말 고향인 한산면에서 일어난 응징사동맹사건에 연루되었기 때문이다. 응징사동맹사건은 동네 청년들이 징용을 거부하기 위해 논의하다가 들통난 사건이다. 일을 저지르기도 전에 발각되었다. 인태는 서천군 한산 주재소에 잡혀 서천경찰서에 간 후 평양으로 후송되어 평양선교경찰서에서 1개월 유치장 생활을 했다. 그 후 평양지방법원에서 8개월 징역형을 언도받고 평양형무소에 수감되었다. 수형번호 1392번의 소년수였다. 나이로 보면, 소년형무소에 수감되어야 하는데, 성인형무소에 들어갔다. 응징사동맹사건 때문이라 했다. 인태는 평양형무소 수감 후 평양에 있던 가네가후치(鐘淵)공업(주) 소속 평양제철소에 끌려가 일하다가 해방을 맞았다. 고향으로 돌아와보니 인태를 체포했던 조선인 순사 구이모토는 한국 이름으로 여전히 근무하고 있었다. 너무 어이가 없었다.

수송 직전 탈출한 소년 5명

1944년 12월 10일 밤, 전남 구례 출신 소년 5명이 여수 대창여관을 빠져나왔다. 1926년생 동네 친구들이었다. 내일이면 모두 일본

오이타현에 있는 공장으로 가기 위해 여수에서 출발하는 여관연락선을 타기로 되어 있었다. 그런데 출발하기 전날, 소년들 사이에 반장 역할을 하던 부흔이 친구들에게 달아나자고 제안했다. 이제 혼인한 지 2개월밖에 되지 않았던 부흔은 일본에 가면 공습이 심해 위험하다는 소문을 들었다고 했다. 반장이라면 인솔자 역할을 잘 해야 하는데 부흔은 오히려 탈출하자고 했다.

부흔과 창용 등 소년 다섯 명은 숙소를 빠져나온 후 곧장 섬진강을 넘어 경남 하동군으로 갔다. 창용은 외삼촌집에 숨어서 한지 만드는 일을 돕다가 음력 설 명절을 맞아 1945년 1월 20일경 집으로 돌아왔는데, 3일 만에 체포되어 구례경찰서로 끌려갔다. 다른 소년들도 모두 잡혀 들어왔다. 이들이 경찰서에서 당한 전기고문과 물고문이 얼마나 가혹했는지 63kg이었던 창용의 체중은 41kg으로 줄었다. 이들은 국가총동원법 국민징용령 위반 혐의로 법원에서 정식 재판 없이 약식명령에 따라 징역 10개월을 언도받고 4월 10일 광주형무소로 이송되었다. 광주형무소에서 제3공장에 출근해 일을 하다가 10일 후 일행과 같이 서울 공덕동에 있는 경성형무소로 이감했다.

당시 경성형무소는 광주학생운동을 일으킨 장기수들이 수감된 곳이었는데, 이들은 창용 일행에게 '일제에 배신했으니 장한 일'이라며 칭찬하고 챙겨주었다. 그러나 이곳에서도 노역은 피할 수 없었다. 경성형무소 수형자 중 일부는 1943년 남방파견보국대원이 되어 중국 해남도로 동원되었고, 나머지 수형자들은 1944년부터 의정부의 저수지공사장과 농경 축산 업무에 동원되었다. 소년들은 저수지공사장에 동원되었다가 10일이 경과하자 이번에는 인천소년형무소로 이감됐다.

인천소년형무소는 규율이 엄하기로 유명했는데, 이곳 수형자들은 이미 함흥형무소 제1보국대 소속으로 흥남비료공장에 간 후였다. 소년들은 인천 학익동에 있는 다나카田中공업 소속 공장에 가서 일했다. 이 공장은 인천조병창의 하청공장으로 선박용 너트와 볼트를 만드는 곳이었다. 창용은 형무소에서 700~800미터 거리에 있는 공장에 매일 출근해 일하다가 간수에게 철봉으로 허리를 맞아 형무소 병원 신세를 지기도 했다.

징용기피자가 된 춘만

춘만(1927년 7월, 경기도 출생)도 연락선을 타기 직전 탈출한 소년이었다. 1945년 1월 9일 새벽, 춘만은 동료 5명과 함께 부산의 어느 여관을 나서 집으로 향했다. 춘만은 1월 6일 일본으로 징용을 가기 위해 경기도 김포의 집을 나서 부산으로 왔다. 트럭을 타고 군청에 가서 기차를 타고 부산으로 와서 신체검사를 받고 여관에서 연락선을 기다리던 중 탈출한 것이다. 16세 소년이 여관을 빠져나온 이유는 자신들이 갈 곳이 일본 탄광이라는 소문을 들었기 때문이다. 같은 방에서 잠을 자던 동네 사람들이 탄광 가서 죽을 바에 달아나는 게 상책이라고 하자 춘만도 따라나섰다. 탄광에 동원된 동네 어른 중 한 사람이 탄광이 무너져 죽었기 때문이다.

집에 돌아온 춘만은 숨어 있었으나 일주일 만에 김포경찰서에서 나온 순사에게 잡혀 인천경찰서로 이송되어 약식 명령으로 징역 1년형을 선고받고 개성소년형무소에서 복역했다. 형무소에는 징용기피자가 37명이나 있었다. 징용기피자를 사상범으로 취급했으므로 춘만은 포승줄에 매여 독방에 갇혔다. 먹는 것도 부실한 데 매질은 멈추지 않았다. 그러다가 형무소에 번진 장티푸스에 걸려 죽을 지경이 되자 간수가 집에 연락했다. 시체라도 찾아가라는 통보였다. 장티푸스에 걸린 동료 수감자들이 죽어나가자 수인들의 시신을 제대로 묻지도 못해 부패한 냄새가 형무소 전체에 진동하는 상황이었다. 춘만은 사망 직전이었으나 간수들은 사망할 것이라 생각하고 시신 처리 일손을 덜려고 했다.

아들이 죽었다고 생각한 부모님이 시신을 싸려고 광목 다섯 마를 가지고 왔다. 무리하게 징용을 보내려던 이장이 준 광목이었다. 그런데, 다행히 살아 있으니 둘러메고 집으로 왔다. 얼마나 쇠약했는지 기차에 올라가지도 못할 정도였다. 집에 오니 동네사람들이 알아보지도 못했다. 그리고 며칠 후 해방을 맞았다. 탄광을 피해 달아났던 춘만은 형무소에서 얻은 전염병 때문에 생사의 갈림길을 경험했다.

재덕 소년이 감옥에서 겪은 일

1927년 11월 경북 의성에서 태어난 재덕도 1944년 일본 규슈지역 탄광으로 징용가라는 명령을 어기고 마을 사람과 달아난 혐의로 수인이 된 소년이다. 재덕은 면에서 훈련 나오라는 것도 잘 나가지 않았는데, 징용대상자가 되어 일본 탄광으로 출발하는 날 집결장소에도 나타나지 않았다.

재덕은 심각하게 여기지 않고 마을 사람 중서와 함께 의성군 여기저기를 다니며 지내다가 집으로 돌아왔는데, 덜컥 주재소에서 붙잡아갔다. 경찰은 나이가 조금 많은 중서는 대구형무소로, 재덕은 김천소년형무소 안동지소로 보냈다. 징용을 기피했다고 경찰서와 형무소에서 너무 많은 고문을 당해 1년간은 걷지도 못할 지경이었다. 심하게 앓고 있으니 형무소에서 일도 내보내지 못했다. 해방이 되어 형무소를 출감할 때에도 걷지 못해 아버지와 작은아버지 등에 업혀 집으로 돌아왔다. 징용 거부의 대가는 이렇게 혹독했다.

방공호를 만들고, 멀리 흥남비료공장까지

소년형무소에서도 강제노동은 피할 수 없었다. 형무소 수형생활보다 출역이 나았다는 소년도 있다. 그러나 형무소보다 더 힘들었다는 소년도 있다. 흥남비료공장에서 고막이 파열된 소년에게 군수공장은 지옥 그 자체였다. 고문으로 다친 다리를 절면서도 군수공장에서 일해야 했던 소년에게는 어느 편이 더 나은 곳이었을까.

강춘과 양환 - 흥남비료공장

충북 청주 출신의 강춘(1927년 3월생)은 징용을 피해 달아났다가 수인이 된 소년이다. 1943년 4월 징용을 나오라는 지시를 어기고 숨었다 집에 돌아오니 청안주재소에서 순사가 나와 있었다. 괴산경찰서를 거쳐 청주교도소에서 확정 판결을 받고 김천소년형무소에 수감되었다. 1944년 6월 함흥형무소 제1보국대 소속으로 흥남에 있는 비료공장으로 끌려갔다.

비료공장은 형무소보다 더 힘든 곳이었다. 굶주림은 기본이었고 매질은 멈추지 않았다. 그곳에서 소년은 고막이 파열되고 발톱이 빠지도록 매질을 당했다. 이런 매질에 죽어나가는 아이들도 헤아릴 수 없었다. 모진 목숨이었는지 살아서 형무소를 나왔다. 해방이 찾아오지 않았다면 지킬 수 없었던 목숨이다.

1927년 3월 경기도에서 출생한 양환은 1943년 2월 일본 후쿠오카로 끌려갔다. 소학교 4학년을 다니던 중 일어난 일이었다. 가족들은 양환이 보낸 편지를 보고 건강하게 있다고 생각했다. 그러나 1945년 3월 갑자기 집으로 돌아왔다. 현장을 탈출한 것이다. 어렵게 고향으로 돌아왔으나 기다리던 사람은 경찰이었다. 국가총동원법 국민근로동원령 위반 혐의로 곧바로 체포되어 인천소년형무소에 수감되었다. 복역 중 고문을 받아 오른쪽 다리를 절게 되었으나 함흥형무소 흥남 제1보국대 소속으로 흥남비료공장에 가서 일을 해야 했다.

공사판의 수인 소년, 재규와 영도

재규(1927년 5월, 전남 보성 출생)는 징용 기피 혐의로 수형자가 되었다. 일본으로 징용 가라는 소리에 잠시 숨어 있었는데, 이렇게 큰 죄가 될 줄 몰랐다. 1945년 2월 장흥형무소에 수감되었다가 1개월 후 개성소년형무소로 이감되었다. 고향에서 멀리 떨어진 곳이자 장티푸스가 만연해 수인들이 죽어나가던 곳이었다. 재규는 수인복을 입고 제방축조공사장에서 해방을 맞았다.

영도(1928년 6월, 경북 성주 출생)는 용암청년훈련소에서 훈련을 받던 중 1945년 1월 남양군도로 징용 가라는 소리에 숨어 있었다. 열여섯 소년은 열흘간 숨어 있다가 주재소에서 자수하면 용서해준다는 말을 믿고 자수했다. 그러나 그 길로 성주경찰서에 끌

일제강점기 마산항 일대의 전경

려갔다가 이튿날 형무소에 수감되었다. 형무소에 수감 중에도 낮에는 정신대라는 이름으로 일했다. 방공호 공사장에서 굴을 파고 마산부두에 가서 군용식량과 무기를 날랐다. 해방될 때까지 8개월간 계속했다.

형무소에서 사라진 아이들

소년형무소에 수감된 소년수의 나이는 18세 미만이다. 17세까지 해당한다. 실제로는 18세 소년도 수감되었다. 이 가운데 형무소 수감 중 목숨을 잃은 소년들이 있다. 이들의 기록도 5줄을 넘지 않는다. 짧은 기록 속에 어떤 사연이 담겨 있는지는 아무도 모른다.

이들은 원인을 알 수 없는 이유로, 또는 매질로 세상을 떠났다. 8명의 사망자 가운데 무려 5명의 소년이 구타 희생자였다. 특이하게도 이들의 사망 시기는 주로 1945년 4월과 5월에 집중되어 있다. 조금만 버티면 해방인데, 몇 달을 버티지 못할 정도로 가혹한 매질이었다.

봉발 1928년 4월 경북 칠곡에서 출생. 조선의 강제동원 현장을 탈출했다가 검거되어 1944년 개성군 원정 소재 개성소년형무소에 수감(당시 15세). 1944년 12월 16일, 형무소 수감 중 원인 불상의 이유로 사망. 유골은 봉환되지 않음. 사망 당시 16세

진원 1927년 10월 전남 해남에서 출생. 징용 기피 혐의로 피체되어 징역 1년을 언도 받고 1944년 10월 경북 김천 소재 김천소년형무소에 수감(당시 17세). 투옥 후 6개월 만인 1945년 4월 28일 수감 중이던 동료 이봉찬, 최학모 등 여러 명과 함께 심한 구타를 당해 사망. 유골은 봉환되지 않음. 사망 당시 17세

칠남 1926년 8월 충남 부여에서 출생. 징용 기피 혐의로 피체되어 1943년 경북 김천 소재 김천소년형무소에 수감(당시 16세). 1945년 4월 58일 수감 중 당한 심한 구타로 사망. 유골은 가족들에게 봉환되었음. 사망 당시 18세

금열 1926년 5월 전남 해남에서 출생. 징용 기피 혐의로 피체되어 1944년 경북 김천 소재 김천소년형무소에 수감(당시 17세). 1945년 4월 12일 수감 중 당한 심한 구타로 사망. 유골은 봉환되지 않음. 사망 당시 18세

종영 1926년 2월 경북 청도에서 출생. 영장을 받았으나 거부하고 탈출했다가 면서기 김*노와 김*조에 잡혀 청도경찰서와 대구법원을 거쳐 1944년 경북 안동 소재 안동소년형무소에 수감(당시 17세). 1945년 5월 13일 수감 중 원인 미상의 사망. 유골은 가족들에게 봉환되었음. 사망 당시 18세

성표 1926년 2월 전남 해남에서 출생. 징용 기피 혐의로 피체되어 해남경찰서와 장흥형무소를 거쳐 1945년 경북 김천 소재 김천소년형무소에 수감(당시 18세). 1945년 5월 4일 수감 중 당한 심한 구타로 사망. 유골은 봉환되지 않음. 사망 당시 18세

수균 1926년 3월 전남 해남에서 출생. 징용 기피 혐의로 피체되어 1945년 1월 경북 김천 소재 김천소년형무소에 수감(당시 18세). 1945년 4월 20일 수감 중 당한 심한 구타로 사망. 유골은 봉환되지 않음. 사망 당시 18세

용준 1926년 9월 경북 청도에서 출생. 1945년 3월 징용기피혐의로 함남 흥남부 소재 함흥형무소에 수감(당시 18세). 제3보국대에 소속되어 일본질소비료(주) 소속 흥남비료공장에서 노역을 하던 중 1945년 8월 7일 제3보국대 숙소에서 사망. 사고 원인은 알 수 없으며 유골은 봉환되지 않음. 사망 당시 18세

함흥형무소 흥남 제3보국대에서 목숨을 잃은 18세 소년은 해방을 일주일 앞두고 참변을 당했다. 사망 원인은 알 수 없다. 원인 모를 죽음이 군수공장에서 있었다. 강춘 소년의 고막을 파열한 매질이 있었던 그 군수공장이었다. 일본질소비료(주) 소속 흥남비료공장.

    소년형무소 사망자 가운데, 폭행으로 사망한 아이는 6명이고, 원인 모를 죽음의 주인공은 3명이다. 과연 이들의 사망 원인은 가혹행위와 무관했을까. 궁금증은 끝이 없다.

에필로그

살아남았기에

매년 8월이 되면 일본 언론과 방송에서 전쟁에 피해를 당한 사람들을 주제로 한 프로그램과 특집기사는 빠지지 않는다. 원폭 피해자도 있고, 공습 피해자도 있다. 이들은 모두 자신의 뜻과 무관하게 피해를 당한 이들이다. 총 한 자루 쥐지 않았던 민간인들이다.

이런 방송과 기사를 보면서 드는 의문은, '무엇 때문에 저들은 저런 피해를 입었을까'이다. 미군의 공습으로, 미군의 원자폭탄 투하로. 그렇다면 미군은 까닭 없이 일본을 공습해서 민간인을 학살한 것인가. 만약 이유 없이 그런 짓을 했다면 인류 보편 가치를 무너뜨리는 범죄행위이므로 절대 묵과할 수 없다. 그런데 지금 세계 인류는 왜 미국을 전쟁범죄자라고 규탄하지 않을까. 미국의 힘이 막강해서?

그럴지 모른다. 그러나 미군의 공습과 폭탄 투하라는 현상 뒤에는 일본이 저지른 침략전쟁이 있다. 그런데 일본 언론과 방송에서는 그 이야기를 하지 않는다.

이 책에서 소개하는 사연의 주인공은 모두 실존 인물이다. 이들은 내가 접한 이들 가운데 극히 일부일 뿐이다. 지면의 한계로 담지 못한 사연이 적지 않다. 담지 못한 주제도 있다. 군무원이라는 이름으로 동원된 아이들, 어린 나이에 남편을 사할린에 보내고 평생 기다리는 할머니들, 만주 집단농장에 동원된 소녀. 책에 담지 못했다.

1933년 12월 경기도에서 태어난 상우는 1945년, 면사무소에서 '지게지고 포탄 나르는 일' 시킨다고 데려간 후 지금까지 소식 없이 돌아오지 않고 있다. 어디로 갔는지도 모른다. 그의 형 상렬도 1944년 징용을 나갔으나 지금까지 소식이 없다. 일본 자료에 필리핀 제3선박수송사령부 소속이라는 기록이 있을 뿐이다. 형제는 돌아오지 않았으나 가족들이 사망신고를 하지 않았기에 호적상 그들은 여전히 생존자다. 상렬과 상우 형제 이야기도 책에 담지 못했다. 어디로 갔는지 알 수 없으니 탄광인지 공사판인지 분류조차 할 수 없기 때문이다.

어린이 강제동원 피해자를 찾기란 쉽지 않다. 한국 사회의 관심 범위가 아니었기 때문이다. 더구나 사망자 이야기를 찾기는 더 어렵다. 살아있는 사람은 이야기라도 할 수 있으나 사망자의 이야기는 들을 수가 없다. 이들의 사연을 이야기해 줄 사람도 드물다. 기억해 주는 이들을 찾기 어렵기 때문이다. 예전에는 유아사망자는 불효자라 해서 제대로 묘도 쓰지 않았다. 부모보다 먼저 세상을 떠나 부모에게 끝없는 슬픔을 안겨준 불효자라는 의미다. 집 떠난 아이의 유해를 제대로 수습하지 않은 경우도 많았다. 더구나 한국전쟁 당시 소실된 호적을 복원하는 과정에서 사망한 어린이를 다시 호적에 살리는 집은 드물었다. 한국에 남은 공적 기록에서 어린이 사망자는 없었던 존재가 되어 버렸다. 그래서 어린이 사망자는 더욱 말이 없다. 가족들에게도 기억의 대상조차 되기 어려운 어린이 사망자들. 너무 어린 나이에 사망했기에 '약관'이나 '요절'이란 말도 적합하지 않은 아이들이다. 두세 줄의 사망기록이나마 남긴 이들은 다행이다.

그렇다면 살아남은 아이들은 운이 좋다고 말할 수 있을까. 소년징용부대원 이상업의 책 《사지를 넘어 귀향까지》에는 동료의 주검을 보며 차라리 부러워했다는 표현이 있다. 소년징용부대원들은 죽음을 '지옥 같은 노동과 굶주림, 구타에서 비로소 해방되는 길'이라 여겼다.

살아남은 아이들의 이야기를 듣는 일도 고통스러웠다. 살아서 해방을 맞았으나 고향의 현실은 간단치 않았다. 신생 정부를 세워야 하는 상황에서 맞닥뜨린 한국전쟁은 또 다른 고통을 안겨주었다. 생존하기 위해 미친 듯이 살아야 했다. 열두 살에 징용을 갔던 소년은 다시 전선에 나가 상이군인이 되어 돌아왔다. 평생 온몸에 박힌 폭탄 파편 통증은 전쟁의 상흔을 잊을 수 없게 만들고 있다.

그러니 어떤 이에게는 죽는 것보다 힘든 것이 삶일 수 있다. 어린 시절의 경험 때문에 평생 고통 속에서 살아가야 한다면 '살아서 다행'이라는 말은 사치일 것이다. 정신대로 일본 비행기 공장에 동원되었던 할머니는 자신의 고통은 해방을 맞은 고국에서도 이어졌다고 했다. 군위안부라는 오해를 받아 이혼당하고, 국회의원실에서 내몰리고, 동네사람들에게 외면당했다. 울고불고 살아온 세월은 끝날 줄 모르고, 2018년에 《허스토리》라는 영화로 만든 재판 이야기는 오히려 관객들에게 근로정신대도 군위안부로 착각하게끔 사실을 오해하도록 만들었다. 노인이 되어도 무시당하는 피해자, 현재진행형이다.

도저히 살아갈 수 없어 스스로 죽음을 택하기도 했다. 성폭행으로 인한 출산 후 일 년을 버티지 못한 소녀. 해방 직후 한국 사회에서 미혼모라는 현실을, 자신이 짊어져야 할 삶의 무게를 감당할 수 없었다. 어린 산모가 자살한 후 아기는 어떻게 되었을까. 제대로 성장했다면 70대 노인이 되었을 텐데….

이런 고통은 해방 후 한국에 있었기에 당하는 고통만이 아니었다. 전쟁이 끝나고 졸지에 사할린에서 소년 가장이 된 명복은 어린 여동생 둘이 굶어죽는 상황을 보고만 있어야 했다. 칠순 노인이 되었어도 여동생 이야기를 할 때마다 작은 주먹으로 눈물을 훔쳤다.

남사할린에서 국민학교를 다니던 소년은 1944년 8월, 갑자기 가장이 되었다. 탄부였던 아버지가 당국의 결정으로 갑자기 가족을 남겨두고 일본 죠반 탄전으로 전근되었기 때문이다. 곧바로 데려다주겠다던 당국은 약속을 지키지 않았다. 아버지가 일본으로 전근된 후 가족들은 수용소에서 해방을 맞았으나 아버지는 돌아오지 않았고, 소년의 가족은 사할린을 떠날 수 없었다. 콜사코프 항구의 배는 일본인을 실어 날랐으나 조선인은 태워주지 않았다. 며칠 전까지 일본국민이라더니 갑자기 일본국민이 아니라며 매몰차게 굴었다. 일본인들이 떠난 남사할린에는 새로운 사람들이 들어오기 시작했다. 소련인도 있었고 동포들도 있었으나 동포들은 남사할린의 조선인들에게 냉정했다. 자신들은 소련연방의 공민이자 고려인이고, '너희 일본 스파이였던 조선인들을 관리하는 상사'라고 했다. 그저 일본 시절에 사할린에 살았건만 갑자기 일본 스파이가 되었다. 소련 사람들과는 말도 통하지 않았다. 일자리도 얻을 수 없었고, 학교도 갈 수 없었다. 충격을 받은 어머니는 방에서 꼼짝도 하지 않았다. 열세 살 소년은 삼림 채벌장에 가서 일했다. 한 달 내내 죽도록 일했으나 소년의 손에 돌아온 것은 검은 빵 한 줄이었다. 인플레이션이 심해서 그렇다고 했다. 온 가족이 빵 한 줄을 먹으며 견뎌야 했건만 견디지 못한 어린 동생들은 굶어죽었다. 1990년대 고국에서 찾은 아버지는 이미 이 세상 사람이 아니었다. 냉정하기는 조국도 마찬가지였다. 법정에서 많이 배웠다는 한국의 판사는 '적성 국가'에서 왔다고 했다. 사할린에서 왔으니 빨갱이라는 소리였다. 그 험한 세상을 견디고 조국에서 듣는 소리가 빨갱이라니. 서운하고 비참했다.

"일본기업을 상대로 한 소송을 한국 법정에서 차일피일 미루던 일이 이상하다 생각했는데, '징용소송거래' 때문이라는 소식을 들으니 분통이 터졌다. 그러나 생각해보니 그렇다. 다른 정권이라도 별 차이 없었을 것이다. 거래하고 막고 그랬겠지. 2000년대 초 진상규명특별법 만든다고 나섰을 때에도 인권변호사 출신이 대통령이었지만 '한일 외교 관계 악화를 우려로 반대'했다. 우리 인권보다 중요한 것은 외교 관계이고 국익이니까.

역사, 정의, 이런 것은 누구의 편일까. 우리 같은 약자의 편일까. 뒤에서 조용히 열심히 우리 일 해준 사람은 시의원도 떨어지고 국회의원도 떨어졌다. 우리를 불러다 열심히 사진 찍은 사람은 출세했지만 출세한 후에는 우리를 모른 척 한다. 우리를 이용한 것 같아 마음은 상하지만 그래도 도리가 없다. 우리가 유권자이지만 선거가 끝나면, 아무 힘이 없다. 이런 상황인데 높은 양반들이 이야기하는 말을 믿고 기다려야 하나? 다 부질없어 보인다."

어느 근로정신대 피해자 할머니가 가끔 한다는 생각이다. 살아남았기에 죽은 목숨보다 더 고통스러운 시절을 보낸 이들이 우리 사회에 보내는 호소다.

이들의 목소리를 어떻게 전할까. 1995년부터 시작한 구술사 연구경험을 바탕으로 스베틀라나 알렉시예비치의 목소리 소설 형식으로 쓰고 싶었다. 다큐멘터리 산문의 형식을 도입해 생생하게 전달하고 싶었다. 사진과 자료도 풍부하게 넣고 싶었다. 그러나 주변의 의견이 달랐다. 오히려 이해에 방해가 된다고 했다. 그래서 욕심을 접었다. 그저 독자들이 아시아태평양전쟁에 동원된 조선의 아이들이 있었다는 정도만 알아준다면 다행이고 감사한 일이라 생각한다.

평생 사라지지 않는다는 통증 속에서도, 여러 사람의 응원 덕분에 '작은 사람들의 이야기'를 무사히 완성할 수 있었다. 연구의 마중물 역할을 하는 일제강제동원&평화연구회, 활기찬 놀이터 '역사문화콘텐츠 공간', 늘 내 이야기에 귀기울여주는 귀한 이들이 모인 연구 마당이다. 그럼에도 '전쟁에 동원된 작은 사람들의 이야기'가 세상에 나오는 데 가장 큰 공은, 책 만드는 사람 섬앤섬 한희덕 대표에게 돌린다.

부록

여자근로정신대

소송명		제소일	결과	
대일민간법률구조회 소송(대일민간법률구조회 불법행위 책임 존재 확인 등 청구소송)	1심	92. 8. 28.	기각	
대일민간법률구조회 소송(대일민간법률구조회 불법행위 책임 존재 확인 등 청구소송)	2심	96. 3. 26.	기각	
대일민간법률구조회 소송(대일민간법률구조회 불법행위 책임 존재 확인 등 청구소송)	3심	98. 10. 13.	기각	
후지코시 강제동원 소송(도야마 후지코시 강제연행 소송)	1심	92. 9. 30.	기각	
후지코시 강제동원 소송(도야마 후지코시 강제연행 소송)	2심	96. 8. 6.	기각	
후지코시 강제동원 소송(도야마 후지코시 강제연행 소송)	3심	98. 12. 25.	화해	
부산'위안부'·근로정신대 소송(부산 종군위안부·여자근로정신대 공식사죄 등 청구소송(관부재판))	1심	92. 12. 25.	일부용인	
부산'위안부'·근로정신대 소송(부산 종군위안부·여자근로정신대 공식사죄 등 청구소송(관부재판))	2심	97. 12. 9.	기각	
부산'위안부'·근로정신대 소송(부산 종군위안부·여자근로정신대 공식사죄 등 청구소송(관부재판))	3심	01. 4. 12.	기각	
도쿄 아사이토 방적 근로정신대 소송(한국인 전 여자정신대 공식사죄·손해배상 청구소송)	1심	97. 4. 14.	기각	
도쿄 아사이토 방적 근로정신대 소송(한국인 전 여자정신대 공식사죄·손해배상 청구소송)	2심	00.	기각	
도쿄 아사이토 방적 근로정신대 소송(한국인 전 여자정신대 공식사죄·손해배상 청구소송)	3심	02.	기각	
미쓰비시 중공업 나고야 근로정신대 소송(미쓰비시 비행장 노동자 손해배상 청구소송(나고야 미쓰비시·조선여자근로정신대 등)	1심	99. 3. 1	기각	
미쓰비시 중공업 나고야 근로정신대 소송(미쓰비시 비행장 노동자 손해배상 청구소송(나고야 미쓰비시·조선여자근로정신대 등)	2심	05. 3. 9	기각	
미쓰비시 중공업 나고야 근로정신대 소송(미쓰비시 비행장 노동자 손해배상 청구소송(나고야 미쓰비시·조선여자근로정신대 등)	3심	07. 6	기각	
미쓰비시 중공업 나고야 근로정신대 소송(미쓰비시 비행장 노동자 손해배상 청구소송(나고야 미쓰비시·조선여자근로정신대 등)	3심	07. 6	기각	

본 소송 현황

재판소	원고	피고
도쿄지방재판소	독립지사희생자 유족, 징용, 군인·군속, 근로정신대 피해자 및 유족, 남북이산가족 등 369명	일본국
도쿄고등재판소	독립지사희생자 유족, 징용, 군인·군속, 근로정신대 피해자 및 유족, 남북이산가족 등 369명	일본국
최고재판소	독립지사희생자 유족, 징용, 군인·군속, 근로정신대 피해자 및 유족, 남북이산가족 등 369명	일본국
	독립지사희생자 유족, 징용, 군인·군속, 근로정신대 피해자 및 유족, 남북이산가족 등 369명	일본국
도야마지방재판소	강제동원 피해자(전 반도여자 정신대 2명, 보국대 1명)	일본국(후지코시)
나고야고등재판소 가나자와지부	강제동원 피해자(전 반도여자 정신대 2명, 보국대 1명)	일본국(후지코시)
최고재판소	강제동원 피해자(전 반도여자 정신대 2명, 보국대 1명)	일본국(후지코시)
야마구치지방재판소 시모노세키지부	부산지역 '위안부'(3명) 및 근로정신대 피해자(제2,3차 원고 6명 추가, 총 7명) 총 10명	일본국
히로시마고등재판소	부산지역 '위안부'(3명) 및 근로정신대 피해자(제2,3차 원고 6명 추가, 총 7명) 총 10명	일본국
최고재판소	부산지역 '위안부'(3명) 및 근로정신대 피해자(제2,3차 원고 6명 추가, 총 7명) 총 10명	일본국
시즈오카지방재판소	근로정신대 피해자 총 2명	일본국
도쿄고등재판소	근로정신대 피해자 총 2명	일본국
최고재판소	근로정신대 피해자 총 2명	일본국
나고야지방재판소	근로정신대 피해자 총 8명	일본 정부 및 미쓰비시 중공업
나고야고등재판소	근로정신대 피해자 총 8명	일본 정부 및 미쓰비시 중공업
최고재판소	근로정신대 피해자 총 8명	일본 정부 및 미쓰비시 중공업

참고문헌

- 구술기록(김정주, 이옥순, 김월섭, 안명복)
- 조선일보, 동아일보, 매일신보, 경성일보

- 林えいだい,『淸算されない昭和 －朝鮮人强制連行の記錄』, 岩波書店, 1990
- 전경운,《한족^{韓族} 2세 3세가 天仁安島(티니안섬)에 살고 잇는 혼혈아들》(1995년 7월 2일 작성, 프린트본)
- 松本成美,《母と子でみる滑走路と少年土工夫》, 草の根出版會, 1996
- 국무총리 소속 일제강점하강제동원피해진상규명위원회,『구술기록집1 - 당꼬라고요』, 2005
- 국무총리 소속 일제강점하강제동원피해진상규명위원회,『구술기록집4 - 가긴 어딜가 헌병이 총들고 지키는데』, 2006
- 국무총리 소속 일제강점하강제동원피해진상규명위원회,『구술기록집6 - 수족만 멀쩡하면 막 가는거야』, 2007
- 국무총리 소속 일제강점하강제동원피해진상규명위원회,『구술기록집8 - 지독한 이별』, 2007
- 국무총리 소속 일제강점하강제동원피해진상규명위원회,『구술기록집13 - 조선여자근로정신대, 그 경험과 기억』, 2008
- 국무총리 소속 일제강점하강제동원피해진상규명위원회,『구술기록집15 - 아홉머리 넘어 북해도로』, 2009
- 정혜경,『일본제국과 조선인 노무자 공출』, 도서출판 선인, 2011
- 정혜경,『봄날은 간다 －방적공장 소녀, 징용』, 도서출판 선인, 2011
- 허광무 외,『일제강제동원 Q&A 1』, 도서출판 선인, 2015
- 근로정신대할머니와 함께 하는 시민모임 엮음,『법정에 새긴 진실』, 도서출판 선인, 2016
- 조건 외,『일제강제동원 Q&A 2』, 도서출판 선인, 2017
- 정혜경,『일제강제동원, 이름을 기억하라』, 사계절, 2017

- 정혜경, 『우리 지역의 아시아태평양전쟁 유적 활용 -방안과 사례』, 도서출판 선인, 2018
- 허광무, 『일본지역 강제동원 현장을 가다』, 도서 출판 선인, 2019
- 정혜경, 『교양총서 -일본의 아시아태평양 전쟁과 조선인 강제 동원』, 동북아역사재단, 2019

- 김윤미, 「총동원체제와 근로보국대를 통한 '국민개로' -조선에서 시행된 근로보국대의 초기 운용을 중심으로(1938~1941)」, 『한일민족문제연구』 14, 2008
- 이종민, 「태평양전쟁 말기의 수인동원연구(1943~1945) -형무소 보국대를 중심으로」, 『한일민족문제연구』 33, 2017
- 정혜경, 「일제말기 남양군도 노무동원과 조선 여성」, 『역사와 교육』 23, 2016

아시아태평양전쟁에 동원된 조선의 아이들
태평양에서 남사할린까지 침략전쟁에 희생된 조선의 작은사람들

초판 제1쇄 발행 2019년 8월 15일

지은이 정혜경

펴낸이 김현주

편집장 한예솔
교 정 김희수
마케팅 한희덕
디자인 노병권
펴낸곳 섬앤섬

출판신고 2008년 12월 1일 제396-2008-000090호
주 소 경기도 고양시 일산동구 백석로 119, 210-1003호
주문전화 070-7763-7200 팩스 031-907-9420
전자우편 somensum@naver.com
인 쇄 우진테크(주)

ISBN 978-89-97454-32-7 03910

- 이 책의 출판권은 섬앤섬 출판사가 소유합니다. 저작권법에 따라 보호를 받는 저작물이므로 무단 전재와 복제를 금합니다.
- 이 도서는 한국출판문화산업진흥원의 '우수출판문콘텐츠 제작 지원' 사업 선정작입니다.
- 이 도서의 국립중앙도서관 출판예정도서목록(CIP)은 서지정보유통지원시스템 홈페이지(http://seoji.nl.go.kr)와 국가자료종합목록 구축시스템(http://kolis-net.nl.go.kr)에서 이용하실 수 있습니다. (CIP제어번호 : CIP2019026679)